Charlotte Jente, Frank Judis, Ralf Meier,
Susanne Steinmetz, Stephan F. Wagner (Hrsg.)

Betriebliche Sozialarbeit

Charlotte Jente, Frank Judis, Ralf Meier,
Susanne Steinmetz, Stephan F. Wagner (Hrsg.)

Betriebliche Sozialarbeit

Lambertus

Die Deutsche Bibliothek - CIP-Einheitsaufnahme

Ein Titeldatensatz für diese Publikation ist bei
Der Deutschen Bibliothek erhältlich

Alle Rechte vorbehalten
© 2001, Lambertus-Verlag, Freiburg im Breisgau
Umschlaggestaltung: Christa Berger, Solingen
Satz und Layout: Ursi Aeschbacher, Emmendingen
Herstellung: Franz X. Stückle, Druck und Verlag, Ettenheim
ISBN 3-7841-1327-3

Inhalt

VORWORT
9

1. Einleitung
11

TEIL I: ENTWICKLUNG DER BETRIEBLICHEN SOZIALARBEIT
13

2. Historischer Abriss und Rechtsgrundlagen der betrieblichen Sozialarbeit
Inis-Janine Klinger, Frank Judis
15

3. Alte Aufgabenfelder und neue Entwicklungen
Charlotte Jente
21

TEIL II: STRUKTURELLE ARBEITSBEDINGUNGEN UND ORGANISATION
VON BETRIEBLICHER SOZIALARBEIT
23

4. Betriebsinterne Anbindung der Betrieblichen Sozialarbeit
Ralf Meier †
25

5. Organisation interner Dienste
Susanne Steinmetz
63

6. Interne Positionen der Betrieblichen Sozialarbeit
und Zusammenarbeit mit anderen Funktionsträgern
Stephan F. Wagner
71

7. Ehrenamtliche Elemente in der Betrieblichen Sozialarbeit
Stephan F. Wagner
89

TEIL III: ARBEITSFELDER BETRIEBLICHER SOZIALARBEIT
95

8. Einleitung und allgemeiner Überblick über die Arbeitsfelder
Rüdiger Walter
97

9. Suchtberatung
Rüdiger Walter
107

10. Gesundheitsförderung
Martin Franke
115

11. Fehlzeitenreduzierung
Susanne Steinmetz
123

12. Sekten und Psychogruppen
Charlotte Jente
129

13. Schuldnerberatung
Astrid Kottmeyer
135

14. Psychische Erkrankungen
Charlotte Jente
137

15. Schwerbehinderung, lebensbedrohliche
und chronische Erkrankungen
Peter Wießner
141

Teil IV: Methoden der Sozialarbeit
149

Einleitung
150

16. Einzelfallarbeit/Case Work
Stephan F. Wagner
151

17. Gruppenarbeit/Group Work
Stephan F. Wagner
157

18. Gemeinwesenarbeit/Community Work
Stephan F. Wagner
159

19. Systemorientierte Arbeitsweise
Charlotte Jente
163

Teil V: Rechtliche Rahmenbedingungen
165

20. Arbeits- und dienstrechtliche Besonderheiten der Rechtsstellung betrieblicher Sozialarbeiter
Frank Judis
167

21. Arbeits- und dienstrechtliche Fragen bei Suchtmittelgebrauch im Betrieb
Frank Judis
171

Teil VI: Wirtschaftlichkeit und Öffentlichkeitsarbeit

22. Kosten-Nutzen-Rechnung für die Betriebliche Sozialarbeit
Inis-Janine Klinger
187

23. Öffentlichkeitsarbeit in der Betrieblichen Sozialberatung
Inis-Janine Klinger
195

Teil VII: Ausblick

24. Entwicklung in den neuen Bundesländern
Inis-Janine Klinger
201

25. Perspektiven und neue Aufgabenfelder Betrieblicher Sozialarbeit
Susanne Steinmetz
207

Die Autorinnen und Autoren
217

Vorwort

Ein Überblick über das Arbeitsfeld der Betrieblichen Sozialarbeit ist seit langem überfällig. Zusammenhängende Darstellungen fehlen bisher zu diesem interessanten Segment des großen Bereichs sozialer Arbeit.

Dieses Buch ist entstanden aus langjähriger Zusammenarbeit zwischen Lehrenden der Fachhochschule für Sozialarbeit und Sozialpädagogik „Alice-Salomon" (ASFH) und Praktikern aus dem Arbeitsfeld im Rahmen der Schwerpunktausbildung Betriebliche Sozialberatung des Hauptstudiums sowie der Zusammenarbeit mit dem Institut für Betriebssozial- und Personalarbeit an der ASFH. Besonders erfreulich ist, dass ein Teil der Mitautoren (Martin Franke, Inis-Janine Klinger, Ralf Meier und Susanne Steinmetz) Absolventen der ASFH gerade mit diesem Schwerpunktbereich und seit etlichen Jahren in der Berufspraxis mit Beiträgen vertreten sind.

Besonderer Dank gilt dabei den Mitautoren Susanne Steinmetz und Ralf Meier, ohne deren engagierten Einsatz insbesondere in der Schlussphase dieser Überblick nicht zeitgerecht hätte abgeschlossen werden können.

Das Buch wendet sich sowohl an Studenten der Fachrichtung Sozialarbeit/Sozialpädagogik, die den Schwerpunkt Betriebliche Sozialarbeit wählen möchten, wie auch an Berufsanfänger und interessierte Praktiker, die sich zu diesem Arbeitsfeld informieren wollen oder Anregungen für ihre Arbeit suchen.

Berlin, im Januar 2001

Charlotte Jente   Frank Judis   Stephan F. Wagner

1. Einleitung

In den Unternehmen ist die Bereitschaft gestiegen, sich mit psychosozialen Konflikten auseinander zu setzen, d.h. den Mitarbeiter nicht mehr in einen „privaten" und einen „arbeitenden" Menschen aufzuspalten. Tritt bei einem Menschen diese Aufspaltung tatsächlich ein, wird er unweigerlich krank, z.b. suchtkrank (vgl. Leber 1993, 95).

Hat ein Unternehmen die Wechselwirkung zwischen Mensch und Umwelt bezogen auf die Ebene des Betriebes erkannt, wird es sich sozial kompetente Partner suchen, die ihm bei der Lösung psychosozialer Konflikte unterstützen.

Kaum ein anderer Berufsstand musste sich mit dem Spannungsfeld Mensch und Arbeit in dem Maße auseinander setzen wie die Sozialarbeit/Sozialpädagogik. So ist es Aufgabe von Sozialarbeit/Sozialpädagogik, die Menschen bei der Bewältigung psychosozialer Probleme im Betrieb zu unterstützen und sich in das Spannungsfeld Betrieblicher Sozialarbeit hineinzubegeben. Das Feld der Arbeit mit suchtkranken Menschen lässt die verschiedenen Dimensionen dieses Ansatzes deutlich sichtbar werden.

Es ist allgemein bekannt, dass Suchtprobleme und besonders Alkoholprobleme in den Betrieben für den einzelnen Mitarbeiter und das gesamte Unternehmen erhebliche nachteilige Konsequenzen haben.

So ermittelte die Sozialabteilung des Triebwerkherstellers MTU in München, dass allein die verminderte Leistungsfähigkeit der Alkoholkranken das Unternehmen mit 6000 Mitarbeitern 2,1 Millionen Mark pro Jahr kostet (vgl. Schnitzler 1994, 88ff.).

Um diese negativen Auswirkungen langfristig zu verhindern, sollte besonders in der Prävention ein Arbeitsschwerpunkt Betrieblicher Sozialarbeit liegen.

In den vergangenen Jahren entwickelten sich eine Reihe von betrieblichen Aktivitäten zum Thema Alkoholkonsum/Alkoholmissbrauch in der Arbeitswelt.

Was für die Suchtarbeit gilt, kann auf alle Bereiche Betrieblicher Sozialarbeit übertragen werden. Die Grundlinien des komplexen Spannungsverhältnisse von Hilfen für Menschen in Betrieben treten mehr oder minder deutlich in allen Aspekten Betrieblicher Sozialarbeit auf.

Betriebssozialberatung ist sowohl in der freien Wirtschaft als auch in der öffentlichen Hand und den Behörden vertreten. So unterschiedlich die Einsatzbereiche und Tätigkeitsfelder sind, so unterschiedlich sind auch die Begrifflichkeiten. Die aktuellen Bezeichnungen für Betriebliche Sozialdienst wechseln z.b. zwischen Mitarbeiterbetreuung, Personalbetreuung, Mitarbeiterberatung, Personalberatung und Sozialberatung.

Die im einzelnen verwendeten unterschiedlichen Bezeichnungen der Institutionen Betrieblicher Sozialarbeit haben in der Regel viel mit der eigenen traditionellen Entwicklung, aber auch mit dem aktuellen Stand oder der zukünftigen Orientierung im Betrieb zu tun.

Im Folgenden werden zum besseren Verständnis in der Regel die Begriffe Betriebliche Sozialberatung beziehungsweise betrieblicher Sozialberater verwendet. Aus Gründen der Leserlichkeit wird bei letzterem nur die männliche Form gebraucht, diese schließt selbstverständlich auch die weibliche Form mit ein.

Dieses Buch soll einen allgemeinen Überblick über die Arbeitsfelder betrieblicher Sozialberater geben. Dargestellt werden die betrieblichen Voraussetzungen und Rahmenbedingungen (Teil I und II), wichtige Arbeitsbereiche und -felder (Teil III), einige theoretische Arbeitsmethoden (Teil IV) und rechtliche Rahmenbedingungen (Teil V).

Im Folgenden werden besondere Aspekte Betrieblicher Sozialarbeit, insbesondere die Kosten-Nutzen-Situation hervorgehoben (Teil VI), im letzten Teil beschäftigen wir uns mit der Entwicklung der Betrieblichen Sozialarbeit in den neuen Bundesländern und zeigen Perspektiven der Sozialarbeit im Betrieb auf.

Literatur

Leber, W.: Gegenwärtiger Stand und Perspektiven der betrieblichen Sozialberatung; in: Betriebliche Sozialberatung, Hrsg.: Lau-Villinger, Frankfurt/M. 1993
Schnitzler, L.: Häufiges Bücken, in Wirtschaftswoche Nr. 39/1994

Teil I
Entwicklung der Betrieblichen Sozialarbeit

2. Historischer Abriss und Rechtsgrundlagen der betrieblichen Sozialarbeit

Inis-Janine Klinger

Vor dem Hintergrund brisanter sozialer Problemstellungen bei einem großen Teil der deutschen Arbeiterschaft Mitte bis Ende des 19. Jahrhunderts, deren Auswirkung für die gesamte gesellschaftliche Entwicklung als gefährlich eingeschätzt wurde, wurde der Zusammenhang von betrieblicher Sozialleistungspolitik und Gedeihen des Unternehmens deutlich.
Wie z.B von Ernst Abbé, Begründer der Carl-Zeiss-Stiftung, bekannt ist, übten verschiedene bedeutende Unternehmer einen maßgeblichen Einfluss auf die staatliche Sozialpolitik- und Gesetzgebung aus, die mit dem Namen Bismarcks verbunden ist.
Fiskalische, ökonomische und moralische Verpflichtungen und Interessen schlossen sich dabei nicht gegenseitig aus.
Ziel dieser Unternehmer war es, sich eine feste Stammbelegschaft zu schaffen und sie durch das soziale Engagement des Unternehmens stärker zu Leistungen zu motivieren und einer Leistungsminderung durch soziale und/ oder gesundheitliche Probleme vorzubeugen.

2.1 AM ANFANG STANDEN FABRIKPFLEGERINNEN

Sozialarbeit im Betrieb, seit ihren Anfängen eine freiwillige soziale Leistung der Unternehmen, wurde in ihren Ursprüngen von Fabrikpflegerinnen durchgeführt.
Die Schaffung des Berufes und die Durchsetzung der Berufsbezeichnung wird mit dem Gründer des Ev. Diakonievereins Pastor Friedrich Zimmer (1855-1919) in Verbindung gebracht. Die erste Fabrikpflegerin wurde im Jahre 1900 von Erich Rathenau im Kabelwerk Oberspree, der Allgemeinen Elektrizitäts-Gesellschaft angestellt. Diesem Beispiel folgten in den nächsten 10 Jahren die Deutsche Glasglühlichtgesellschaft Berlin, die Continental-Kautschuck-Compagnie und die Farben- und Tintenfabrik von Günther Wagner in Hannover, die Farbenfabrik von Bayer-Leverkusen, die Firma Krupp in Essen, die Schokoladenfabrik von L. Ehlert in Königsberg und einige andere. Es handelte sich um vereinzelte große Unternehmen, deren Besitzer oder Vorstände eine soziale Gesinnung aufwiesen. Im Jahre 1911

folgte die Firma Siemens. Die Bezeichnung Fabrikpflege entstand in Anlehnung an die mit Krankenpflege verknüpften Attribute wie Hilfe und Unterstützung Pflegebedürftiger.
Im Laufe der Jahre veränderte sich die Berufsbezeichnung, wie z.b. Fabrikwohlfahrtspflege (Annemarie Frankel) und Sozialsekretärin in Fabrikbetrieben (Alice Salomon) oder auch Sozialberaterin (Friede Wunderlich). Im Jahre 1929 führte Ilse Ganzert die Berufs- und Tätigkeitsbezeichnung „Soziale Betriebsarbeit" (Wunderlich 1926) ein, die der heutigen Bezeichnung der Betrieblichen Sozialberatung am nächsten kommt.
Durch die Mitarbeit der Frau in der Kriegsindustrie wird ein gutes Jahrzehnt später der Fabrikpflegerin die Aufgabe zuteil, mögliche Ausfälle der Arbeiterinnen, die durch Doppelbelastung der Frau in Familie und Fabrikarbeit entstehen, zu verhindern oder einzudämmen: eine Form der Unterstützung, die vor allem die Interessen des Unternehmens verfolgte, denn die in dieser Situation notwendige Flankierung der Werksarbeit mit sozialen Angeboten, wie z.B. Kinderbetreuung und Lohnfortzahlung im Krankheitsfalle, existierten noch nicht.
An diesem Beispiel wird deutlich, wie die Position von Betrieblicher Sozialarbeit zwischen relativer institutioneller Unabhängigkeit einerseits und Instrumentalisierung für die Interessen des Unternehmens andererseits schwankt.
Bis zum ersten Weltkrieg wurden etwa 200 Fabrikpflegerinnen in deutschen Betrieben beschäftigt. Diese Zahl stieg während des Krieges auf etwa 700 Mitarbeiterinnen in der Sozialen Betriebsarbeit. Diese Anzahl an Fürsorgerinnen wurde notwendig durch das Gesetz über den Vaterländischen Hilfsdienst vom 05.12.1916, in dem Frauen verpflichtet wurden, in den Waffen- und Munitionsfabriken zu arbeiten. Durch dieses Gesetz mussten Frauen mit Kindern oder anderen familiären Verpflichtungen in Fabriken einer Arbeit nachgehen, die sie bis dahin nicht gewohnt waren. Damit stiegen auch die sozialen Probleme, zu deren Lösung die Fabrikfürsorgerinnen mit beitragen sollten. Die entsprechende Anstellung von Werksfürsorgerinnen in den Waffen- und Munitionswerken, bei der Post, der Eisenbahn, den Straßenbahngesellschaften und den Wasserwerken wurde durch das Kriegsamt verfügt. Die Betriebsfürsorgerinnen hatten die Aufgabe, Frauen die Betriebsarbeit trotz Kindererziehung und Haushaltsführung zu ermöglichen und auf Bedingungen des Betriebes Einfluss zu nehmen, die wiederum die Frauen bei der Bewältigung dieser Doppelbelastung unterstützten. Die Probleme, die damals in den Sprechstunden der Werksfürsorgerinnen besprochen wurden, wie Unterbringung von Kindern, Hilfe bei der Woh-

nungssuche, Unterstützung bei Schulden, wirtschaftliche und andere Notlagen, Beratung bei Ehe- und Familienproblemen sowie bei Unstimmigkeiten am Arbeitsplatz, sind Situationen, wie wir sie auch in unserer heutigen Praxis kennen.

2.2 Aufbruch und Stagnation

Nach dem Ende des 1. Weltkrieges ging die Zahl der Fabrikpflegerinnen auf ca. 110 zurück, bis es in der Mitte der zwanziger Jahre wieder zu einer Belebung des Berufsstandes kam.

Im Jahre 1926 wurde der „Internationale Kongress für industrielle Wohlfahrtspflege" einberufen. Hier betonte Alice Salomon „die organische Verschmelzung der Fabrikpflegerinnenarbeit mit dem Gesamtbetrieb des Werks" (Schmidt-Kehl 1926, 30).

Fabrikpflegerinnenarbeit muss Wesensteil des Ganzen werden, darf nicht entbehrliche Wohlfahrtspflege bleiben. Der Kongress beschloss die Gründung einer „Internationalen Vereinigung zum Studium und zur Förderung befriedigender menschlicher Beziehungen und gesunder Arbeitsbedingungen in der Industrie" (ebd.).

Frieda Wunderlich definierte die Aufgaben von Fabrikfürsorgerinnen 1926 mit folgenden Worten:

> „Ein Schema für ihre Arbeit kann der Fabrikpflegerin nicht gegeben werden. Ist es ihre Aufgabe, sich dem Arbeiter als Menschen zuzuwenden, in den Betrieb, der nur die Rücksicht auf die höchstmögliche Produktion kennt, die Rücksicht auf den Menschen hineinzutragen und allmählich das ganze Werk mit dieser Gesinnung zu durchdringen, so muß sie andererseits Verständnis für die Notwendigkeiten des Betriebes besitzen und für die Anforderungen, die die Produktion an den Menschen stellt" (Wunderlich 1926).

Einige Jahre später wurden mit dem Beginn der Vorbereitung auf den 2. Weltkrieg diese sozialpartnerschaftlichen Ansätze zunichte gemacht, da sich auch die Betriebliche Sozialarbeit zukünftig nach dem „Führerprinzip" zu richten hatte und dementsprechend zum Hilfs- und Kontrollinstrument verkümmerte. Damit standen auch die Fabrikpflegerinnen in der Verantwortung, die Interessen der politischen Machthaber zu unterstützen, die jedes „Anders-Sein" ausmerzen und die Menschen zur völligen Untertanenschaft erziehen wollten.

Nach dem Ende des Krieges war für die Beschäftigten der zerstörten oder demontierten Industriebetriebe besondere Unterstützung notwendig. Riederich beschreibt die Situation wie folgt:

„Das Bedürfnis nach Beratung in allen durch die Zeitumstände bedingten Fragen richtete sich zunächst auf vermittelnde Hilfe bei Behörden, z.B. Zuzugsgenehmigungen, Heimkehrerbetreuung, Familienzusammenführung usw., ferner die Sorge für die Kriegsbeschädigten und Hinterbliebenen, für Kranke, Ausgebombte und Flüchtlinge aus besetzten Gebieten. Intensivste Zusammenarbeit mit Außenstellen war erforderlich, um Hilfsquellen aufzutun" (Riederich 1976).

Trotzdem gestaltete sich der Aufbau Betrieblicher Sozialarbeit nach dem 2. Weltkrieg sehr zögerlich. Die Instrumentalisierung durch den Hitlerfaschismus hatte erhebliche Vorbehalte entstehen lassen.

Betriebliche Sozialarbeit musste ihre Ziele und Inhalte neu definieren. Als 1957 der Sozialausschuss der Wirtschaftsvereinigung Eisen- und Stahlindustrie die Werksfürsorge in „Sozialberatung" umbenannte, wurde ein Schritt getan, Betriebliche Sozialarbeit vom Odium der Vergangenheit und der reinen Wohltätigkeit zu befreien und den Schwerpunkt von der ausschließlichen Fürsorge zur Beratung zu verlagern.

Diese Entwicklung hatte ebenso eine positive Auswirkung auf die Tätigkeitsprofile und den Einsatz verschiedener Methoden sozialer Beratung im Betrieb. Nach und nach wurden Methoden aus den USA wie Casework (Einzelfallhilfe), Groupwork (Gruppenarbeit) und Community Organisation (Gemeinwesenarbeit) in die Betriebliche Sozialarbeit übernommen (s. Teil V).

„Damit waren erstmals berufseigene Arbeitsformen entstanden, die ein vertieftes Verständnis für die Probleme und systematisches Vorgehen ermöglichten", so Riederich (ebd.). Damit betrieb die Betriebliche Sozialarbeit nicht mehr nur Fürsorge und Betreuung, sondern entwickelte sich zur Beratungs- und Unterstützungsfunktion entsprechend des Grundsatzes Hilfe zur Selbsthilfe.

LITERATUR

Klinger, I.-J.: Betriebliche Suchtprävention als Aufgabe von Sozialarbeit, Diplomarbeit an der Alice-Salomon-Fachhochschule Berlin 1994
Reinicke: Die Sozialarbeit im Betrieb – Von der Fabrikpflege zur Betrieblichen Sozialarbeit, in: Soziale Arbeit, Jg. 37, 5/88
Riederich: von der Werksfürsorge zur Sozialberatung. DBS, München 1976
Schmidt-Kehl, L.: Die deutsche Fabrikpflegerin; in: Schriften aus dem Gesamtgebiet der Gewerbehygiene, Neue Folge; Heft 15/1926
Caemmerer, von: Die Fabrikpflegerin, in: Archiv für Sozialwissenschaft und Sozialpolitik, Jg. 46
Wietis, L.: Betriebliche Sozialarbeit im Vergleich Deutschland – USA, Diplomarbeit an der Alice-Salomon-Fachhochschule Berlin 1994
Wunderlich, F.: Fabrikpflege; in: 10 Jahre Soziale Berufsarbeit, Berlin 1926, (DZI)

2.3 Rechtsgrundlagen Betrieblicher Sozialarbeit

Frank Judis

Betriebliche Sozialarbeit ist als Einrichtung rechtlich nicht abgesichert. Anders als etwa der werksärztliche Dienst, der verankert ist im Gesetz über Betriebsärzte, Sicherheitsingenieure und andere Fachkräfte für Arbeitssicherheit vom 12. Dezember 1973, ASiG, mehrfach geändert, gibt es vergleichbare gesetzliche Regelungen für die Betriebliche Sozialarbeit nicht. Auch das neue Gesetz über die Durchführung von Maßnahmen des Arbeitsschutzes zur Verbesserung der Sicherheit und des Gesundheitsschutzes der Beschäftigten bei der Arbeit vom 7. August 1996 (Arbeitsschutzgesetz) ArbSchG schafft keine Änderung. Zwar sieht § 4 Ziffer 4 ArbSchG vor, dass der Arbeitgeber bei Maßnahmen des Arbeitsschutzes neben weiteren von folgendem Grundsatz auszugehen hat:

> „... Maßnahmen sind mit dem Ziel zu planen, Technik, Arbeitsorganisation, sonstige Arbeitsbedingungen, *soziale Beziehungen* (Hervorh. d. Verf.) und Einfluß der Umwelt auf den Arbeitsplatz sachgerecht zu verknüpfen, jedoch dient das Gesetz dazu, Sicherheit und Gesundheitsschutz der Beschäftigten bei der Arbeit durch Maßnahmen des Arbeitsschutzes zu sichern und zu verbessern", § 1 (1) ArbSchG.

Betriebliche Sozialarbeit war hier nicht im Blick des Gesetzgebers. Sie kann allenfalls mittelbar tangiert werden. Eine Verpflichtung eines Unternehmens, Betriebliche Sozialarbeit vorzuhalten, ergibt sich hieraus nicht. Betriebliche Sozialarbeit ist vielmehr in der Bundesrepublik Deutschland eine freiwillige Leistung eines Unternehmens.

Dass sie auch betriebswirtschaftlich sinnvoll, weil zumindest kostenvermeidend ist, wird heute von niemandem mehr ernsthaft bestritten (s. Kap. 22). Dass dementsprechend Betriebliche Sozialarbeiter immer wieder das Unternehmen von ihrer Nützlichkeit überzeugen müssen, liegt auf der Hand (s. Kap. 23).

In Unternehmen, die Betriebliche Sozialarbeit als Dienstleistung mit eigenen Arbeitnehmern vorhalten, wie auch in Unternehmen, die Betriebliche Sozialarbeit ambulant einkaufen, bewegt sich der betriebliche Sozialarbeiter in einem durch mannigfache Regelungen verrechtlichten Spannungsfeld: Ist er Arbeitnehmer, so unterliegt er einerseits den normalen Arbeitnehmerpflichten, zu denen insbesondere die Weisungsabhängigkeit gehört, ist er Beamter, so unterliegt er den entsprechenden beamtenrechtlichen Regelungen.

Andererseits ist die Einflussmöglichkeit des Arbeitgebers begrenzt durch die strafrechtlich nach § 203 (1) Ziffer 5 StGB sanktionierte strikte Schweigepflicht, besser Geheimhaltungspflicht, des Vertrauensberufes Sozialarbeiter (s. Kap. 20.2). Regelmäßig angesiedelt im Bereich Personal, wird der betriebliche Sozialarbeiter u.a. beteiligt bei fast allen Konfliktfällen im Betrieb, operiert also nicht nur, zwar nicht entscheidend, aber beeinflussend, in Bereichen des individuellen wie des kollektiven Arbeitsrechtes (s. Kap. 21.5), sondern auch im gesamten Bereich familienrechtlicher Problematiken, einhergehend mit Interventionen bei Beziehungskrisen wie auch bei Schuldenproblemen (s. Kap. 13).

Muss der betriebliche Sozialarbeiter in all diesen Rechtsbereichen auch nicht exakt informiert sein, so erfordert Professionalität doch zumindest überblickhafte Kenntnisse und Problembewusstsein, um an Experten jedenfalls als Transmissionsstelle ggf. vermitteln zu können.

3. Alte Aufgabenfelder und neue Entwicklungen

Charlotte Jente

In Ihrem Buch „Schlage die Trommel und fürchte Dich nicht" schildert Maria Gräfin von Maltzahn, wie sie als Kind angehalten wurde, die Bediensteten des Schlosses ihrer Eltern bei Krankheit und Not zu besuchen, ihnen zu helfen und beizustehen. Eine hohe Verantwortung für das körperliche und geistige Wohl war vielen Gutsbesitzern noch im vorigen Jahrhundert selbstverständlich. Natürlich immer auch im Hinblick darauf, Arbeitskraft wiederherzustellen und zu erhalten.

Auch in der Industrie, z.b. dem Bergbau, wurde die „Fürsorge" für Mitarbeiter und ihre Angehörigen neben der Einrichtung von Krankenversicherungen, Werksküchen und Kindergärten zu einem wichtigen Bestandteil der Mitarbeiterführung und Einbindung in das Unternehmen. Der Kostenfaktor „Werksfürsorge" war sehr gering im Verhältnis zum Gewinn, den er den Betrieben brachte.

Das mitarbeiterfreundlich geführte Unternehmen zog qualifizierte Arbeitskräfte an und vermittelte nach außen, dass ein gutes Betriebsklima zur Entstehung vertrauenswürdiger Produkte beiträgt.

Es entstand eine hohe Loyalität zur „Werksfamilie". Der Einzelne fühlte sich gut betreut und in seinen Krisen verstanden. Der Nebeneffekt – durch die Fürsorge auch kontrollierbar und beeinflussbar zu sein – wurde vielfach nicht wahrgenommen. „Kontrollbesuche" bei Kranken zu Hause und im Krankenhaus durch die Fürsorgerin wurden positiv interpretiert.

Über firmeneigene Sportangebote, Kinderverschickung, Familienurlaubsangebote bis hin zu firmeneigenen Wohnungen war so das Leben des Mitarbeiters auch in der Privatsphäre reglementiert und transparent.

Den Menschen wurde durch die „für sie Sorgenden" vermittelt, dass ihre Persönlichkeit nicht fähig ist, sich selbst zu helfen, sondern die Gemeinschaft des Betriebes oder der Gesellschaft braucht und ohne diese nicht überlebensfähig ist. In Begriffen wie „Volksfürsorge" und „Volksgesundheit" findet diese Entwicklung ihren Höhepunkt im „Dritten Reich".

Nach dem zweiten Weltkrieg entwickelt sich in den demokratisch regierten Ländern ein neues Selbstwertgefühl. Aus dem „Fürsorger" wurde über den Wohlfahrtspfleger der Sozialarbeiter (aus dem anglikanischen: socialworker).

Sozialarbeit verstand sich fortan in der Einzelfall-, Gruppen- und Gemeinwesen-Arbeit als „Hilfe zur Selbsthilfe". Der selbstbewusste Mitarbeiter ei-

nes Betriebes sucht nicht mehr nach „Fürsorge", sondern nach Beratung in für ihn schwierigen Lebenslagen. So entstand die Bezeichnung „Sozialberatung im Betrieb".
Parallel dazu hatte sich auch die Ausbildung verbessert. Wurde der Fürsorger noch an Fachschulen und Akademien geschult, wurden nach 1972 die Fachhochschulen für Sozialarbeit und Sozialpädagogik zum Ausbildungsträger. Durch die Berufsbezeichnung Diplom-Sozialpädagoge und Diplom-Sozialarbeiter mit der damit verbundenen fachlichen Qualifikation entstand eine hohe Akzeptanz dieses Berufsbildes in den Betrieben.
Unter Einhaltung der gesetzlichen Schweigepflicht (§ 203 (1) Ziffer 5 StGB) (s. Kap. 20) und einer vertrauensvollen Zusammenarbeit mit allen in Frage kommenden inner- und außerbetrieblichen Funktionen und Institutionen wird Beratung in persönlichen Konflikt- und Krisensituationen angeboten. Darüber hinaus ergaben sich neue Arbeitsschwerpunkte wie die Initiierung von Programmen für Hilfe bei Alkoholauffälligen und -kranken (s. Kap. 9), psychisch Auffälligen (s. Kap 14) und Gesundheitspräventivprogramme (s. Kap. 10).
Durch schwerpunktbezogene Weiterbildung sind Sozialberater in den Betrieben auch als Organisationsberater in der Führungskräftebetreuung und Beratung sowie im Coaching tätig (s. Kap 25). Weitere Aufgaben werden sich durch die Umstrukturierung von Arbeit ergeben. Es zeichnet sich heute schon ab, dass die Betriebliche Sozialarbeit nicht unbedingt im Betrieb angesiedelt sein muss, sondern auch als selbstständiges Unternehmen Beratungseinheiten bedarfsbezogen für Betriebe bereithält, anbietet und durchführt.
„Sozialberatung im Betrieb" versteht sich heute als Beitrag zur Gestaltung von humaner Arbeitswelt. Aus der dienenden Funktion des Fürsorgenden ist eine leistungs- und lösungsorientiert arbeitende Serviceinstitution geworden, die ihren festen Platz im betrieblichen Geschehen einnimmt und in Zukunft erweitern wird.

Teil II
Strukturelle Arbeitsbedingungen und Organisation von Betrieblicher Sozialarbeit

Teil II.
Grundlagen, Veränderungen
und Organisation
von therapeutischer Sozialarbeit

4. Betriebsinterne Anbindung der Betrieblichen Sozialarbeit

Ralf Meier

Betrachtet man die historische Entwicklung der Betriebssozialarbeit (vgl. auch Lau-Villinger 1994, 20 ff.), so kann man feststellen, dass sich die Betriebssozialarbeit in ihrer fast 100jährigen Tradition nicht annähernd in einem solchen Ausmaß in die betriebliche Arbeitswelt etablieren und eine rechtlich verankerte Existenzabsicherung erreichen konnte, wie dies der Arbeitsmedizin und der Arbeitssicherheit gelungen ist.
Vielmehr zeigt ein Vergleich der Rahmenbedingungen der Betriebssozialarbeit, dass sich im Laufe dieser Entwicklung die strukturellen Voraussetzungen und Arbeitsbedingungen kaum zu ihren Gunsten verändert haben. Einerseits wird nach wie vor die arbeitsweltliche Realität der Sozialarbeit im Betrieb vom Prinzip der Freiwilligkeit und vom Wohlwollen des Arbeitgebers bestimmt, andererseits aber auch von der grundsätzlichen Entscheidung, ob soziale Belange gegenüber ökonomischen Rentabilitätserwägungen und Gewinnoptimierung als ein eigenständiger Wert respektiert und ernst genommen werden. Daneben wird die Betriebssozialarbeit, wie jede andere betriebliche Investition auch, neben ihrer Zweckmäßigkeit auch an ihrer wirtschaftlichen Verträglichkeit und damit am Nutzen für das Unternehmen gemessen.
Deshalb findet die Betriebssozialarbeit ihre Existenzberechtigung neben der interpretationsfähigen Fürsorgepflicht des Arbeitgebers gegenüber den Arbeitnehmern, vor allem in dem gestiegenen Kostenbewusstsein der Unternehmen. Denn die Wirtschaftlichkeit eines Unternehmens beginnt bei den Mitarbeitern: deren Wohlbefinden und Zufriedenheit hat einen unmittelbaren Einfluss auf deren Engagement und Leistungsbereitschaft. In diesem Zusammenhang zielt die beratende Tätigkeit der Betriebssozialarbeit sowohl auf die Mitarbeiter als auch in Form von eigenen Beiträgen zur Organisationsentwicklung auf den Betrieb. Durch diese integrierende und verändernde Arbeit leistet die Sozialarbeit im Betrieb einen gesellschafts- und sozialpolitischen Beitrag „und ist somit nicht nur moralisch aus der Fürsorgepflicht des Arbeitgebers gegenüber dem Arbeitnehmer" (Antoni 1980, 125) zu begründen. Vielmehr betrachten privatwirtschaftliche Unternehmen die Betriebssozialarbeit häufig als wichtigen Bestandteil ihrer Unternehmensphilosophie, mit deren Hilfe sich nach außen ein mitarbeiterori-

entiertes (sozialpolitisches) Image vermitteln lässt. Hier findet die Betriebssozialarbeit ihren Arbeitsauftrag in der „Pflege" der menschlichen Ressource Arbeitskraft beziehungsweise hat sie das reale Funktionieren der Mitarbeiter sicherzustellen.

4.1 Betriebssozialarbeit als Nahtstelle zwischen Personal- und Sozialpolitik

Zudem hat sich die Betriebssozialarbeit durch ihre zunehmende Professionalisierung und die damit verbundene Anerkennung ihrer fachlichen Kompetenz zu einem integralen Bestandteil der Unternehmensstruktur und zu einer wichtigen Nahtstelle zwischen betrieblicher Personal- und Sozialpolitik entwickelt. Somit muss sich die Betriebssozialarbeit in einem Aufgabenbereich profilieren und legitimieren, in dem auch andere betriebliche Institutionen wie z.B. Betriebs- und Personalräte, Betriebsärztlicher Dienst und das Personalwesen ihre originären personalbezogenen Funktionen erfüllen.
Andererseits haben die Betriebssozialarbeiter auf Grund ihrer spezifischen Fachkenntnisse in den Bereichen der psychosozialen Beratung, der zwischenmenschlichen Kommunikation, der Psychologie und dem Konfliktmanagement die Möglichkeit, mit einer auf den Betrieb abgestimmten Angebotspalette die betriebliche Sozialpolitik professionell und sinnvoll zu ergänzen.
Die hier beschriebenen Aufgaben und Funktionen können sinnvoller Weise nur durch professionelle Dienste erfüllt und wahrgenommen werden. Analog zu den hohen Anforderungen und Erwartungen, die an die Betriebssozialarbeit gestellt werden, sind adäquate berufliche Qualifikationen erforderlich. Neben der Ausbildung zum Diplom-Sozialarbeiter/Sozialpädagogen kommen hier auch Abschlüsse in Psychologie oder andere sozialwissenschaftliche Ausbildungen sowie berufsbegleitende therapeutische Zusatzausbildungen in Frage. Nach der Rahmenkonzeption des Berufsverbandes Betriebliche Sozialarbeit e.V. (bbs) sind zusätzlich fachbezogene Fortbildungen, kollegia-ler Austausch und die Bereitstellung von Supervision notwendig, um die fachliche Qualifikation der Stelleninhaber den sich wandelnden Anforderungen anzupassen und zu erhalten. Mehrheitlich bevorzugen deshalb die Betriebe, Verwaltungen und Unternehmen im obigen Sinne ausgebildete und qualifizierte Sozialarbeiter.
Vereinzelt sind aber auch Personen ohne staatlich anerkannte Sozialarbeiterausbildung im Bereich der Betriebssozialarbeit tätig. Dabei kann es sich um Mitarbeiter handeln, die Funktionen in Bereichen ausfüllen, die auch Ele-

mente sozialarbeiterischer Beratung beinhalten. In diesem Zusammenhang können das Personalwesen (Leiter der Personalabteilung, Sachbearbeiter für Vorschussgewährung, Lohnpfändung, Vorruhestandsregelungen etc.) und die verschiedenen Organe der Mitarbeitervertretungen genannt werden. Über den eigentlichen Grund der jeweiligen Kontaktaufnahme hinaus erhalten die oben genannten Mitarbeiter beiläufig auch wesentliche Informationen über die psychosoziale Dynamik bestimmter Verhaltensauffälligkeiten des Rat suchenden Mitarbeiters. Dieser zusätzliche Informationshintergrund kann in solchen Fällen von dem betreuenden Mitarbeiter zu einer umfassenderen Lösung des Problems genutzt werden, ohne dass dazu eine weitere Instanz eingeschaltet werden müsste.

Eine besondere Form ehrenamtlicher Sozial-Dienste sind die freiwilligen Suchtkrankenhelfer. Sie können als kollegialer Ansprechpartner für suchtmittelauffällige Mitarbeiter eine unabhängige Vertrauensperson sein, die darüber hinaus in Bezug auf psychosoziale, finanzielle und gesundheitliche Begleiterscheinungen des Suchtmittelkonsums eine wichtige Vermittlerfunktion zu außerbetrieblichen Institutionen erfüllen können. Damit können sie – auf den Bereich der Sucht bezogen – die Beratungs-, Informations- und Vermittlungsfunktion von professionell ausgebildeten Sozialarbeitern übernehmen.

Betriebssozialarbeit ist auf Akzeptanz angewiesen

Potenziell benachteiligend wirkt sich für die Sozialarbeit im Betrieb der Umstand aus, dass die oben genannten Institutionen direkt als Linienstelle oder aber als gesetzlich vorgeschriebene, weisungsunabhängige Stabsstelle ein selbstverständlicher Bestandteil des hierarchischen Machtgefüges der Unternehmensstruktur sind. Damit verfügen sie über wichtige Einflussmöglichkeiten und Entscheidungsrechte, die ihnen Handlungsautonomie gewähren.

Demgegenüber ist die Betriebssozialarbeit formell auf die Akzeptanz und Zustimmung der Führungskräfte angewiesen, „will sie die Chance der Verwirklichung ihrer Aufgabe nicht verspielen" (Tafel 1990, 167). Daraus resultierende Interessenkonflikte werden durch fehlende gesetzliche Regelungen sowie kaum vorhandene innerbetriebliche Absicherungen in Form von Dienst- und Betriebsvereinbarungen tendenziell verfestigt.

Die organisatorische Anbindung der Betrieblichen Sozialberatung kann grundsätzlich in zwei strukturellen Varianten erfolgen. Zum einen kann sie als Linienstelle in das vertikale betriebliche Weisungs- und Entscheidungssystem integriert werden. Damit erhält sie in einem definierten Rahmen eigenständige Entscheidungsbefugnis, wäre aber gegenüber der ihr übergeordneten betrieblichen Stelle weisungsabhängig. Sozialberater als Untergebene erhalten nach diesem Organisationsprinzip nur von einem einzigen, direkten Vorgesetzten Aufgaben und Befugnisse zugewiesen und sind ihm allein für die angemessene Aufgabenerfüllung verantwortlich. Die Linienorganisation von Betrieben und Unternehmen verfolgt den Zweck, trotz Delegation von Entscheidungs- und Anordnungsbefugnissen die „Einheitlichkeit der Leitung (Willensbildung und -durchsetzung) zu Gewähr leisten" (Hill/Fehlbaum/Ulrich 1981, 193). Die Mitarbeiter der Sozialberatung unterliegen dann sowohl einer Fach- als auch einer Disziplinaraufsicht, über die versteckt eine Kontrolle und Einschränkung der Arbeitsinhalte und Betätigungsfelder der Betriebssozialarbeiter verbunden sein kann.

Zum anderen kann die Sozialberatung als Stabstelle in die hierarchische Struktur integriert werden. Stabsstellen können das betriebliche Liniensystem und damit die vertikale Entscheidungs- und Anordnungsstruktur als eine Stelle ergänzen, die keine Entscheidungsbefugnis hat, sondern Aufgaben der Entscheidungsvorbereitung, der Kontrolle und allgemein der fachlichen Beratung wahrnimmt (vgl. ebd., 197). Im Unterschied zu Linienstellen übernehmen Stabsstellen keine Leitungsfunktion, weshalb sie im Prinzip nicht mit Entscheidungs- und Anordnungskompetenzen ausgestattet sind. Diese Kompetenzen bleiben bei der betrieblichen Instanz, der die Stabsstelle organisatorisch zugeordnet ist. Die Einrichtung einer Stabsstelle ist besonders dann sinnvoll, wenn eine betriebliche Instanz bei der Erfüllung ihrer Funktion und Aufgabe überlastet ist. Sie kann durch effektive Methoden der Entscheidungsvorbereitung eine fachliche Kompetenz und professionelle Zuständigkeit entwickeln, die sie gegenüber der übergeordneten Linieninstanz in eine recht starke Position bringt. Um die Unabhängigkeit dieser beratenden Instanzen zu wahren und dementsprechende Arbeitsbedingungen zu schaffen, unterliegen Stabsstellen in der Regel keinen direkten Handlungsanweisungen oder einer Fachaufsicht.

Strukturelle Machtlosigkeit der Betriebssozialarbeit
und sozialarbeiterische Handlungsautonomie

Die mehrheitlich freiwillige Einbindung der betrieblichen Sozialberatung als unabhängige Stabsstelle in die betriebliche Hierarchie (vgl. Henke 1992, 30) und die sich darüber vermittelnde strukturelle Machtlosigkeit der Betriebssozialarbeit sowie die gesetzliche Schweigepflicht (s. Kap. 20) sind jedoch für eine glaubwürdige Beratungsneutralität von entscheidendem Vorteil und garantieren zudem berufliche Handlungsfreiheit, auch wenn Leber (1994, 97) durch die fehlende Beteiligung der Betrieblichen Sozialberatung an personellen und personalpolitischen Entscheidungen die Gefahr sieht, zu einer Alibifunktion zu verkommen, die jederzeit zur Disposition stehen kann.

In manchen Unternehmen ist freilich die betriebliche Sozialberatung mit ihren fachlichen Kompetenzen als mitgestaltungsberechtigter Partner in Fragen der Personal- und Organisationsentwicklung zum Nutzen des Unternehmens durchaus aktiv miteinbezogen (z.b. Schering AG, Mercedes-Benz AG).

Die zuvor genannten Arbeitsbedingungen der Betrieblichen Sozialarbeit sind unverzichtbar, um dem sozialarbeiterischen Prinzip der Allparteilichkeit gerecht zu werden. Denn Fachlichkeit und optimale Aufgabenerfüllung sind nur dann zu erreichen, wenn strukturelle Bedingungen vorhanden sind, die es einem Funktionsträger erlauben, seine Aufgabe entsprechend seines spezifischen Wissens, seiner Erfahrungen und Methoden gerecht zu werden.

Für die Betriebssozialarbeit als anerkanntem Fachberuf bedeutet dies: keine andere betriebliche Institution oder Aufsichtsinstanz sollte ihr durch direkte Handlungsanweisungen methodische Vorschriften machen oder indirekt durch eine willkürliche Budgetierung das Betätigungsfeld einseitig beschränken. Diese subtile Form der inhaltlichen und methodischen Fremdbestimmung der Betrieblichen Sozialarbeit kann sich vor allem bei unspezifischer Trägerschaft der Sozialarbeit als prinzipielles Problem darstellen. Sie liegt dann vor, „wenn die Trägerorganisation des Sozialdienstes nicht hauptsächlich dem Zweck dient, Soziale Arbeit zu leisten" (Lüssi 1994, 148). Denn hier fehlt es vielfach an Verständnis für die Sozialarbeit oder aber andere organisationsbedingte Interessen haben Vorrang. Darin kann die zentrale Problematik integrierter Sozialdienste in privatwirtschaftlichen Unternehmen wie in der öffentlichen Verwaltung gesehen werden. Die organisatorische Anbindung hat einen maßgeblichen Einfluss darauf, ob die Sozialarbeit im Betrieb nur der verlängerte Arm der Geschäftsleitung ist oder ob sie sich zu einem fachlich anerkannten Partner entwickeln kann, der Veränderungen einfordern, initiieren und damit einen bedeutenden Einfluss auf die soziale Atmosphäre im Betrieb hat. Sie gibt die Bühne ab, auf der sie ihre Rolle und Funktion ausfüllen und ein eigenes Profil entwickeln kann.

Die angedeuteten strukturellen Rahmenbedingungen lassen tendenziell die innerbetriebliche Anbindung der Betriebssozialarbeit als problematisch er-

scheinen. Denn durch die Qualität der Anbindung wird die selbstbestimmte Handlungs- und Interventionsfreiheit der betrieblichen Sozialarbeiter mehr oder weniger stark eingeschränkt und kontrolliert.
Die Spezialisierung auf psychosoziale Beratungsaufgaben und therapeutisch orientierte Behandlungstätigkeit jedoch lässt eine Anbindung der Betrieblichen Sozialberatung an die Personalabteilung oder das betriebliche Sozialwesen als sinnvoll erscheinen. Je nach betriebsindividuellen Aufgabenschwerpunkten und der vorhandenen Struktur ist aber auch eine Anbindung an den Betriebsärztlichen Dienst denkbar.
Wenn Betriebs- und Dienstvereinbarungen hinsichtlich bestimmter Tätigkeitsbereiche (z.B. Regelungen zum Umgang mit suchtmittelauffälligen Mitarbeitern, Maßnahmen zur Reduzierung von Fehlzeiten) oder klare Aufgabenbeschreibungen fehlen, können sowohl die Aufgaben und Funktionen der Betrieblichen Sozialberatung als auch die betrieblichen Erwartungen an ihre Arbeit nur vage und wenig transparent sein. Dadurch wird Raum für individuelle Erwartungen und Hoffnungen geschaffen, der zu Missverständnissen und Vorbehalten in der betrieblichen Kooperation führen kann.
Möglich ist auch auf externe Anbieter Betrieblicher Sozialarbeit zurückzugreifen. Zu den Möglichkeiten und Grenzen dieser Anbindungsform und Modellen externer Betriebssozialarbeit siehe Kapitel 6.8.

4.2 Anbindung an die Personalabteilung

Unter strukturellen und aufgabenspezifischen Gesichtspunkten ist die Art der organisatorischen Anbindung der betriebliche Sozialberatung an die Personalabteilung von entscheidender Bedeutung. Letztendlich definiert sie die betrieblichen Handlungsräume und damit auch die Qualität und Reichweite der Sozialarbeit im Betrieb. Je hochrangiger die hierarchische Einordnung der betriebliche Sozialberatung in den Betriebs- und Verwaltungsaufbau, desto schneller und direkter können Initiativen und Veränderungen durchgesetzt und damit eigenständige sozialpolitische Akzente gesetzt werden.
Damit verbindet sich nicht nur ein erleichterter Zugang zu relevanten Informationen, sondern auch das Eingebundensein in die personalpolitisch wichtigsten Kommunikations- und Entscheidungsstrukturen. Damit im Vorfeld von Entscheidungen ein umfassender Informationsaustausch und direkte, verbindliche Kommunikations- und Handlungsprozesse möglich werden, ist

die betriebliche Sozialberatung mehrheitlich der Personalabteilung als Stabsstelle zu unterstellen (Henke 1992, 30).

Sozialdienst als Stabsstelle – Konfliktfelder und Chancen

In unspezifischen Trägerorganisationen, wie sie Wirtschaftsunternehmen typischerweise darstellen, kann die sozialarbeiterische Handlungsautonomie nur dann glaubwürdig gewahrt und respektiert werden, wenn der Sozialdienst allenfalls einer unspezifischen, nicht methodischen Kontrolle oder Aufsicht unterworfen ist (vgl. Lüssi 1994, 151).
Angesichts des fachlichen Sondercharakters der Sozialarbeit im Betrieb lässt sich diese notwendige Arbeitsvoraussetzung am idealsten durch die betriebsinterne Integration des Sozialdienstes als Stabsstelle realisieren. Demgegenüber kann es bei der Anbindung als fachlich weisungsgebundene Linienstelle zu Situationen kommen, in denen der Sozialberatung der Vorwurf gemacht wird, sich entgegen der Personalabteilung zu verhalten und damit den Betrieb gegenüber den Mitarbeitern nicht einheitlich zu vertreten. In diesem Sinne zitiert Tafel (1990, 161), dem vorherrschenden Selbstverständnis von Mitarbeitern des Personalwesens entsprechend, einen Personalabteilungsleiter mit den bezeichnenden Worten: „Personalpolitik machen wir." Damit aber kann die Sozialarbeit ihre wesenseigene, zwischen den betrieblichen Interessendifferenzen vermittelnde Funktion und letztlich sogar ihre Vertrauenswürdigkeit verlieren.
Vom Tätigkeitsprofil aus betrachtet erscheint die Verortung der betrieblichen Sozialberatung im Personalwesen sinnvoll und zweckmäßig. Die Betriebliche Sozialarbeit ist je nach Konzeption in soziale und personalpolitische Entscheidungsprozesse eingebunden. Um in diesem Rahmen angemessene Entscheidungen treffen und notwendige Entwicklungsprozesse initiieren zu können, muss sie über das betriebliche Geschehen wie Personaldisposition, insbesondere Personalreduzierung und Kurzarbeit im Zuge von Rationalisierung sowie über Vorhaben zur Senkung des Krankenstandes unterrichtet sein.
Die Anbindung an die Personalabteilung bringt für die betriebliche Sozialberatung die Chance und Herausforderung mit, sich an der Analyse und Lösung sozialer Probleme im Betrieb zu beteiligen.
Das bedeutet mitunter sich gegenüber Arbeitszuweisungen vom Personalwesen – beziehungsweise anderer betrieblicher Institutionen – abzugrenzen. Denn die unterschiedlichen Arbeitsaufträge und die damit verbundenen Verhaltenserwartungen sowie die jeweilige betriebliche Position von Perso-

nalrat, Betriebsrat, Betriebsärztlichem Dienst, Personalabteilung und Arbeitssicherheit haben einen nicht unerheblichen Einfluss auf die Wahrnehmung, Interpretation und Lösung von betrieblichen Problemen.
Der daraus unter Umständen entstehende Konflikt zwischen Vertretern der oben genannten betrieblichen Institutionen – im Sinne von „sozialen Rollen" – vermittelt sich nur bedingt individuell. Neben dem Handlungsaspekt von sozialen Rollen, in dem sich die individuelle Perspektive als Konflikt zwischen unterschiedlichen Verhaltenserwartungen widerspiegelt und zu einem persönlich gefärbten Handeln führt, ist in diesem Zusammenhang der Strukturaspekt von entscheidender Bedeutung (vgl. Abels/Stenger 1986, 122 ff.).
Demnach wird der Konflikt nicht konkret von den handelnden Personen verursacht, sondern nur aktualisiert. Die Repräsentanten betrieblicher Stellen handeln auf Grund von personenunabhängig definierten Verhaltenserwartungen, die im Rahmen des allgemeinen Konflikts zwischen Unternehmens- und Belegschaftsinteressen von ihnen verlangt werden.
Um das Prestige und den Rückhalt innerhalb der Belegschaft nicht zu verlieren, wird oftmals die unbequeme Auseinandersetzung mit Konflikten als Arbeits- und Lösungsauftrag an andere betriebliche Stellen delegiert. Angesichts dieser in vielen Betrieben zu erwartenden Verhaltens- und Umgangsweisen, läuft die Betriebssozialarbeit ohne kritische Auseinandersetzung mit ihrer Rolle, Funktion und betrieblichen Position Gefahr „auf den Status eines hierarchisch eingebundenen Zuarbeiterberufes" (Hoffmann 1982, 90) reduziert zu werden.
Andererseits können sich Zuständigkeitsüberschneidungen allein schon durch das Aufgabenfeld der Personalabteilung ergeben. Neben der Möglichkeit mittels materieller Hilfen selbst fallbezogene Sozialarbeit zu leisten – z.B.: gesetzlich, tariflich oder freiwillig geregelte Sozialleistungen, betriebliche Altersvorsorge, Vermögensbildung, betriebseigene Wohnungen, Lohnfortzahlung im Krankheitsfall, Gewährung von Lohn- und Gehaltsvorschüssen als Darlehen –, fallen naturgemäß allen Maßnahmen zur Personaldisposition in ihren Verantwortungsbereich. Gerade hinsichtlich des zuletzt genannten Punktes bietet sich eine Zusammenarbeit an. Denkbar wären gemeinsame Strategien in Bezug auf die Vorbereitung von Mitarbeitern auf den Vorruhestand, Durchführung mitarbeiterfreundlicher Versetzungen oder die sinnvolle Wiedereingliederung von langzeiterkrankten Mitarbeitern.

Gemeinsame Berührungspunkte bei klarer Abgrenzung von Zuständigkeiten

Das demgegenüber die Betriebliche Sozialarbeit in der Lage ist eine aktive, präventive und fördernde Personalarbeit zu leisten, zeigt sich, wenn sie sich schwerpunktmäßig um die Unterstützung und Begleitung von Mitarbeitern in allen persönlichen Angelegenheiten und psychischen, gesundheitlichen oder psychosomatischen Krisen- und Konfliktsituationen kümmert. In diesem Kontext kann die Sozialarbeit im Betrieb eine die Mitarbeiterbetreuung der Personalabteilung ergänzende Funktion übernehmen, in dem sie den Bereich der immateriellen Hilfen abdeckt. Darin liegt der Schlüssel zu einer erfolgreichen Zusammenarbeit zu Gunsten der Mitarbeiter.

Personalabteilungen ebnen oftmals den Weg zur Sozialberatung, insbesondere weil die Kontaktaufnahme der Mitarbeiter zur Betrieblichen Sozialberatung häufig auf Empfehlung oder Weisung von der Personalabteilung erfolgt. Als verantwortlicher und zuständiger Ansprechpartner auf dem Gebiet des Personalwesens erhält die Personalabteilung vorrangig Hinweise über Verhaltensauffälligkeiten von Mitarbeitern, die ein betriebliches Handeln erforderlich machen. Angesichts des personellen Handlungsbedarfs in derartigen Situationen, liegt es in der funktionsbedingten Verantwortung der Personalabteilung entweder alleine oder aber in vertrauensvoller Zusammenarbeit mit anderen, z.B. der Sozialberatung, Lösungsstrategien anzuregen, einzuleiten und zu koordinieren.

Dazu bedarf es allerdings einer klaren und transparenten Abgrenzung von sachlichen Zuständigkeiten, persönlichen und/oder fachlichen Grenzen sowie einer Verständigung über realistisch bestehende sozialen Veränderungsmöglichkeiten im Betrieb. Insbesondere aus Sicht der Betrieblichen Sozialberatung sollte eine sorgfältige Erörterung der gegenseitigen Erwartungen erfolgen, um spätere Missverständnisse in der betriebliche Zusammenarbeit vermeiden zu helfen.

Denn die Erwartungen der Personalabteilungen an die Betriebssozialarbeit beziehen sich nach Henke (1992) und Grimes (1976) im Allgemeinen auf eine ungenau spezifizierte Verbesserung des Betriebsklimas, Lösung außerbetrieblicher Belegschaftsprobleme, Wiedereingliederung von Langzeitkranken und einer Art „Feuerwehr-Funktion", um die Personalabteilung bei Widerständen von Mitarbeitern gegen die im Auftrag des Arbeitgebers erlassenen Anordnungen und Weisungen professionell unterstützen und auch entlasten zu können.

Greift die Betriebssozialarbeit darüber hinaus eigeninitiativ betriebliche Probleme oder Fragestellungen auf, sind vor diesem Hintergrund Spannungen und Disharmonien zu erwarten. Dies sollte jedoch nicht darüber hinweg täuschen, das beide Institutionen selbstverständlich wichtige Impulse zur Gestaltung der sozialen Atmosphäre im Betrieb geben können und sie deswegen gemeinsame Berührungspunkte aufweisen. Die Erhaltung und Förderung der körperlichen und psychischen Gesundheit der Mitarbeiter, Verbesserung der Wirtschaftlichkeit des Betriebes und die Entwicklung von Handlungs-, Kommunikations- und Konfliktfähigkeit von Mitarbeitern, könnte m.E. die Basis für einen von beiden Seiten akzeptierten Konsens bezüglich gemeinsamer Zielsetzungen sein. Diese grundsätzlich und allgemein formulierten Ziele bedürfen der Präzisierung in Hinblick auf das Ineinandergreifen von Maßnahmen und Verhaltensweisen in einer konkreten Situation im Sinne gemeinsamer Handlungsstrategien. Vorstellbar wären in dieser Beziehung kooperatives Handeln in folgenden Arbeitsfeldern:

- Entwicklung und Umsetzung von Maßnahmen zur Wiedereingliederung von langzeiterkrankten Mitarbeitern in den Arbeitsprozess oder nach Rückkehr aus stationärer Heilbehandlung/Therapie

- Realisierung von Vorruhestandsregelungen, Vorbereitung auf den Ruhestand

- Integration von Mitarbeitern, die auf Grund psychischer/körperlicher Behinderungen leistungsgewandelt sind

- Umsetzung von Maßnahmen zur Umgruppierung und Versetzung von Mitarbeitern

- Erarbeitung von konstruktiven und verbindlichen Richtlinien im betrieblichen Umgang mit suchtmittelauffälligen Mitarbeitern

- Betriebliche Gesundheitsvorsorge und -prävention

- Erarbeitung eines Maßnahmenkatalogs zur Senkung krankheitsbedingter Fehlzeiten und deren betriebliche Durchsetzung

- Hilfe bei der Schuldenregulierung, Richtlinien zur Gewährung von Darlehen in Form von Lohn- und Gehaltsvorschüssen.

Vereinbarkeit von Loyalitätsgebot und Schweigepflicht

Den strukturellen und aufgabenspezifischen Gründen, die eine Anbindung und enge Zusammenarbeit der Betrieblichen Sozialberatung mit der Personalabteilung als sinnvoll und zweckmäßig erscheinen lassen, stehen aber auch Bedenken gegenüber, die es ernsthaft abzuwägen gilt.

Die Spezialisierung der Sozialarbeit im Betrieb auf psychosoziale Beratungsarbeit setzt Neutralität, Weisungsungebundenheit, fachliche Handlungsautonomie und Schweigepflicht des Beraters voraus, soll eine unbeeinflusste Beratung des Hilfe Suchenden Gewähr leistet werden.

Ist die Sozialberatung angebunden an eine betriebliche Institution, die disziplinarisch gegen Mitarbeiter vorgehen kann, wie dies auftragsgemäß bei der Personalabteilung der Fall ist, liegt auf Seiten der Mitarbeiter der Verdacht nahe, die Sozialberatung sei nur der verlängerte Arm der Geschäftsleitung. Wie sehr sich die Sozialberatung in einer konkreten Angelegenheit auch bemüht, ihre Souveränität zu wahren, und versucht, sich gegenüber dem Rat suchenden Mitarbeiter uneingeschränkt vertrauenswürdig zu verhalten, allein die organisatorische Anbindung an die Personalabteilung lässt genügend Spielraum für Befürchtungen und Spekulationen.

Diese Bedenken verhindern oftmals eine unvoreingenommene Kontaktaufnahme zur Sozialberatung, weil die Mitarbeiter schwer einschätzen können, auf welcher Seite die Betriebliche Sozialberatung steht und welche Interessen sie verfolgt. Nährboden für derartige Berührungsängste müssen nicht unbedingt tatsächliche Negativerfahrungen einzelner Mitarbeiter sein. Oftmals sind subjektive Interpretationen, vorgefasste Meinungen oder Einstellungen und individuelle Erkenntnisse, denen unter Umständen nur ungenügende reale Erfahrungen zu Grunde liegen, entscheidend für diese Vorbehalte gegenüber der Sozialarbeit im Betrieb.

Demnach liegt es im Interesse der Betrieblichen Sozialberatung, ihren fachlichen Verantwortungsbereich, Möglichkeiten der betrieblichen Kooperation sowie ihre Interessen, Arbeitsbedingungen und -grundlagen zu definieren. Des weitern kann die innerbetriebliche Öffentlichkeitsarbeit zusätzlich genutzt werden, um in diesem Zusammenhang mehr Klarheit zu schaffen und die Prinzipien sozialarbeiterischer Beratungstätigkeit den Mitarbeitern verständlich zu machen.

Welche Gestalt die organisatorische Anbindung der Betrieblichen Sozialberatung auch annimmt, vor dem Hintergrund der Freiwilligkeit müssen die Betriebssozialarbeiter grundsätzlich den Spagat zwischen Loyalität und Schweigepflicht in fast jeder Situation bewältigen (s. Kap. 20). Mittels der gesetzlich verankerten Schweigepflicht (§ 203 StGB) kann die Betriebliche Sozialberatung Informationen, die sie im Laufe des Beratungsprozesses von ihren Klienten erhält, gegenüber den Vorgesetzten oder der Geschäftsleitung zurückhalten. Das der Arbeitgeber die Berufung auf die Schweigepflicht als Verletzung des Loyalitätsgebotes betrachtet, scheint durchaus vorstellbar. Wird im Rahmen der betrieblichen Zusammenarbeit gegenüber den Mitarbeitern der Sozialberatung entsprechend argumentiert, geraten sie in einen Interessenkonflikt, der auf dem Rücken der Klienten ausgetragen zu werden droht.

Doch wenn es der Betrieblichen Sozialberatung gelingt, die Schweigepflicht nicht als bewusste Informationsvorenthaltung, sondern als vertrauensschaffende Maßnahme zu Gunsten aller Beteiligten darzustellen und wird dies von der Personalabteilung akzeptiert, ist ein tragfähiges Fundament für eine betriebliche Zusammenarbeit geschaffen. Sind die zuvor genannten Arbeitsbedingungen vorhanden, stellen Loyalitätsgebot und sozialarbeiterische Schweigepflicht in der klientenorientierten Kooperation keine sich gegenseitig ausschließenden Begriffe dar. Von daher gesehen steht dann der Anbindung der Sozialberatung an die Personalabteilung und der vertrauensvollen und zuverlässigen Zusammenarbeit in den oben skizzierten Bereichen nichts im Wege.

Da sich mit hierarchischen Positionen stets auch ein bestimmtes Image und Anerkennung verbindet, kann sich zudem ein psychologischer Effekt günstig für die Mitarbeiter der Betrieblichen Sozialberatung auswirken: Je höher die Ansiedelung in der Betriebsstruktur, um so mehr Vorschusslorbeeren und Respekt wird den Sozialarbeitern entgegen gebracht. Dies kann sich dahingehend auswirken, dass die Sozialberatung als kompetenter Partner für soziale Angelegenheiten gesehen und rechtzeitiger in Entscheidungsprozesse eingebunden wird. Folglich signalisieren die betrieblich Verantwortlichen in dem Wie der Anbindung an die Personalabteilung (Linien- oder Stabsstelle) inwieweit sie eine eigenverantwortlich handelnde Betriebssozialarbeit wünschen und welchen Stellenwert sie ihr einräumen, und zwar durchaus im Sinne von Macht und Einflussmöglichkeiten als Chance gemeinsam innerhalb des sozialen Systems Betrieb eigene Ziele und Vorstellungen notfalls auch gegen eventuellen Widerstand durchsetzten zu können.

4.3 Anbindung als Stabsstelle an die Geschäftsleitung

Im Gegensatz zu den bisher erörterten Anbindungsformen scheint die Integration der Betrieblichen Sozialberatung als Stabsstelle der Geschäftsleitung in die betriebliche Hierarchie unter dem Gesichtspunkt der Handlungsautonomie fragwürdig zu sein.

Die organisatorische Nähe zum Arbeitgeber mit seinen umfassenden Direktions- und Entscheidungsrechten, die durch ökonomische Rentabilitätserwägungen entscheidend beeinflusst werden, bewirkt, dass die sozialarbeiterische Neutralität und Vertrauenswürdigkeit von den Mitarbeitern in einem kritischen Licht gesehen werden. Über das betriebliche Herrschaftsverhältnis und den gesellschaftlichen Interessengegensatz zwischen Lohnarbeit und Kapital vermittelt sich eine grundsätzlich konfrontative Situation im Betrieb. Dieser industrielle Konflikt ist letztlich immer eine Auseinandersetzung um materielle Ressourcen und um politische Macht.

Unter rein faktischen Gesichtspunkten betrachtet, scheint vor diesem ideologischen Hintergrund die Anbindung an die Geschäftsleitung ein Versuch des Arbeitgebers zu sein, die Betriebliche Sozialberatung an sich zu binden und deren Tätigkeitsfeld in seinem Sinne zu begrenzen. Zumal die Sozialberatung als Stabsstelle – im Vergleich zu anderen betrieblichen Stabspositionen – über keinerlei Entscheidungsbefugnisse verfügt. Damit scheint zunächst auch strukturell der jederzeit disponible und randständige Charakter der Betriebssozialarbeit unterstrichen zu werden.

Instrumentalisierungsrisiko: Sozialarbeit als Mittel zur Steigerung der Produktivität

Die hierarchisch dokumentierte Machtposition der Geschäftsleitung, die gesellschaftlich weitgehend akzeptiert wird, beinhaltet auch die Definitionsmacht bezüglich dessen was als soziales oder betriebliches Problem anzusehen ist. Darin liegt ein wesentliches Steuerungspotenzial hinsichtlich gewünschter Aktivitäten der Sozialberatung.

Wird die Sozialarbeit im Betrieb per Arbeitsauftrag auf das Ziel Personalkosteneinsparung durch Beratung bei individuellen sozialen Problemen eingeschränkt – z.B. Senkung der sucht- und krankheitsbedingten Ausfallzeiten etc. –, wird sie instrumentalisiert zu Gunsten der Arbeitgeberinteressen. Betriebssozialarbeiter, die diesen Erwartungen kein eigenes Tätigkeits- und Handlungsprofil entgegensetzen, lassen sich zum bloßen „Erfüllungsgehilfen" der Geschäftsleitung degradieren.

Diesen Überlegungen folgend kommt Henke (1992, 33) zu dem Schluss, dass die Geschäftsleitung die Leistungen der Betriebssozialarbeit als Mittel zum Zweck benutzt, um über die Steigerung der Arbeitszufriedenheit (durch die freiwillige Bereitstellung sozialer Beratungsangebote innerhalb des Betriebes) die Motivation und Leistungsbereitschaft, und damit die Produktivität und den Umsatz zu steigern. „In diesen Betrieben scheint die

Betriebssozialarbeit vorwiegend als schöner Schein aus betriebswirtschaftlichem Kalkül entstanden zu sein" (ebd.).

Es ist es nicht verwunderlich, wenn die Mitarbeiter unter diesen Umständen in der Sozialberatung nur den verlängerten Arm der Geschäftsleitung vermuten, von dem sie eher eine unterschwellige Kontrollfunktion als vertrauensvolle, nicht interessengesteuerte Beratung in individuellen Problemsituationen erwarten. Dementsprechend verhalten sich selbst Rat suchende Klienten reserviert und distanziert gegenüber der Betrieblichen Sozialberatung. Diese Darstellung berücksichtigt allerdings nur den rein strukturellen Aspekt dieser Anbindungsform. Betrachtet man ausschließlich die Informationen, die ein Blick auf ein Organigramm liefert, so mag die oben ausgeführte Schilderung einleuchten. Doch die hierarchische Struktur ist nur ein zweidimensionales Abbild des sozialen Systems Unternehmen und spiegelt deshalb auch nur begrenzt die betriebliche Realität wider. Ohne den vorangegangenen Entwicklungsprozess der Einrichtung und die Integration der Betrieblichen Sozialberatung kritisch zu würdigen, sind deren Handlungs- und Kooperationsmöglichkeiten nur schwer zu beschreiben. Um die Handlungsmöglichkeiten von Mitgliedern eines sozialen Systems einschätzen zu können, muss man die Entwicklungsgeschichte und deren Hintergründe verstehen.

Personalkostenreduzierung als Ergebnis sozialarbeiterischer Aktivitäten ist unstreitbar eine legitime, der betrieblichen Wirtschaftlichkeitslogik zugehörende Erwartung des Arbeitgebers. Unternehmerische Kosten – auch in Form von sozialarbeiterischer Beratung – werden in Relation zu dem dadurch eventuell zu erzielenden Nutzen gesetzt, um Zweckmäßigkeit und Rentabilität der Maßnahme objektiv einschätzen zu können. Eine Betriebliche Sozialarbeit, die für sich in Anspruch nimmt, konstruktiv zu arbeiten und Veränderungen bewirken zu wollen, sollte diese Logik als systemimmanent akzeptieren, sich damit aber kritisch auseinander setzen.

Dies bedeutet unabdingbare Rahmenbedingungen und Leitlinien der Sozialarbeit im Betrieb zu definieren, Arbeitsaufträge auf ihre Vereinbarkeit mit diesen Prinzipien zu prüfen und eigenständige Zielsetzungen zu beschreiben.

Ferner sollten der größeren Transparenz wegen möglichst viele betriebliche Funktionsträger in den Prozess der Einrichtung einer Betrieblichen Sozialberatung und der notwendigen Auftragsklärung miteinbezogen werden. So kann sichergestellt werden, dass alle Beteiligten ihre Vorstellungen einbringen und damit als Korrektiv gegenüber einer weitgehend einseitigen Zielsetzung durch die Geschäftsleitung wirken können. Damit kann zudem der Fokus auf die Fürsorgepflicht des Arbeitgebers und die damit verbundenen gesetzlichen Empfehlungen gelenkt werden.

Erwartungen der Geschäftsleitung versus eigener Schwerpunktsetzung

Oftmals ist der Auftrag an die Mitarbeiter der Betrieblichen Sozialberatung durch die Geschäftsleitung wenig exakt formuliert. Die Erwartungen reichen von fachlicher Beratung, Umsetzung der betrieblichen Sozialpolitik und positiven Impulsen für das soziale Image des Unternehmens bis hin zur konkret definierten Verbesserung der Wirtschaftlichkeit.

Dies bietet auf der einen Seite den Mitarbeitern natürlich die Gelegenheit, eigene Arbeitsschwerpunkte nach persönlicher Neigung, sozialpolitischer Überzeugung oder entsprechend dem eigenen sozialarbeiterischen Selbstverständnis zu gestalten und zu erweitern.

Auf der anderen Seite liegt darin aber auch die Gefahr, mit anderen betrieblichen Funktionsträgern in Kompetenz- und Zuständigkeitsstreitigkeiten zu geraten oder ungewollt betriebliche Missstände zu thematisieren, mit denen sich die Verantwortlichen noch nicht auseinander setzen wollen. Spannungen zwischen Auftraggeber und Sozialberatung wären die Folge, eine unvoreingenommene Zusammenarbeit zu Gunsten des Betriebes und seiner Mitarbeiter unnötig erschwert.

Erfolgt also die Einrichtung und Integration der Sozialberatung in das Unternehmen, ihre strukturelle Verortung als Stabsstelle der Geschäftsleitung sowie die Auftragsklärung unter der maßgeblichen Beteiligung der relevanten betrieblichen Funktionsträger, so stellt dies m.E. ein tragfähiges Fundament für eine authentische, weitgehend nicht fremdbestimmte Betriebssozialarbeit dar. Auf diese Weise können die unbestimmten Erwartungen der Geschäftsleitung mit sorgfältig und präzise umschriebenen Arbeitsinhalten und Zielsetzungen ausgefüllt werden. Unter diesen Bedingungen ist eine kooperative, partnerschaftliche Zusammenarbeit mit der Geschäftsleitung durchaus realisierbar.

Auch aus organisatorischen Gründen scheint eine Anbindung an die Geschäftsleitung sinnvoll. Die Sozialberatung ist neben der Personalverwaltung, der Arbeitssicherheit und dem Betriebsärztlichen Dienst eine fachlich unabhängige Organisationseinheit. Optimale Arbeitsbedingungen können in diesem Zusammenhang durch die Integration der Sozialberatung auf möglichst hoher Hierarchieebene bei gleichzeitig geringer Fachaufsicht geschaffen werden. Die Ebene der Geschäftsleitung bietet dafür geeignete Voraussetzungen.

Betrachtet man die Folgen der Anbindung hinsichtlich der Qualität der Betrieblichen Sozialarbeit jenseits der de facto bestehenden strukturellen Machtlosigkeit der Sozialberatung, so sind gleichwohl Begleiterscheinungen identifizierbar, die sich für die Mitarbeiter in ihrer klientenorientierten Arbeit und in ihrem Umgang mit betrieblichen Institutionen vorteilhaft auswirken können.

Geschäftsleitung als Partner der Sozialberatung

Unter den oben skizzierten Bedingungen kann die Geschäftsleitung gegenüber der Betrieblichen Sozialberatung die Rolle des Unterstützers und Partners einnehmen. Gerade durch die organisatorische Nähe zur wichtigsten Entscheidungsmacht im Unternehmen vergrößert sich die Chance der Sozialberatung, sich innerbetrieblich mit eigenen Initiativen und Zielsetzungen durchzusetzen. Folglich hat sie einen einflussreichen Ansprechpartner und Befürworter auf höchster Hierarchieebene an ihrer Seite und kann geschickt die direkten Kommunikations-, Informations- und Entscheidungslinien im Unternehmen für sich nutzen. Die Geschäftsleitung verfügt zwar über die Macht, soziale Veränderungsprozesse zu initiieren, doch es fehlt ihr an dem dazu erforderlichen Wissen über soziale Dynamiken, am entsprechenden Interventionsrepertoire (vgl. Lau-Villinger 1996, 126) und grundsätzlich an der Fachlichkeit.

Darüber hinaus kann die Sozialberatung auf arbeits- und betriebsbedingte Ursachen individueller Probleme aufmerksam machen und eine systemische Interpretation der Dynamik psychosozialer Prozesse anbieten. Denn die Erfahrungen der letzten Jahrzehnte haben gezeigt, dass die Effizenz der Betrieblichen Sozialarbeit, die sich ausschließlich in Form der Einzelfallhilfe an spezifische Problemgruppen wendet, begrenzt ist. Strukturelle betriebliche Probleme wurden dadurch häufig zu Lasten der Arbeitnehmer individualisiert.

Mit der zunehmenden ganzheitlichen Sichtweise sozialer Probleme wird es notwendig, die innerbetrieblichen Kommunikationsmuster – z.B. Führungsverhalten, Umgangsnormen, Konfliktregelungsmechanismen – als veränderungswürdige Aspekte mit in das Aufgabenfeld der Betriebssozialarbeit einzubeziehen. Der modernen Sozialberatung bietet sich in diesem Rahmen die Gelegenheit, ihr Aufgabenfeld in Hinblick auf professionelle Gruppenberatung und -begleitung auszudehnen. Verbesserung der sozialen Kompetenz und der Kooperations- und Kommunikationsfähigkeiten können hier im Fokus der Arbeit stehen. Methodisch kann dies in Form von Se-

minaren für weisungsbefugte Mitarbeiter oder prozessbegleitender Beratung erfolgen.
Angesichts der geschilderten Zusammenhänge lassen sich gemeinsame Anknüpfungspunkte für eine erfolgreiche Zusammenarbeit zwischen der Geschäftsleitung und der Betrieblichen Sozialberatung erkennen. Die soziale Machtposition des einen kann nutzbringend für das Unternehmen mit der sozialwissenschaftlichen Qualifikation des anderen ergänzt werden. Durch die Einrichtung einer Sozialberatung und deren hochrangige strukturelle Einbindung signalisiert die Geschäftsleitung die Wichtigkeit und die Notwendigkeit von Betriebssozialarbeit in Hinblick auf die Lösung individueller Problem- und Konfliktsituationen sozialer, gesundheitlicher oder psychischer Art.

Dadurch avanciert die Sozialberatung von vornherein zu einem anerkannten Konfliktregelungspartner, dem in den betriebsinternen Instanzwegen und Verhandlungsgremien ein fester Platz zugestanden wird.

Die erfolgreiche Etablierung der Sozialberatung in die Betriebsstruktur ist demnach weit weniger ein individuelles Problem der dort tätigen Mitarbeiter. Sozialberatungen, die auf unteren Hierarchiestufen eingebunden sind, können oftmals nur durch eine jahrelange kompetente Arbeit und entsprechende Überzeugungsarbeit ihre betriebliche Stellung rechtfertigen und auf diesem Weg das Vertrauen und die Anerkennung der Mitarbeiter erlangen. Dieser Legitimationsdruck kann im Rahmen der hier diskutierten Anbindung deutlich geringer sein, weil die Sozialberatung auf Initiative und mit Unterstützung der Geschäftsleitung in das Unternehmen eingegliedert wird. Des Weiteren findet ein positiver Image-Transfer zu Gunsten der Sozialberatung statt. Sie profitiert von der Anerkennung und Wertschätzung, die der Geschäftsleitung entgegengebracht wird, insofern sie von Dritten in ihrer Professionalität und fachlichen Kompetenz sowohl beruflich wie persönlich respektiert und anerkannt wird. Vorstellbar ist auch, dass auf Bitten der Sozialberatung die Geschäftsleitung bereit ist, ihr Prestige für die Realisierung sozialarbeiterischer Zielsetzungen in die Waagschale zu werfen.

Die Geschäftsleitung als materielle und informative Ressource

Die hochrangige organisatorische Eingliederung als Stabsstelle bei der Geschäftsleitung bedeutet aber auch die Möglichkeit, Einfluss auf die betriebliche Personal- und Sozialpolitik zu nehmen, und damit die Chance, eigene Handlungsspielräume zu erweitern.
Die Sozialberatung steht in einem engen Kontakt mit der Geschäftsleitung als dem maßgeblichen Gestalter der betrieblichen Sozial- und Personalpo-

litik und erhält über diesen direkten Kommunikationskanal wertvolle Informationen über Entwicklungen und geplante Vorhaben.

Außerdem werden die Mitarbeiter der Sozialberatung von der Geschäftsleitung zunehmend als Experten für die Beratung von weisungsbefugten Mitarbeitern, die sich in Konfliktsituationen mit Untergebenen befinden, in Anspruch genommen.

Bei der Durchsetzung dieser Vorhaben kann die Sozialberatung die vielfältigen materiellen und immateriellen Ressourcen der Geschäftsleitung für sich nutzen. Je besser die betriebliche Sozialberatung als Stabsstelle der Geschäftsleitung integriert ist, um so leichter hat sie Zugang zu diesen Ressourcen.

Neben dem schon erwähnten Informationsfluss sind vor allem die Verfügungsgewalt über finanzielle und materielle Ressourcen und die rechtliche Machtposition der Geschäftsleitung von ausschlaggebender Bedeutung. Denn der unmittelbare Vorgesetzte der Sozialberatung kann eigenverantwortlich entscheiden, welche Gelder, materielle Ausstattung und Arbeitsmaterialien den Mitarbeitern zur Erfüllung ihres Arbeitsauftrages zur Verfügung gestellt werden.

Der direkte Kontakt zur Geschäftsleitung und das Eingebundensein in die unmittelbare Verhandlungs- und Entscheidungslinie mit der Geschäftsleitung sowie deren Einsicht in die Notwendigkeit von Sozialarbeit im Betrieb kann günstige Ausgangsbedingungen für eine über die Einzelfallarbeit hinaus präventiv wirkende Sozialarbeit schaffen.

Die Geschäftsleitung kann allein schon deshalb als ein engagierter Unterstützer der Sozialberatung gesehen werden, weil sie auf Grund ihrer fachlichen Qualifikation und beruflichen Erfahrung das sensible und störungsanfällige Verhältnis zwischen Führungsverhalten beziehungsweise der sozialen Kompetenz von Vorgesetzten und einem produktiven Arbeitsklima begreift. Deshalb liegt es im vitalem Interesse derselben, die präventiven Maßnahmen der Betrieblichen Sozialarbeit zu nutzen, um damit einen zukunftsorientierten Beitrag zur Förderung von psychosozialer Gesundheit und letztlich zur Erreichung des Unternehmensziels zu ermöglichen.

4.4 Anbindung an den Betriebsrat/Personalrat

Noch vor der Personalabteilung und dem Betriebsärztlichen Dienst stellt der Betriebs- oder Personalrat die wichtigste und einflussreichste Instanz betrieblicher Sozialpolitik dar.

Betriebsinterne Anbindung der Betrieblichen Sozialarbeit

Die durch das Betriebsverfassungsgesetz beziehungsweise die Personalvertretungsgesetze (BetrVG beziehungsweise PersVG) geschaffenen, zum Teil weitreichenden Kontroll- und Überwachungsfunktionen, Initiativ- und Mitbestimmungsrechte und vor allem der besondere Kündigungsschutz, den Betriebsrats- und Personalratsmitglieder genießen, lassen sie zu einem Korrektiv gegenüber dem Weisungs- und Direktionsrecht des Arbeitgebers werden. Zudem kann der Betriebsrat/Personalrat selbst konkrete soziale Arbeit durch juristische Beratung, rechtliche Vertretung von Arbeitnehmerinteressen und durch die Betreuung von Mitarbeitern in sozialversicherungsrechtlichen Angelegenheiten leisten. Darin liegt sowohl ein Kooperations- als auch Konfliktpotenzial. Denn über die Betreuung der Mitarbeiter in den o.g. Bereichen erhalten die Betriebs- und Personalräte – auch auf Grund ihrer Vertrauensposition – zwangsläufig Hintergrundinformation über psychisch und sozial belastende oder problematische Lebensumstände. Da schon ein intensiver Kontakt zum Mitarbeiter besteht, erscheint es aus der Sicht der Betriebs- und Personalräte sinnvoll, dass sie sich als Hauptverantwortliche somit auch um die Koordination möglicher Hilfen zur Lösung der psychosozialen Probleme von Mitarbeitern kümmern.

Damit sind Betriebs- oder Personalräte und die Sozialberatung in einem sozialen Aufgabengebiet tätig, in dem sie sich auf Grund ihrer unterschiedlichen Kompetenzen ideal zu Gunsten der Mitarbeiter ergänzen können. Gerade weil sie im Feld der sozialen Arbeit mit ihrer Tätigkeit, Präsenz und Verantwortung so dicht beieinander liegen, sind aber Interessenskollisionen nicht auszuschließen. Um Missverständnissen vorzubeugen, bedarf es in diesem Zusammenhang einer transparenten Trennung von eigenständigen Verantwortungsbereichen.

Trotz vielfältiger Kooperationsmöglichkeiten gibt es in der betrieblichen Realität keine strukturelle Anbindung oder Verortung der Betrieblichen Sozialberatung an Betriebs- oder Personalräte, die mit einer diesbezüglichen Fachaufsicht oder gar Weisungsbefugnis verbunden wäre. Als von den Mitarbeitern gewähltes Interessenvertretungsorgan haben sie ausschließlich im Hinblick auf betriebsbezogene Entscheidungen und bei sozialen Angelegenheiten Anhörungs-, Beschwerde-, Erörterungs- Mitsprache- und Widerspruchsrechte. In dem der Arbeitgeber auf diese Weise aufgefordert ist, die berechtigten Interessen der Arbeitnehmer bei seinen Entscheidungen zu berücksichtigen, sollen die Arbeitnehmer an dem Entscheidungsprozess beteiligt werden. Dementsprechend gibt es im Rahmen des BetrVG und der PersVG keine rechtliche Grundlage für eine Fachaufsicht oder gar Weisungsbefugnis der Betriebs- oder Personalräte gegenüber anderen Funktionsträgern im Betrieb. Damit wird ihnen in der betrieblichen Hierarchie kein eigenständiger Entscheidungs- und Weisungsstatus zugewiesen. Eine Anbindung der Sozialberatung an diese Institution im Betrieb scheidet also aus. Betriebliche Sozialberatung hat im Gegensatz zur Eindeutigkeit der Interessenvertretung des Betriebs-/Personalrates nicht nur die Anliegen der Mitarbeiter im Blick, sondern auch die Interessen des Gesamtunternehmens.

Da der Betriebs- oder Personalrat – wie einleitend geschildert – ein wichtiger Partner für die Betriebliche Sozialberatung bei der Gestaltung der sozialpolitischen Atmosphäre im Betrieb sein kann und der Erfolg der Betrieblichen Sozialberatung unter anderem von der konstruktiven Zusammenarbeit mit den Mitarbeitervertretungen abhängt, sollen an dieser Stelle die gegenseitigen Erwartungen, die Zuständigkeitsebenen, das Verhältnis zueinander (vgl. Kap. 3.4.4) und daraus schlussfolgernd mögliche Kooperationsbedingungen eingehend betrachtet werden.

Soziale Arbeit versus Sozialarbeit

Die Betriebs- und Personalräte können wegen ihrer arbeits- und sozialrechtlichen Fachkenntnisse im Bereich der Betrieblichen Sozialberatung sinnvolle und ergänzende soziale Arbeit leisten. Hinsichtlich der qualitativ andersartigen Sozialarbeit werden folglich auch andere Erwartungen und Ansprüche an ein fachkompetentes Handeln gestellt, die nur von professionell ausgebildeten Sozialarbeitern erfüllt werden können. Mit der Einstellung von Fachkräften mit sozialwissenschaftlicher Qualifikation unterstreicht der Betrieb die Notwendigkeit professioneller Sozialarbeit mit entsprechenden Ausbildungs- und Qualitätsstandards.

Neben Überschneidungen auf der Zuständigkeitsebene kann die Beziehung zwischen Betriebs- oder Personalrat und Sozialarbeitern nun auch auf der methodischen Ebene beeinträchtigt werden. Denn eine qualifizierte Sozialarbeit soll stärker dem Grundsatz der Selbstbestimmung der Klienten (Hilfe zur Selbsthilfe) verpflichtet und von einem tief greifenden Verständnis für psychosoziale Prozesse und Probleme geprägt sein.

Dazu bedarf es besonderer Kenntnisse und Fähigkeiten, die in der Regel nur durch ein akademisches Studium im Bereich der Sozialarbeit, der Sozialpädagogik oder der Psychologie sowie durch entsprechende Zusatzausbildungen zu erwerben sind.

Die Betriebs- und Personalräte erwarten von der Betrieblichen Sozialberatung, dass sie sich primär mit persönlichen Mitarbeiterproblemen, speziell mit gesundheitlichen und familiären Problemen und finanziellen Notsituationen beschäftigt. Innerbetriebliche Belange und personalpolitische Fragestellungen sowie Interessengegensätze, die sich auf der Ebene der arbeitsvertraglichen Rechte und Pflichten ergeben, sollen in der alleinigen Verantwortlichkeit der Betriebs- und Personalräte bleiben. Damit wird versucht, die Betriebliche Sozialberatung auf die problemorientierte Einzelfallhilfe zu reduzieren, die für individuelle Problemlösungen zuständig ist, ohne das ihr ein mitgestaltender Einfluss auf die Veränderung betrieblicher Ursachen von individuellen Problemen eingeräumt wird.

Mit dieser Aufgaben- und Rollenverteilung sollen Eingriffe in die Kompetenzen von Betriebs- und Personalrat verhindert werden. Ferner wird der Betriebs- und Personalrat dadurch zum wichtigsten Gestalter der sozialpolitischen Realität im Betrieb. Von daher gesehen verwundert es nicht, wenn mancher Betriebs- und Personalrat kraft seiner Mitbestimmungsrechte die Einrichtung einer Sozialberatung im Betrieb zu verhindern sucht.

Wie leichtfertig dabei unter Umständen gestalterische Freiräume aufgegeben werden, zeigt die pragmatische Interpretation und Würdigung des verstärkten Mitbestimmungsrechts des Betriebsrats gemäß § 95 Abs. 2 BetrVG. Unter bestimmten Voraussetzungen könnte der Betriebsrat „im Rahmen von Auswahlrichtlinien die Installierung einer Sozialberatung als einer fachlich weitgehend unabhängigen Beratungs- und Vermittlungsinstitution in die Betriebsstruktur (von dem Arbeitgeber) verlangen" (Meier 1994, 20). Das diese Chance oft auf Grund vorhandener Berührungsängste ungenutzt bleibt, kann sich für eine zeitgemäß konzipierte und sich neu orientierende Betriebssozialarbeit als Hemmschuh auswirken. Schließlich ist sie auf Grund ihrer Potenziale durchaus im Stande, wichtige Beiträge zur Personal- und Organisationsentwicklung in Betrieben zu leisten. Besonders hervorzuheben sind hier die neuen Angebote wie z.B. Projektmanagement, Teamentwicklung und Coaching. Denn nur wenn es der Betriebssozialarbeit gelingt, sich diesen komplexen Herausforderungen zu stellen, „hat sie gute Chancen, eine schwieriger werdende Zukunft auf der Basis einer sozialarbeiterischen Ethik adäquat und selbstbestimmt zu gestalten" (Gehlenborg 1997).

Statt Aufgabenverteilung kennzeichnet Konkurrenz die betriebliche Praxis

Angesichts der eingangs erwähnten Qualitäten und der Weisungsunabhängigkeit der Betriebs- und Personalräte sind sie für die Betriebliche Sozialberatung betriebliche Kooperationspartner, mit denen gemeinsam die Interessen und Bedürfnisse der Mitarbeiter verfolgt und befriedigt, und falls notwendig, auch Kraft ihrer gesetzlich verankerten Kompetenz, durchgesetzt werden können.

Obwohl Betriebs- und Personalräte ihrer Funktion gemäß eindeutig mitarbeiterorientiert sind und sich als Mittler zwischen Arbeitgeber und Arbeitnehmer verstehen, gibt es in der einschlägigen Literatur – von beiden Seiten – kaum nennenswerte Betrachtungen und Stellungnahmen bezüglich der Möglichkeiten und Grenzen einer sich gegenseitig ergänzenden betrieblichen Zusammenarbeit.

Dabei wäre eine behutsame und unvoreingenommene Annäherung zu Gunsten der Mitarbeiter wünschenswert. Nur über die damit verbundene Auseinandersetzung kann mehr Klarheit und Transparenz hinsichtlich gegenseitig bestehender Erwartungen und Interessen geschaffen und eine saubere Trennung der unterschiedlichen Aufgaben und Funktionen erreicht werden. Derartige Vereinbarungen über die betriebsinterne Rollenverteilung sorgen auch auf Seiten der Mitarbeiter für ein Mehr an Berechenbarkeit und Vertrauen in die Kompetenz und Leistungsfähigkeit von Betriebs- oder Personalräten und im Betrieb tätigen Sozialarbeitern.

Betriebs- oder Dienstvereinbarungen, die als verbindliches Regelwerk die berechtigten Interessen, Erwartungen und Funktionen aller am Prozess der Gestaltung der betrieblichen Sozialpolitik Beteiligten berücksichtigen, vermögen im Vorfeld der konkreten Umsetzung von Inhalten die unterschiedlichen Zuständigkeitsbereiche deutlich voneinander abzugrenzen. Sie definieren andererseits aber auch „Überschneidungsbereiche", in denen eine Kooperation zu Gunsten des Mitarbeiters notwendig und sinnvoll ist (s. Kap. 21.5).

Doch in der betrieblichen Praxis ist das Verhältnis zwischen den Vertretern der Betriebssozialarbeit und Betriebs- oder Personalrat oftmals durch Zuständigkeitskonflikte und Konkurrenzdenken charakterisiert (vgl. Bock-Rosenthal u.a. 1981, 166). Die Ursachen dafür liegen nicht zuletzt in einer unklaren strukturellen Einbindung der Betrieblichen Sozialarbeit in die Betriebsorganisation.

In einem Unternehmen, in dem der o.g. Entwicklungsprozess nicht gemeinsam oder von den Mitbestimmungsgremien initiiert und die Sozialberatung durch die alleinige Entscheidung der Geschäftsleitung geschaffen wurde, kann ein Konkurrenzverhältnis entstehen. Vor allem wenn dort bereits ein engagiert tätiger Betriebs- oder Personalrat existiert, der zuvor die gesamte Bandbreite sozialer Arbeit im Betrieb alleinverantwortlich abgedeckt hat und das Vertrauen der Mitarbeiter genießt. In diesem Zusammenhang sollten die Betriebs- oder Personalräte und die Sozialberatung ihre professionellen kommunikativen Fähigkeiten nutzen und aufeinander zugehen, um sich vorbehaltlos mit der entstandenen Situation auseinander zu setzen. Ziel sollte dabei sein, zu Gunsten einer optimalen Mitarbeiterbetreuung gemeinsame Kooperationsebenen, aber auch Ergänzungsmöglichkeiten zu finden. Sofern also die inhaltliche Beschreibung und Konzeption der Betrieblichen Sozialberatung ohne die einbeziehende Mitwirkung des Betriebs- oder Personalrats entwickelt und vereinbart wurde, ist darin schon die Keimzelle von Misstrauen und gegenseitigen Vorbehalten zu sehen. Wie effizient und erfolgreich die Tätigkeit der Sozialberatung im Betrieb ist, hängt demnach von der Bereitschaft und Fähigkeit der Sozialarbeiter und der Offenheit der Betriebsräte/Personalräte ab, die gegenseitige Zusammenarbeit und Fachberatung zu suchen und in Anspruch zu nehmen.

Vertrauen bei den Mitarbeitern

Ein Konkurrenzverhältnis zwischen beiden betrieblichen Institutionen besteht weiterhin in Hinblick auf das Vertrauen bei der Belegschaft. Eine neu eingerichtete Sozialberatung muss sich dieses Vertrauen erst durch eine zuverlässige und glaubwürdige Arbeit erwerben. Dies gilt ganz besonders für betriebsfremde Sozialarbeiter, mit denen die Belegschaft noch keine Erfahrungen gemacht hat und die noch nicht mit den betriebsindividuellen Entscheidungs- und Kommunikationsmustern vertraut sind. Während eine Vertrauensbasis für Betriebs- und Personalräte auf Grund ihrer rechtlich eindeutigen Stellung gegenüber dem Arbeitgeber offensichtlich schneller aufzubauen ist, sofern sie unter dem Druck von ökonomischen und arbeitsmarktpolitischen Rahmenbedingungen ihr Mandat auch wirklich weitgehend unabhängig wahrnehmen können.

Oftmals ist es unter diesen Umständen für die Betriebssozialarbeiter enorm schwierig, ein eigenständiges Profil zu entwickeln, vor allem, wenn sie vom Betriebs- oder Personalrat als Konkurrenten empfunden werden. Zumal die einzelnen Mitglieder des Betriebs- oder Personalrats in ihrer Existenz und ihren Einfluss- und Gestaltungsmöglichkeiten unmittelbar von den Mitarbeitern abhängig sind: ihr Mandat ist durch Wahl zeitlich befristet. Da mit der Wahl zum Betriebs- und Personalrat auch persönliche Privilegien und Vorteile verbunden sind – besonderer Kündigungsschutz, Freistellungen, sozial anerkannte Tätigkeit, Prestige, Selbstwert, Macht und Einflussmöglichkeiten –, haben die Betriebs- und Personalräte prinzipiell ein starkes Eigeninteresse an einer Wiederwahl.

Dies erklärt, weshalb sie häufig stark politisch und ideologisch orientiert sind, um dadurch die Chancen ihrer Bestätigung im Amt positiv zu beeinflussen. Folgerichtig sind Betriebsratswahlen in der Regel oftmals Sympathiewahlen (vgl. Lippmann 1980, 99).
Die Sozialberatung hingegen ist hinsichtlich ihr Arbeits- und Handlungsfähigkeit auf Akzeptanz und Anerkennung sowohl bei den Mitarbeitern als auch bei den Vorgesetzten angewiesen, will sie die soziale Atmosphäre im Betrieb mitbestimmen. Denn letztlich ist sie allen betrieblichen Stellen gegenüber auf eine vertrauensvolle Zusammenarbeit angewiesen, um ihre Funktion sinnvoll erfüllen zu können. Dieses Ziel kann nur erreicht werden, wenn die Sozialberatung eine neutrale und unabhängige Position einnimmt, um zwischen den betrieblichen Interessengruppen zu vermitteln. Durch diesen schwierigen Balanceakt kann sie das Vertrauen beider Seiten erreichen. Zudem sind Konfliktlösungen auf freiwilliger Basis effektiver und wirksamer als die, die unter zur Hilfenahme der Machtposition des Betriebs- oder Personalrats geschaffen wurden (vgl. Langensee 1981, 151ff.). Notwendige Grundvoraussetzung dafür ist allerdings die Bereitschaft und Weitsicht der Verantwortlichen, der Sozialberatung eine entsprechende strukturell unabhängige Stellung in der Betriebshierarchie einzuräumen.

Schweigepflicht als Stolperstein in der Zusammenarbeit

In der konkreten Zusammenarbeit von Betriebsrat/Personalrat und der Betrieblichen Sozialberatung kann sich die gesetzlich verankerte Schweigepflicht der Sozialarbeiter als problematisch erweisen. Die Schweigepflicht (s. Kap. 20.2) der Sozialarbeiter wird von den Betriebs- oder Personalräten häufig als mangelnde Kooperationsbereitschaft oder gar als bewusste Zurückhaltung von Informationen und Sachverhalten beziehungsweise als Indiz für die mangelnde Vertrauenswürdigkeit der eigenen Stelle gewertet. Der Austausch vertraulicher Informationen ist jedoch nur dann angezeigt, wenn es dem Interesse des Mitarbeiters dient. Dies kann der betreffende Mitarbeiter nur selbst beurteilen und sich entscheiden, den Sozialarbeiter von seiner Schweigepflicht zu entbinden, um auf diesem Wege eine effektivere Zusammenarbeit der beteiligten Stellen zu ermöglichen.
Da beide betrieblichen Funktionsträger in sozialen Angelegenheiten eindeutig mitarbeiterorientiert arbeiten, lassen sich Interessen- und Zuständigkeitskollisionen nicht vermeiden. Es liegt an dem guten Willen, der Akzeptanz- und Kompromissfähigkeit beider Akteure statt engstirniger Verteidigung eigener Handlungs- und Interventionsbereiche, den Blick über den

eigenen Tellerrand zu wagen und gemeinsame Kooperations- und Ergänzungsmöglichkeiten zu entdecken. In diesem Zusammenhang müssen sich beide sowohl von lieb gewordenen Einstellungen und Meinungen als auch Denk- und Verhaltensweisen verabschieden, um die notwendige Offenheit für eine vertrauensvolle Zusammenarbeit zu erreichen.

4.5 Anbindung an den Betriebsärztlichen Dienst

Im Vergleich zu den zuvor erörterten Anbindungs- und Kooperationsformen scheint der organisatorischen Ansiedelung der Betrieblichen Sozialberatung an den Betriebsärztlichen Dienst in der betrieblichen Realität eine untergeordnete Relevanz beigemessen zu werden. Dies zeigt sich zumindest in der spärlichen Darstellung und kritischen Auseinandersetzung mit dieser Anbindungsvariante in der Fachliteratur. Die nachfolgend gemachten Aussagen beruhen deshalb auf persönlichen Gesprächen und dem kollegialen Austausch mit Sozialarbeitern, die in Unternehmen tätig sind, in denen die Sozialberatung dem Betriebsärztlichen Dienst unterstellt ist. Von daher gesehen haben die hier gemachten Aussagen nur bedingt allgemein gültigen Charakter, weil sie immer auch den unternehmensspezifischen Entwicklungsprozess der Eingliederung der Sozialberatung in die Unternehmensstruktur widerspiegeln.

Im Gegensatz zur Sozialberatung, die auf Grund einer freiwilligen Entscheidung der Arbeitgeber in einem Unternehmen tätig wird, hat der Betriebsärztliche Dienst einen vom Gesetzgeber verbindlich festgelegten Auftrag zu erfüllen. Die maßgeblichen Regelungen sind im Arbeitssicherheitsgesetz zusammengefasst. Demnach hat jeder Arbeitgeber – je nach Betriebsgröße und Betriebsart- einen oder mehrere Betriebsärzte zu bestellen und ihnen die im § 3 ArbSichG genannten Aufgaben zu übertragen. Betriebsärzte haben die Aufgabe, den Arbeitgeber beim Arbeitsschutz und bei der Unfallverhütung sowie in allen Fragen des Gesundheitsschutzes zu unterstützen. Der Arbeitgeber hat dafür zu sorgen, dass die Betriebsärzte ihre Aufgabe erfüllen, und er ist ferner verpflichtet, die zur Aufgabenerfüllung notwendigen Räume, Einrichtungen, Geräte und Mittel sowie Hilfspersonal zur Verfügung zu stellen beziehungsweise notwendige Fortbildungen zu ermöglichen (§ 2 Abs. 2 und 3 ArbSichG). Bei der Ausübung ihrer Tätigkeit und der Anwendung ihrer arbeitsmedizinischen und sicherheitstechnischen Kenntnisse sind die Betriebsärzte weisungsungebunden und nur den gesetzlichen Bestimmungen unterworfen. Organisatorisch unterstehen sie unmittelbar dem Betriebsleiter (Abs. 1 und 2 ArbSichG). Der Betriebsärztliche Dienst ist folglich also eine gesetzlich zwingend vorgesehene betriebliche Institution mit fachlicher Eigenständigkeit und Weisungsunabhängigkeit, er genießt damit eine weitaus größere Handlungsautonomie als die Sozialberatung. Seine Existenz ist gesetzlich abgesichert.

Motive für die Anbindung an den Betriebsärztlichen Dienst

Die geschilderte Unterschiedlichkeit hinsichtlich der Ausgangsbedingungen und der Tätigkeitsbereiche sollte jedoch nicht den Blick für die Suche nach konstruktiven und ergänzenden Kooperationsmöglichkeiten verstellen. Dort wo die Einrichtung einer Betrieblichen Sozialberatung unter dem Gesichtspunkt der Suchtprävention erfolgt, lautet häufig das Motiv für die Anbindung an den Betriebsärztlichen Dienst, dass der Bereich Sucht thematisch zur Medizin passe. Suchtmittelabhängigkeit wird demnach als eine Krankheit mit gesundheitlichen und medizinischen, aber auch mit starken psychosozialen Aspekten und Komponenten verstanden. Durch die strukturelle und räumliche Anbindung sind beispielsweise nach Auffassung der Sozialberatung der BEWAG (Berliner Energie- und Wärme AG) kurze und mit unter auch unbürokratische Wege jenseits der disziplinarischen Schiene möglich. Beide Institutionen können sich dadurch konstruktiv, fachlich und sinnvoll aufeinander abgestimmt zu Gunsten des Rat suchenden Mitarbeiters ergänzen. Auf diese Weise kann eine umfassende Beratung und Unterstützung in allen suchtbegleitenden und auslösenden Situationen angeboten werden.

Zudem berührt Sucht als Krankheit in einem Unternehmen auch die Fürsorgepflicht des Arbeitgebers. Insbesondere sind hier der Bereich der körperlichen und seelischen Gesunderhaltung der Mitarbeiter und die Arbeitssicherheit zu nennen. Diese Aspekte können nicht von einer betrieblichen Institution alleine abgedeckt werden. Unter ganzheitlichen Gesichtspunkten bedarf es dazu einer Kooperation verschiedener Fachkräfte. Wobei die strukturelle Anbindung der Sozialberatung an den Betriebsärztlichen Dienst als von Vorteil gesehen wird, weil die hierarchisch hochrangige Ansiedlung optimale Voraussetzungen für eine erfolgreiche Enttabuisierung der Sucht bietet.

Ansonsten wird diese Variante der betrieblichen Anbindung weitläufig mit dem Argument bekräftigt, dass beide Einrichtungen sowohl soziale als auch caritative Aufgaben und Funktionen erfüllen und zudem in der Gesundheitsförderung aktiv sind. Daraus schlussfolgernd bietet sich eine organisatorische Zusammenlegung beider Arbeitsbereiche beziehungsweise Kostenstellen geradezu an.

Betriebsinterne Anbindung der Betrieblichen Sozialarbeit

Obwohl die Anbindung an den Betriebsärztlichen Dienst per se erst einmal den Verdacht erwecken könnte, die Sozialberatung könnte einer erhöhten inhaltlichen Kontrolle ihrer Arbeit ausgesetzt sein und damit zum nur ausführenden Organ des Betriebsarztes degenerieren, spiegelt sich in der betrieblichen Wahrnehmung doch häufig ein anderes Meinungsbild wider. Oftmals wird sowohl von anderen betrieblichen Funktionsträgern als auch von den Mitarbeitern – und damit von den potenziellen Klienten – die Kooperation und Anbindung als wenig problem- oder konfliktbeladen erlebt. Folglich wird die organisatorische Nähe zum Betriebsärztlichen Dienst als Kontroll- und Sanktionsmacht (z.B. Beurteilung der Diensttauglichkeit) von den Mitarbeitern nicht unbedingt als ein Zugangshindernis gesehen. Vielmehr wird die Sozialberatung oftmals als fachlich eigenständige, neutrale und kompetente Beratungsinstanz wahrgenommen.

Mehrheitlich wird demnach das atmosphärische Verhältnis zwischen dem Betriebsärztlichen Dienst und der betrieblichen Sozialberatung von beiden Seiten eher als konstruktive Kooperation beschrieben und weniger als Konkurrenz erlebt. So charakterisiert der Leiter der Sozialberatung der Berliner Wasser Betriebe das Verhältnis treffend mit der Maxime „Kooperation dort wo es sinnvoll ist; Abgrenzung dort wo es fachlich notwendig ist."

Doch korrespondieren diese individuellen Erfahrungen auch mit einer dementsprechenden strukturellen Verteilung der Dienst- und Fachaufsicht? In der Regel ergibt sich auch in diesem Zusammenhang ein durchaus positives, die Kooperation förderndes Bild. In den meisten Fällen hat der Leitende Betriebsarzt zwar die Dienstaufsicht, nicht aber die Fachaufsicht gegenüber den Sozialarbeitern inne. Damit ist er zwar deren disziplinarischer Vorgesetzte, gleichzeitig sind sie aber inhaltlich und fachlich mit Bezug auf die Ausgestaltung ihrer sozialarbeiterischen Tätigkeit ihm gegenüber nicht weisungsgebunden. Dies sichert der Sozialberatung die für ihre Arbeit notwendige fachliche Unabhängigkeit und Neutralität, sie kann auf dieser Basis ein eigenes Profil entwickeln und sich den Mitarbeitern glaubhaft als eine eigenständige betriebliche Institution präsentieren.

Finanzielles Budget der Sozialberatung

Bei der Frage nach der Eigenständigkeit des finanziellen Budgets der Sozialberatung ergibt sich ein uneinheitliches Bild. Die Bandbreite reicht dabei von einer gemeinsamen Kostenstelle unter wirtschaftlicher Verantwortlichkeit des Leitenden Betriebsarztes über strikt getrennte Haushalte bis hin zu einem Verfahren der Einzelbeantragung von Sachmitteln durch die Sozialberatung. Mehrheitlich setzt sich in diesem Bereich die Variante einer gemeinsamen Kostenstelle durch. So verfügte beispielsweise die Sozialberatung der Berliner Verkehrs Betriebe über einen eigenständigen Haushalt. Im Rahmen dieses zuerkannten Budgets war eigenverantwortliches Handeln in Absprache mit einer Controllerin möglich und vorgesehen. Aus organisatorischen Gründen wurde allerdings das Prinzip der separaten Kostenstellen aufgegeben, sodass heute ein höheres Maß an gegenseitiger Abstimmung und Rücksprache notwendig ist. Dennoch wird diese Veränderung von der Sozialberatung nicht als Mittel für eine mehr oder weniger stark ausgeprägte finanzielle Begrenzung erlebt. Die Möglichkeiten des Betriebsärztlichen Dienstes, über Kostenkontrolle, Vetorechte bei der Freigabe von Geldmitteln und letztendlich der Bewilligung beziehungsweise der Nicht-Bewilligung von beantragten Sachkosten das Tätigkeitsfeld der Sozialberatung einzuschränken, sind nicht nur unterschiedlich stark ausgeprägt, sondern werden laut den vorliegenden Informationen auch selten in letzter Konsequenz genutzt.

In der Regel wird eine vertrauliche Zusammenarbeit bereits in folgenden Bereichen realisiert: bei der Planung und Durchführung von Schulungs- und Seminarveranstaltungen zu unterschiedlichen Themen sowie bei der Einbindung der Betriebsärzte als Gesprächs- und Interventionsinstanz in die Maßnahmestrategien von Betriebs- und Dienstvereinbarungen zum Umgang mit suchtmittelauffälligen Mitarbeitern. Eine gute Zusammenarbeit gibt es auch in unterschiedlichen Arbeitskreisen und Gremien, z.B.: Gesundheitszirkel zur Schaffung gesundheitsförderlicher Arbeitsbedingungen, Arbeitskreise zu sucht- und gesundheitsspezifischen Themen zur gemeinsamen Erarbeitung und Abstimmung präventiver und aufklärerischer Maßnahmen, in Reha-Kommissionen zur Wiedereingliederung von langzeiterkrankten Mitarbeitern oder in einem Arbeitskreis Gesundheitsberichterstattung zur statistischen Erfassung von Unfall- und Erkrankungsschwerpunkten etc. Darüber hinaus gibt es eine gegenseitige Vermittlung von Rat suchenden Mitarbeitern ggf. ergänzende und unterstützende Zusammenarbeit in einem konkreten Einzelfall sowie fachlichen Austausch und Beratung.

Vereinzelt, wie etwa bei den Berliner Verkehrsbetrieben, wurden die Kooperationsbedingungen in einer Vorlage gemeinsam schriftlich vereinbart und dem Vorstand zur Bestätigung eingereicht. Darin sind unter anderem folgende Gesichtspunkte verbindlich geregelt:

- Keine inhaltliche oder fachliche Kontrolle der Arbeit der Sozialberatung.
- Räumliche Trennung.

- Definition von eigenständigen Tätigkeitsbereichen und Zuständigkeiten.
- Eigenständiger Finanzhaushalt.
- Schweigepflicht bleibt auch gegenüber dem Leitenden Betriebsarzt erhalten.
- Die Leitende Sozialarbeiterin erhält die Dienst- und Fachaufsicht über die Mitarbeiter der Sozialberatung.

Abkopplung vom Personalwesen als Informationsverlust

Im Gegensatz zur mehrheitlichen Ansiedelung der Sozialberatung in den Bereich des Personalwesens wird die an dieser Stelle diskutierte Anbindung von den in Betrieben tätigen Sozialarbeitern mit einem entscheidenden Manko verbunden. Das Personalwesen ist das Herzstück eines jeden Unternehmens hinsichtlich der gegenwärtigen und zukünftigen Ausrichtung der Personalpolitik. Hier werden alle wichtigen personalpolitischen Entscheidungen vorbereitet und getroffen, laufen vielfältige Informationskanäle zusammen und werden richtungsweisende Entwicklungen angeregt oder diskutiert.

Einerseits sehen sich die Sozialarbeiter häufig abgekoppelt von dem weit reichenden Informationsnetz des Personalwesens, sodass maßgebliche personalpolitische Veränderungen nicht rechtzeitig wahrgenommen und in ihren Konsequenzen erkannt werden können. Darunter fallen z.B. Abfindungs- oder Vorruhestandsregelungen, Änderungen im Sozialversicherungsrecht, Verfahrensweisen bei Pfändungen, betriebliche Möglichkeiten einer Darlehensgewährung oder die Verfügbarkeit werkseigener Wohnungen etc.

Zudem sitzen in den Personalabteilungen berufene Funktionsträger, die Kraft ihrer Autorität und ihres Amtes Veränderungsprozesse auch tatsächlich umsetzen und damit zu einem wichtigen Verbündeten bei der gemeinsamen Gestaltung der sozialpolitischen Atmosphäre im Unternehmen werden können.

Andererseits bietet die organisatorische Nähe zum Betriebsärztlichen Dienst Vorteile, sowohl was die Zusammenarbeit als auch die Reichweite und Auswirkungen der eigenen Arbeit anbelangt. Die Sozialberatung kann in diesem Falle von der hierarchischen Stellung des Betriebsarztes, seines unabhängigen gesetzlichen Auftrages und seines höheren gesellschaftlich bedingten Ansehens und der Autorität als Arzt profitieren. Zusammen mit seiner fachlich-ärztlichen Qualifikation im Bereich Gesundheitsförderung, psychischer und/oder physischer Erkrankungen und Sucht kann der Betriebsarzt diesbezügliche Initiativen und Anregungen der Sozialberatung protegieren und kompetente Überzeugungsarbeit leisten. Kann das Verhältnis zwischen beiden Institutionen als konkurrenzarm beschrieben werden, so ist es auf diese Weise geschickt möglich, das Prestige des Betriebsärztlichen Dienstes zur Realisierung von eigenen Projekten der Sozialberatung zu nutzen. Damit kann der Betriebsarzt zu einem wichtigen Fürsprecher und Unterstützer für die Mitarbeiter der Sozialberatung werden.

Im Rahmen von so genannten Interventionsprogrammen für den betrieblichen Umgang mit suchtmittelauffälligen Mitarbeitern kommt der unmittelbaren Nähe zum Betriebsarzt zudem noch eine ganz entscheidende Rolle zu. Dieser wird notwendigerweise frühzeitiger mit in die Gespräche einbezogen und kann durch die Darstellung medizinischer Fakten und deren Konsequenzen, z.B.: Beeinträchtigung der Diensttauglichkeit, den so genannten Leidensdruck und damit die Veränderungsbereitschaft beim betroffenen Mitarbeiter eventuell entscheidend erhöhen.

Allerdings kann die medizinische Auffassung von Sucht als Krankheit, die eine dringliche Hilfsbedürftigkeit unterstellt, auch zu einer erhöhten Schwellenangst bei den Mitarbeitern führen. Denn mancher Mitarbeiter mag sich vielleicht seiner Probleme im Umgang mit Alkohol bewusst sein, kann oder will sich jedoch nicht als behandlungsbedürftigen Kranken betrachten. Diese Identifikationsschwierigkeiten und die mögliche Angst, die Wahrheit mit den entsprechenden Konsequenzen komme beim Betriebsärztlichen Dienst schneller zu Tage, können unter Umständen die unvoreingenommene Kontaktaufnahme verzögern oder gänzlich verhindern.

Das Nebeneinander vom Betriebsärztlichen Dienst und Sozialberatung beziehungsweise die Möglichkeit, Grenzen einer konstruktiven und gewollten Kooperation und gegenseitiger Unterstützung abzustecken, hängt neben der Genese der Anbindung maßgeblich auch von der Persönlichkeit und den betrieblichen Interessen der jeweiligen Akteuren ab.

4.6 Externe Anbindung der Betriebssozialarbeit

Angesichts des immer härter werdenden Wettbewerbes und Konkurrenzkampfes um potenzielle Kunden und Absatzmärkte und dem turbulenten Entwicklungstempo der Globalisierung sowie dem Zwang zur Kostenreduzierung vollzieht sich ein grundlegender Wandel in der strukturellen Organisation von Unternehmen.

Kostenoptimierung ist das Gebot der Stunde, um auch morgen noch eine wirtschaftliche Zukunft zu haben. Konsequente Kundenorientierung, Einführung neuer Fertigungstechnologien, ein ausgeklügeltes System der Qualitätssicherung, neue Strategien der Personalentwicklung und die Schaffung einer effizienten Firmensstruktur sollen den Unternehmen entscheidende Wettbewerbsvorteile sichern.

Diese notwendigen Anpassungsmaßnahmen werden nachhaltige Auswirkungen auf die Betriebliche Sozialberatung als Bestandteil des sozialen Systems Betrieb haben. Denn zunehmend werden Betriebsteile, die nicht unmittelbar für den eigentlichen Produktionsprozess notwendig sind, ausgelagert. „Outsourcing" lautet neudeutsch die Erfolg versprechende Devise moderner Wirtschaftlichkeit.

So reduzieren große Unternehmen ihre Mitarbeiter bis auf eine „Kernbelegschaft", während sie gleichzeitig immer mehr Aufgaben die früher „inhouse" erledigt wurden (z.B. Datenverarbeitung, Lagerhaltung, Firmenkantinen, Poststellen etc.) an Subunternehmer und freie Mitarbeiter abgeben (vgl. Zeier 1998). Die Unternehmen gewinnen dadurch mehr Handlungs- und Dispositionsfreiheit, sind nicht durch arbeitsrechtliche Auflagen gebunden und von den so genannten Lohnnebenkosten befreit. Zudem können die Unternehmen ein auf ihre spezifischen Bedürfnisse zugeschnittenes Leistungsangebot auf dem Dienstleistungs- und Servicemarkt abfragen und kostengünstig einkaufen.

Sozialberatung als Kostenfaktor

Die Betriebliche Sozialberatung ist eine relevante Kostengröße und freiwillige finanzielle Investition für das Unternehmen. Deshalb wird sich die Geschäftsleitung früher oder später fragen, ob sie diese Leistung auf dem freien Markt nicht günstiger, professionell spezifischer und möglicherweise sogar qualitativ besser einkaufen kann. Dies sind vor dem Hintergrund der oben geschilderten weltweiten Veränderungen legitime Überlegungen. Die Betriebssozialarbeit tut gut daran, diesen Trend sensibel wahrzunehmen und mit einem entsprechend modifizierten, attraktiven und wettbewerbsfähigen Serviceprodukt zu antworten und sich zum Teil auch als professionell organisierter externer sozialer Dienstleister zu präsentieren.

Wie in der einschlägigen Literatur dokumentiert (vgl. Lau-Villinger 1994) ist diese Form der Betriebssozialarbeit in Deutschland noch eine Ausnahme. Während sie etwa in den USA, den Niederlanden und der Schweiz schon sehr verbreitet ist. In dem Marktsegment der Klein- und Mittelbetriebe, die sich eine intern integrierte Sozialberatung finanziell nicht leisten können, vermutet Gehlenborg bereits erhebliche Entwicklungschancen für die Betriebliche Sozialarbeit (vgl. Gehlenborg 1997).

Bei diesem Anpassungs- und Entwicklungsprozess innerhalb der Betrieblichen Sozialarbeit, der mit einer Spezialisierung und Auffächerung der Leistungspalette einhergehen sollte, geht es darum, Risiken und Möglichkeiten der externen Anbindung einzuschätzen. Worin sind die Vor- und Nachteile der außerbetrieblichen Verortung zu sehen und mit welchen Konsequenzen muss in Hinblick auf die Qualität der Betrieblichen Sozialarbeit gerechnet werden?

Die Möglichkeit, einem potenziellen Auftraggeber ein betriebsspezifisches Leistungsangebot mit einer konkreten Kostenkalkulation anbieten zu können, kann auch für die externe Betriebliche Sozialberatung von Nutzen sein. Durch Flexibilität kann sie den unterschiedlichsten Anforderungen und Erwartungen gerecht werden, bei gleichzeitiger Wirtschaftlichkeit. Denn der Auftraggeber kauft nur die Leistungen ein, die er für sein Unternehmen für sinnvoll hält. Der Wettbewerbsvorteil einer externen Betrieblichen Sozialberatung liegt in der Möglichkeit, das unterbreitete Angebot in Hinblick auf den inhaltlichen Umfang genau auf die Bedürfnisse des Unternehmens abzustimmen, die zeitliche Dauer zu definieren und die entstehenden Kosten schon im Vorfeld der Verhandlungen exakt kalkulieren zu können.

Die einzelnen Serviceleistungen werden pauschalisiert vom Unternehmen eingekauft, es entstehen keine unvorhergesehenen Folgekosten. Übersichtlichkeit und Berechenbarkeit der Kosten sind gewährleistet, damit entfällt die sonst bilanzmäßig nur schwer quantifizierbare Kostenstelle einer internen Betrieblichen Sozialberatung.

Ein weiterer Vorzug einer externen Betrieblichen Sozialberatung liegt in der geringeren Beeinflussbarkeit ihrer Meinungen und Ansichten und den daraus resultierenden Handlungs- und Interventionsstrategien. Eine in die betrieblichen Strukturen eingebundene Sozialberatung wird in ihrer Arbeitsweise unvermeidlich durch die organisatorischen Strukturen, die Unternehmenskultur und die betriebliche Hierarchie beeinflusst. Eine extern angebundene Sozialberatung vermag quasi von außen, mit einer gewissen Distanz, weil sie persönlich nicht in den Entwicklungsprozess betriebsspezifischer Interaktions- und Kommunikationsmuster involviert ist, die Dynamik interpersoneller Beziehungen ganzheitlich und systematischer zu erfassen. Damit verstellt sich ihr häufig nicht der Blick für das Wesentliche. Die externe Sozialberatung kann als Außenstehende, weitgehend unbeeinflusst von den bestehenden betrieblichen Konventionen und den jeweils gültigen Umgangsformen und Verhaltensregeln, bestimmte Situationen objektiver analysieren als eine interne Sozialberatung, die in die betriebsinternen Prozesse als unmittelbar Handelnde eingebunden ist. Die Unabhängigkeit der Perspektive und der Interpretation des Beobachteten, gekoppelt mit Erfahrungen aus anderen Unternehmen, kann in diesem Zusammenhang die Stärke und Überlegenheit einer externen Sozialberatung ausmachen. Allerdings hat die externe Sozialberatung auf diese Weise weniger die Chance, die informelle Organisation mit ihren verdeckten Entscheidungsebenen und Informationskanälen zu erfahren. Hier können ihr wichtige Nachrichtenquellen und betriebsinterne Kenntnisse, die allen anderen betrieblichen Funktionsträgern zugänglich sind, verloren gehen. Das dadurch entstehende Defizit an betriebsrelevanten Informationen kann eine erfolgreiche Arbeit behindern.

Nachteile und Defizite einer externen Sozialberatung

Daneben ist der analytische Einblick in die ungeschriebenen Gesetzmäßigkeiten und Prinzipien des Unternehmens erschwert, die nicht minder bedeutsam für das Verständnis des Funktionierens eines Unternehmens sind, wie z.B. Informationen, die die offizielle Organisationsstruktur liefert. Deshalb scheint eine Auslagerung der Betrieblichen Sozialberatung auf Grund der vielschichtigen betrieblichen Strukturen problematisch: Eine interne Sozialberatung kennt viele Facetten der betrieblichen Organisation und kann sich deren Ressourcen besser zugänglich und nutzbar machen. Die größere Vertrautheit mit betriebsinternen Sachverhalten und Vorgängen ermöglicht es einer internen Sozialberatung, angemessene Lösungen gemeinsam mit dem Mitarbeiter und anderen betrieblichen Stellen zu erarbeiten und umzusetzen.

Durch die fehlende strukturelle Integration und die dadurch bedingte mangelnde zeitliche Präsenz stellt sich für eine externe Sozialberatung bezüglich ihrer beraterischen Tätigkeit ein weiteres gewichtiges Problem: die Aufrechterhaltung der Kommunikation und der Kooperations- und Kontaktbeziehungen zu anderen betrieblichen Funktionsträgern. Um effektiv und mit wachsendem Vertrauen innerhalb eines Betriebes arbeiten zu können, sind diese Beziehungen und der damit verbundene Informationsaustausch besonders wichtig. Für eine Sozialberatung, die nicht in die betriebliche Hierarchie eingebunden ist, bedeutet die Aufrechterhaltung der Kommunikation einen enormen Arbeits- und Zeitaufwand. Gesprächs- oder Beratungstermine müssen stets mit einem zum Teil erheblichen zeitlichen Vorlauf vereinbart werden. Auf Grund der festgelegten Anwesenheitszeiten der externen Sozialberatung sind kurzfristige Konsultationen oder fachliche Beratung in akuten Konflikt- oder Krisensituationen nicht möglich.

Ein engmaschiger Kontakt zu wichtigen Entscheidungsträgern ist oftmals nur schwer aufrechtzuerhalten oder nicht vorhanden.

Zudem werden Mitarbeiter der Sozialberatung, mit denen keine zufälligen Begegnungen (Zwischen-Tür-und-Angel-Gespräche) oder ein unverbindliches Gespräch möglich ist, immer ein betrieblicher Fremdkörper bleiben. Dies kann entsprechende Auswirkungen auf die Einschätzung der Belegschaft bezüglich der Anerkennung und Vertrauenswürdigkeit der Sozialberatung nach sich ziehen.

Jede Betriebliche Sozialberatung braucht den Rückhalt in der Belegschaft und deren Vertrauen in ihre Arbeit. Sie muss bei den Mitarbeitern einen authentischen Eindruck von Glaubwürdigkeit erzeugen, um erfolgreich im Betrieb wirken zu können. Eine externe Sozialberatung steht in dieser Hinsicht vor einer weit größeren Herausforderung als ihre innerbetriebliche Schwester, insbesondere wenn sie durch ein zu eng formuliertes Auftragskonzept in ihren Handlungsmöglichkeiten eingeschränkt ist und nicht über die individuellen psychischen Befindlichkeitsstörungen und Verhaltensauffälligkeiten hinaus deren strukturelle Bedingtheit thematisieren und einen Veränderungsprozess anregen darf.

Grundsätzlich kann damit die externe Sozialberatung viel subtiler auf die individuelle Einzelfallhilfe reduziert und eine organisationsübergreifende, systemische Bearbeitung sozialer Problematiken verhindert werden. Dies bedeutet auch eine Machtverschiebung: die extern organisierte Sozialberatung hat nur geringe Einflussmöglichkeiten auf betriebsinterne Entscheidungen. Damit können Voraussetzungen geschaffen werden, um eine wichtige, soziale Veränderungen einfordernde Kraft von betrieblichen Entscheidungsprozessen fern zu halten.

Durch die externe Anbindung einer Betrieblichen Sozialberatung kann zudem der disponible und randständige Charakter der Betriebssozialarbeit quasi vertraglich zementiert werden. Da nur ein zeitlich befristetes Tätigsein der Sozialberatung vom Unternehmer eingekauft wird, verpflichtet ihn nichts zu einer Vertragsverlängerung. Eine unliebsam oder unbequem gewordene Sozialberatung kann ohne rechtliche Schwierigkeiten aus dem Unternehmen gedrängt werden. Betriebssozialarbeit wäre dann ein soziales Serviceangebot, auf das jederzeit verzichtet werden kann.

Chancen für die Zukunft

Doch für eine Betriebliche Sozialarbeit, die die Zeichen der Zeit konstruktiv aufzugreifen versteht, verbirgt sich hinter diesem Risiko auch eine Chance. Der größere Legitimations- und Rechtfertigungsdruck vor dem

Hintergrund der Kündbarkeit kann sich als Professionalisierungsschub auswirken. Denkbar wären in dieser Beziehung eine gezieltere Öffentlichkeitsarbeit und eine effektivere inner- und außerbetrieblichen Selbstdarstellung in Hinblick auf fachliche Qualifikation, Kompetenzen und Leistungsvermögen. Dazu gehört auch, dass sich die Betriebssozialarbeiter selbstbewusst in der öffentliche Diskussion über die sozialpolitische Gestaltung der arbeitsweltlichen Realität in Form von Publikationen und Stellungnahmen in Fachzeitschriften etc. zu Wort zu melden. Die Gründung des Bundesfachverbands für Betriebliche Sozialarbeit (bbs) im Februar 1994 markiert den viel versprechenden Versuch, die Betriebssozialarbeit aus ihrer Regionalität zu befreien und ihr damit ein überregionales Sprachrohr und eine öffentliche Handlungsplattform zu verschaffen.

An der „Betriebssozialarbeit auf Abruf" zeigt sich die Glaubwürdigkeit einer Unternehmensleitung in dem Sinne, „ob soziale Belange in der Gegenüberstellung mit kaufmännischen Gesichtspunkten und Gewinnoptimierung Bestand haben und ernst genommen werden" (Steur 1996). Je nach dem, wie diese Frage von den verantwortlichen Führungskräften beantwortet wird, geht die Sozialberatung mit einer mehr oder weniger stark belastenden Hypothek in das Unternehmen hinein. Die Bandbreite kann dabei von der reinen Alibifunktion bis hin zu einer konstruktiv und verändernd wirkenden Betriebssozialarbeit reichen.

LITERATUR

Abels, H.; Stenger, H.: Gesellschaft lernen. Einführung in die Soziologie, Oplanden 1986

Antoni, B.: Wege zu einer zeitgemäßen Konzeption der betrieblichen Sozialarbeit aus der Sicht der Praxis, in: Der Sozialarbeiter, Heft 5, 1980, S. 125-126

Appelt, H.–J.: Außer Konkurrenz, in: bbs-forum, Januar 1998, S. 22-23

Bock-Rosenthal, E.; Brückner, H.; Doehlemann, M.: Handlungsspielräume und Konfliktbewältigung in der betrieblichen Sozialarbeit, in: Neue Praxis, Heft 2, 1981, S. 160-173

Engler, R.: Über den Profit hinaus. Geschichte, Aufgabe und Perspektiven betrieblicher Sozialarbeit in Deutschland, in: Blätter der Wohlfahrtspflege, Deutsche Zeitschrift für Sozialarbeit, Heft 5, 1996, S. 121-124

Feurer, A.: Menschen stärken – Organisationen verändern, in: Blätter der Wohlfahrtspflege, Deutsche Zeitschrift für Sozialarbeit, Heft 5, 1996, S.132-134.

Fichtner, O.: 75 Jahre betriebliche Sozialberatung, in: Soziale Arbeit, Heft 6/7, 1986, S. 243-248

Fuchs, R.-G.: Der Chef kann sich nicht um alles kümmern, in: Wirtschaftsmagazin Erfolgreich selbstständig, Heft 6/7, 1997, S. 23-24

Gehlenborg, H.: Was gibt es Neues in der betrieblichen Sozialarbeit? Eine Rahmenkonzeption, in: Sozialmagazin, Heft 11, 1994, S. 18-23

Gehlenborg, H.: Abgefahren, aber noch nicht angekommen – Zur Situation der Betrieblichen Sozialarbeit, in: Theorie und Praxis der sozialen Arbeit, Nr. 12, 1997, S. 28-34

Gehlenborg, H.: Das eigene Profil schärfen. Die Arbeit des Bundesverbandes Betriebliche Sozialarbeit zielt auf eine bessere Praxis, in: Blätter der Wohlfahrtspflege, Deutsche Zeitschrift für Sozialarbeit, Heft 5, 1996, S. 124-125

Gehlenborg, H.: Zukunft gestalten – Vom Wandel in der Betrieblichen Sozialarbeit, in: bbs-forum, Januar 1998, S. 11-16

Girmes, M.: Die Sozialarbeiterin im Industriebetrieb, Stuttgart 1976

Henke, U.: Betriebliche Sozialarbeit. Versuch eines Vergleiches von Anspruch und Wirklichkeit, in: Sozialmagazin, Heft 2, 1992, S. 28-35

Hill, W.; Fehlbaum, R.; Ulrich, P.: Organisationslehre Bd. 1.UTB, Bern und Stuttgart 1981, 3. Aufl.

Hoffmann, U.: Sozialarbeit im Gesundheitsbereich zwischen fürsorgerischem Zuarbeiterberuf und psychosozialem Expertenberuf, in: Kreuter 1982

Hoyer, K.: Soziale Beratung im Unternehmen, in: bbs-forum, Juni 1998, S. 39-45

Hübner-Umbach, M.; Tschamler-Mailänder, H.: Die Praxis betrieblicher Sozialarbeit. Das Beispiel Bosch – Voraussetzungen für betriebliche Sozialarbeit bei Bosch heute, in: Blätter der Wohlfahrtspflege, Deutsche Zeitschrift für Sozialarbeit, Heft 5, 1996, S. 136-139

Kerst, H.: Zur Situation der Betrieblichen Sozialarbeit, in: bbs-forum, Juni 1998, S. 27-29

Krüger, J.: Stellung des Sozialarbeiters im Betrieb – Schweigepflicht, in: Der Sozialarbeiter, Heft 5, 1980, S. 132ff.

Lau-Villinger, D.: Betriebliche Sozialberatung als Führungsaufgabe, Frankfurt/M 1994.

Lau-Villinger, D.: Die betriebliche Sozialarbeit ist überholt! Die Machtlosigkeit der Sozialarbeiter und die Ratlosigkeit der Führungskräfte, in: Blätter der Wohlfahrtspflege, Deutsche Zeitschrift für Sozialarbeit, Heft 5, 1996, S. 126-128

Langensee, G.: Stellung und Aufgabe einer betrieblichen Sozialarbeiterin, in: Soziale Arbeit, 1981, S. 151-153

Lippmann, Ch.: Sozialarbeit und Sozialpolitik im Betrieb. Kohlhammer 1980

Meier, R.: Aufgaben und Probleme von unmittelbaren Vorgesetzten innerhalb von Betriebsvereinbarungen zur Suchtproblematik. Unveröffentliche Diplomarbeit, Alice Salomon Fachhochschule Berlin 1994

Lüssi, P.: Systemische Sozialarbeit. Haupt-Verlag 1994

Reinicke, P.: Die Sozialarbeit im Betrieb, in: Soziale Arbeit, Heft 6/7, 1988, S. 202-212

Sauer, P.: Provokante Thesen zur Betriebssozialarbeit, in: Soziale Arbeit, Heft 6/7, 1988, S. 225-227

Schulze, M.: Betriebliche Sozialberatung – Neue Wege der Sozialarbeit in einem großen Unternehmen, in: Soziale Arbeit, Heft6/7, 1988, S. 213-216

Seyda, R.: Konzeption der betrieblichen Sozialarbeit, in: Der Sozialarbeiter, Heft 5, 1980, S. 133ff.

Steur, B.: Die betriebliche Sozialarbeit ist überholt! Es lebe die betriebliche Sozialberatung!, in: bbs-forum, November 1996

Tafel, J.: Strukturelle Aspekte einer Konfliktsituation in der Betriebssozialarbeit, in: Neue Praxis, Heft 2, 1990, S. 160-168

Zeier, B.: Auswirkungen des Wandels in der Arbeitswelt auf die Betriebliche Sozialarbeit, in: bbs-forum, Januar 1998, S. 17-19

Woinowski, B.: Suchtberatung in der betrieblichen Sozialarbeit, in: Blätter der Wohlfahrtspflege, Deutsche Zeitschrift für Sozialarbeit, Heft 5, 1996, S. 139-142

5. Organisation interner Dienste

Susanne Steinmetz

Die Organisation und die Arbeitsinhalte interner Dienste sind sehr stark durch den Betrieb beziehungsweise das Unternehmen und die geforderten Arbeitsschwerpunkte geprägt.
Jeder Betrieb hat durch seine äußeren Rahmenbedingungen, den Organisationsaufbau, seine traditionelle oder neu entwickelte Unternehmenskultur ganz spezifische Abläufe und Regeln entwickelt, die sich zum Teil in der Arbeit der Sozialberatung widerspiegeln, diese prägen und auch ihre Arbeit definieren. Zu diesen Rahmenbedingungen zählen auch die technische Ausstattung, die Bezahlung sowie die Dokumentation der Arbeit.
Je nachdem, aus welchen Gründen, von wem initiiert oder wo angebunden eine Sozialberatung im Betrieb etabliert worden ist, sind in der Regel von Anfang an auch die Arbeitsschwerpunkte und -ausrichtungen festgelegt (s. Kap. 4 u. 8ff.).
Die Arbeit von Sozialberatungen, die z.B. aus der Alkoholprävention (s. Kap. 9) hervorgegangen ist, wird sich mehr auf die Einzelfallhilfe und Führungskräfteschulungen in diesem Bereich beschränken, während eine Sozialberatung bei der Reduzierung von Fehlzeiten sich vornehmlich im Bereich Gesundheitsförderung (s. Kap. 10f.) betätigen wird.

5.1 TECHNISCHE AUSSTATTUNG

Die technische Ausstattung betrieblicher Sozialarbeiter, ist neben einigen Besonderheiten, den üblichen Standards entsprechend. Damit Sozialberatungen optimale Arbeitsmittel zur Verfügung stehen, sollten folgende Dinge zur Ausstattung gehören:

- eigene Räumlichkeiten (abschließbar und schallisoliert) mit Möglichkeit, auch größere Besprechungen abzuhalten;
- Telefon mit Anrufbeantworter (u.U. zum Beispiel nach betrieblichen Erfordernissen bei dezentralen Betriebsstrukturen ein Handy);
- Computer mit Internet- und Intranetanschluss, Drucker (exklusiver, geschützter Zugang) mit einer entsprechenden Software;
- Medien wie z.B. Flipchart.

Darüber hinaus sind zusätzliche Arbeitsmittel, wie bereits erwähnt, stark von den Arbeitsinhalten abhängig.
Eine Sozialberatung, die sehr stark in Schulungsmaßnahmen eingebunden ist, wird mit großer Wahrscheinlichkeit viel stärker mit Visualisierungsmedien, wie z.b. Overhead-Projektor, Medienkoffer, Flipchart arbeiten und über geeignete Räumlichkeiten verfügen müssen, um diese dann entsprechend auch durchführen zu können, als eine einfache Sozialberatung.
Arbeitsmittel, die sich zusätzlich als sinnvoll erweisen können, sind z.b. ein Kassettenrecorder zur Aufzeichnung von Beratungsgesprächen (Schweigepflicht) sowie Videokamera (s.o.), Videobeamer u.v.a.
Auch ein Sekretariatsservice als Entlastung für Schreibtätigkeiten und organisatorische Dinge kann in der Betrieblichen Sozialberatung sehr hilfreich sein.

5.2 Wahl und Lage der Räumlichkeiten

Der Wahl und Lage der Räumlichkeiten im Unternehmen sollte besondere Beachtung geschenkt werden. Es empfiehlt sich die Lage der Örtlichkeit mit Sensibilität und auch in Abstimmung mit entscheidenden betrieblichen Gremien (Werkleitung, Personalabteilung, Betriebs- oder Personalrat, medizinischer Dienst usw.) auszuwählen.
Der Zugang für die Mitarbeiter sollte unbemerkt und diskret möglich sein und nicht zu nahe an einer der oben angeführten Institutionen liegen, da man durch die örtliche Nähe u.U. auch eine parteiliche Nähe vermuten könnte.
Zu beachten ist dabei insbesondere: Sind die Räume beispielsweise zu nah an denen der Werkleitung oder der Personalabteilung, fühlen sich viele Mitarbeiter beobachtet oder kontrolliert und bleiben lieber fern. Mangelndes Vertrauen entzieht der Sozialarbeit jegliche Arbeitsgrundlage.
Ebenso kann ein Raum zu nahe an der Fertigung beziehungsweise an einem stark von Mitarbeitern frequentierten oder einsehbarem Platz sich als nicht sinnvoll erweisen, da dann u.U. von Seiten der Kollegen Sanktionen oder Kommentare zu erwarten sind.
Die Räumlichkeiten der Sozialberatung sollten sich andererseits aber auch nicht zu weit von den Arbeitsplätzen der Mitarbeiter entfernt befinden und damit schlecht erreichbar sein. Viele Beschäftige nutzen ihre Pausen oder Arbeitslücken zum Herstellen des ersten Kontaktes, um eine Frage zu stellen oder akute Probleme ansprechen zu können.

5.3 Bezahlung

Die Bezahlung von betrieblichen Sozialarbeitern ist stark vom einstellenden Unternehmen, der Anbindung und den Tätigkeitsfeldern abhängig. Die Vergütung reicht von BAT IV b oder einer vergleichbaren Einstufung bis zu über- beziehungsweise außertariflicher Bezahlung. Hierbei spielen auch Ausbildung und Zusatzqualifikation der Mitarbeiter der Sozialberatung eine Rolle.

5.2 Qualitätssicherung und Benchmarking

Da die Sozialberatung sich mit sog. „Soft-Fakts" beschäftigt und eine genaue Berechenbarkeit nach betriebswirtschaftlichen Faktoren schwierig ist, erfordert die Dokumentation dieser Arbeit vor allem eine gezielte Öffentlichkeitsarbeit. Diese ermöglicht eine größere Transparenz und auch Nachvollziehbarkeit.

Öffentlichkeitsarbeit kann aus diesem Grund unterschiedliche Formen und Zielrichtungen haben. Sie kann sowohl intern als auch extern orientiert sein und hat deshalb unterschiedliche Schwerpunkte, Ausrichtungen oder Inhalte, je nach Bedarf und Zielgruppe (s. Kap. 23). Zur Öffentlichkeitsarbeit zählen:

- Selbstdarstellung der Arbeit in Form von Vorträgen, Faltblättern, Plakaten, Informationstafeln, Artikeln in der Betriebszeitung usw.;
- Veröffentlichung von regelmäßigen Berichten beziehungsweise anonymisierte Statistiken (z.B. Jahresberichte);
- Informationsveranstaltungen und Vorträge über die Arbeitsinhalte bei der Geschäftsleitung, den internen Institutionen und Vorgesetzten;
- Selbst- oder Fremdevaluation;
- Benchmarking, soweit möglich und erforderlich;
- spontane „Tür- und Angelgespräche" mit den Mitarbeitern;
- zufriedene „Kunden", die anderen Kollegen berichten und dadurch als „Werbeträger" dienen.

Es hat sich herausgestellt, dass der Öffentlichkeitsarbeit in der Betrieblichen Sozialarbeit eine entscheidende Bedeutung zukommt. Sie sollte vom Sozialarbeiter speziell auf das Unternehmen und die dortigen Bedingungen abgestimmt sein, sich unterschiedlichster Formen bedienen und nach dem Motto verfahren: „Tue Gutes und rede darüber."

In der Sozialarbeit und damit auch in der Betrieblichen Sozialberatung wird zunehmend nach der Qualität, nach Methoden diese festzustellen und einer möglichen Vergleichbarkeit gefragt. Besonders in der Betriebssozialarbeit bietet sich hier eine Möglichkeit, Erfolge und betriebswirtschaftlichen Nutzen zu belegen (s. Kap. 22). Dies ist eine weitere Chance für die in diesem Bereich arbeitenden Sozialarbeiter, ihr „Mauerblümchendasein" aufzugeben, ihr Selbstbewusstsein auszubauen und sich nicht nur als „nice to have you", sondern als wirtschaftlich und unternehmensphilosophisch sinnvollen Bestandteil des Betriebes wahrzunehmen. „Erfahrungen zeigen, daß Qualitätsmanagement und Benchmarking nach anfänglichen Widerständen erheblich zur Motivation der Mitarbeiter beitragen: Endlich werden Erfolge meßbar und somit auch gegenüber den Trägern und den politisch Verantwortlichen klarer dokumentiert" (Reichenstein 1998).

Aus diesen Gründen versuchen unterschiedlichste Institutionen und Verbände (z.B. der Berufsverband der Betrieblichen Sozialarbeit – bbs) durch angemessene Verfahren und Methoden Qualitätsstandards festzulegen. Nach der Vorstellung des bbs sollten zur Beurteilung und Vergleichbarkeit der Arbeit unterschiedliche Kriterien zu Grunde gelegt werden.

Zum einen sollte der Stelleninhaber bestimmte persönliche und fachliche Standards mitbringen, dazu zählen u.a. eine geeignete fachliche Ausbildung, u.U. bestimmte Zusatzqualifikationen und Fort- und Weiterbildungen.

Auch die Tätigkeit sollte bestimmbaren Kriterien unterliegen. Hierunter fallen systematisches Arbeiten bezüglich des Kunden, des Auftrags und des Arbeitsprozesses, das Marketing, die Bedarfs- und Kundenorientierung und die Evaluation der Arbeit (Eigen- und Fremdevaluation).

Die Erarbeitung von einheitlichen Qualitätsstandards ist allerdings noch nicht endgültig abgeschlossen, zusätzlich wird sie durch die oben erwähnten unterschiedlichen Arbeitsschwerpunkte und -anforderungen erschwert. Auch der Begriff Benchmarking ist im Bereich der Sozialberatung immer öfter zu hören. Benchmarking ist ein Instrument zur Evaluation auf der Basis von Vergleichsdaten und damit auch zur Qualitätssicherung. Verglichen werden im Bereich Betriebliche Sozialberatung die Sozialberatungen verschiedenster Betriebe. Durch den Vergleich wird versucht die besten Methoden und Arbeitsweisen herauszufiltern und diese dann in die eigene Arbeit mit einfließen zu lassen.

Nach dem Benchmarking Center des Fraunhofer Instituts in Nürnberg ist „Benchmarking ... eine Methode ..., Leistungsfähigkeit und Wissen durch systematische Informationsgewinnung und offenen Erfahrungsaustausch nach fairen Regeln zu steigern" (Reichenstein 1998).

Die Sozialberatung eines großen Industrieunternehmens hat bereits eine solche Studie mit Hilfe eines externen Institutes durchgeführt und sich mit anderen in Deutschland arbeitenden größeren Sozialberatungen verglichen. Diese Bemühungen werden aber nicht überall positiv aufgenommen. „Begriffe, die aus der Betriebswirtschaft in den Non-Profit-Bereich getragen werden, erfahren oft zunächst starke Ablehnung, anstatt zu fragen, was dieses Instrument nutzten könnte und wo es in ähnlicher Form vielleicht bereits angewandt wird" (ebd.).
Mehr Mut und Offenheit von den Sozialberatungen selbst in diesem Bereich sind notwendig und sinnvoll.

5.5 Vernetzung

Kommunikation, Information und Vermittlung, inner- als auch außerhalb des Unternehmens, sind wesentliche Elemente der Betriebssozialarbeit. Ihr Aufgabengebiet zeichnet sich durch ein breites Spektrum und vielfältige Themenstellungen aus.
Ein umfangreiches Wissen und ein ständig aktualisierter Kenntnisstand der Methoden und Trends beziehungsweise das Wissen darum, wo man die notwendigen Informationen oder Dienstleistungen erhalten kann, sind unumgänglich.
Zudem sind Betriebssozialarbeiter oft „Einzelkämpfer" im Betrieb, ihre Berufskollegen befinden sich in anderen Unternehmen. Es ist aber ein Austausch über die eigene Organisation hinaus notwendig, um sich über aktuelle Entwicklungen im Berufsfeld zu informieren.

Innerbetriebliche Vernetzung

Der Kontakt der Sozialberatung mit innerbetrieblichen Institutionen ist für die Effektivität der Arbeit sehr wichtig. Dazu gehört auch die Kenntnis formaler Strukturen innerhalb des Betriebes. Betriebssozialarbeiter sollten über den organisatorischen Aufbau des Unternehmens, die Produkte beziehungsweise die Arbeitsfelder und -inhalte der einzelnen Bereiche Bescheid wissen und regelmäßigen und/oder situativen Kontakt pflegen.
Durch diese Zusammenarbeit kann die Sozialberatung den Mitarbeiterinnen und Mitarbeitern bei Bedarf bessere Hilfestellungen und Unterstützung zukommen lassen, da sie weiß an welche Stelle oder Person im Betrieb man sich wenden muss.

Zusätzlich zeigt der Austausch über aktuelle Problemfelder und Fragestellungen potenzielle „Knackpunkte" auf, und es kann frühzeitig nach angemessen Lösungen gesucht werden.
Zu den Ansprechpartnern innerhalb des Betriebes zählen neben dem Betriebs- oder Personalrat, der Personalabteilung und der Werkleitung auch der Werksgesundheitsdienst und der Schwerbehindertenvertreter (s. Kap. 6). Weitere Institutionen können der Sicherheitsingenieur, die Frauenbeauftragte, Umweltbeauftragte oder das betriebliche Vorschlagswesen u.a. sein. Die Betrieblichen Sozialberater sollten über die aktuellen Entwicklungen im Betrieb, z.B. Produktionsveränderungen, organisatorische oder personelle Maßnahmen, Bescheid wissen. Dass diese Informationen weiterfließen, dafür müssen auch die entsprechenden Stellen im Betrieb, wie die Werkleitung, die Personalabteilung, der Betriebs- oder Personalrat, Sorge tragen.
Daher sollte die Betriebliche Sozialberatung in den Informationskreislauf, durch Anwesenheit bei wichtigen Sitzungen, Aufnahme in den Postverteiler usw., einbezogen werden.
Damit die Sozialberatung praxisnaher und angemessener beraten kann, muss sie auch über die unterschiedlichen Arbeitsfelder und Arbeitsbedingungen der Mitarbeiter und die dortigen Voraussetzungen Bescheid wissen. Informationen erhält sie u.a. durch Gespräche mit den dort Beschäftigten. Sie erfährt dabei etwas über die speziellen Belastungen, z.B. Vier-Schichtbetrieb, oder das Auftreten von besonderen Belastungen, wie z.B Akkordarbeitsplätze, besonderes heiße oder lärmbelastete Arbeitsbereiche.
Die Sozialberatung kann viele Informationen durch informelle Gespräche (Tür- und Angelgespräche) erhalten. Ebenso können wichtige Kontakte auf diese Weise aufrecht erhalten werden.
Durch gezielte Öffentlichkeitsarbeit (s. Kap. 23) kann sie Angebote und ihre Position im Betrieb bekannt machen und auf diese Weise im Gespräch mit den Mitarbeitern und Institutionen bleiben.
Neben den formalen Strukturen und Positionen ist es also auch wichtig, informelle Zusammenhänge und wichtige Personen im Betrieb zu kennen. Fehlen ihr die nötigen Informationen und Hintergründe, ist es zumindest notwendig zu wissen, an wen im Betrieb man sich wenden kann, um diese zu erhalten.
Hier ist eine sowohl formale als auch informale Strukturkenntnis erforderlich, denn es existieren Schnittstellen beziehungsweise Personen im Betrieb, bei denen viele Informationen zusammenlaufen. Diese Mitarbeiter und Institutionen (z.B. Werksschwester, Betriebs-/Personalrat, Schwerbehindertenvertreter, Frauenvertreterin, Arbeitssicherheit) verfügen in der Regel durch langjährige Betriebszugehörigkeit und/oder ihre Stellung über Kenntnisse und die notwendigen Kontakte.

5.6 Vernetzung mit Berufskollegen und mit Institutionen ausserhalb des Betriebes

Neben den Kenntnissen der internen Struktur sollte die Sozialberatung ebenso gut über die Soziallandschaft, Strukturen der Behörden und andere außerbetriebliche Ansprechpartner Bescheid wissen. Dazu gehören Stiftungen, Selbsthilfegruppen, ehrenamtliche und professionelle Dienste, Beratungsstellen, Kliniken und Verbände usw. Dieses Wissen ist wichtig, um Mitarbeiter bei entsprechenden Frage- oder Problemstellungen an die richtigen Institutionen verweisen zu können.

Die meisten Sozialberatungen haben sich durch ihre langjährige Arbeit ein gutes Netz an Kooperationspartnern aufgebaut. Auf diese Ansprechpartner können sie dann ggf. zurückgreifen und schnell und unbürokratisch Hilfe oder Informationen erhalten.

Eine gute Hilfestellung finden Sozialberater in Berlin z.B. im Verzeichnis des DZI (Deutsches Zentralinstitut). Das „Graubuch. Der Führer durch das soziale Berlin" beinhaltet alle in Berlin ansässigen (im weitesten Sinne) sozialen Einrichtungen, Verbände, Vereine, Behörden usw. und stellt diese kurz mit ihren Aufgabengebieten, Ansprechpartnern und Adressen vor.

Da die Mitarbeiter der Sozialdienste, wie bereits erwähnt, überwiegend alleine arbeiten, ist der Kontakt mit anderen Berufskollegen besonders notwendig und sinnvoll. Sie können sich gegenseitig unterstützen, ergänzen und ihr Know-how austauschen. Zusätzlich ist eine kollegiale Supervision z.B. bei schwierigen Fragestellungen möglich. Sie wird von vielen als wichtige Informations-, aber auch Kraftquelle erlebt.

1994 gründete sich aus der Bundesarbeitsgemeinschaft Betriebliche Sozialarbeit (BAG BSA) der Bundesfachverband Betriebliche Sozialarbeit e.V. (bbs). Seine Hauptaufgabe ist einerseits, die vielerorts bereits bestehenden regionalen Initiativen von Betriebssozialarbeit zu koordinieren. Zum anderen versteht der bbs sich als Plattform, Sprachrohr und Motor, die Professionalisierung der Betrieblichen Sozialarbeit voranzutreiben, zeitgemäße Konzepte zu erstellen und die vorhandenen Kompetenzen der Kollegen zu bündeln. In regelmäßigen Abständen finden Tagungen und Fortbildungsveranstaltungen zu unterschiedlichen aktuellen oder berufspolitischen Themen statt.

Neben sozialwissenschaftlich ausgebildeten Fachkräften können auch Fachkräfte mit anderen Ausbildungen und juristische Personen dem Verband beitreten (näheres ist der Satzung des bbs vom 18. Mai 1995 zu entnehmen). Als berufspolitische Vertretung hat der bbs eine „Rahmenkonzeption für das Arbeitsfeld Betriebliche Sozialarbeit" entwickelt, in der Leitlinien, Ziele,

Zielgruppen, Aufgabenfelder, berufliche Qualifikationen und Rahmenbedingungen festgeschrieben sind. Neben dem kollegialen Austausch und dem bbs gibt es seit einigen Jahren Zusammenschlüsse von Berufskollegen in einzelnen Städten und Regionen, die sich regelmäßig in Arbeitskreisen treffen. Bei diesen Zusammentreffen werden ebenso der kollegiale Austausch gepflegt, wie auch Vorträge oder Informationsveranstaltungen zu speziellen Themenstellungen organisiert. Exemplarisch kann hier die Organisation des Arbeitskreises Betriebliche Sozialberatung in Berlin genannt werden. Dieser Arbeitskreis wurde zunächst vom Deutschen Zentralinstitut für soziale Fragen (DZI) unterstützt, bis dann die Alice-Salomon-Fachhochschule diese Aufgabe übernahm. Hier stehen übergeordnete Fragestellungen, neueste Rechtsentwicklungen und aktuelle Themen im Vordergrund. Aus diesem Kreis heraus, in dessen Verteiler ca. 40 Betriebssozialberater oder Institutionen enthalten sind, die mit diesem zusammenarbeiten, haben sich kleinere Arbeitsgruppen zu unterschiedlichen Themenschwerpunkten gebildet, z.B. Qualitätssicherung, Fehlzeiten, Gruppenarbeit, Öffentlichkeitsarbeit.

Daneben gibt es deutschlandweite, z.T. länderübergreifende Netzwerke von Sozialarbeitern größerer Unternehmen, z.B. Siemens, Daimler-Chrysler. Diese unternehmensinternen Sozialarbeitertreffen finden ebenfalls in regelmäßigen Abständen statt, um sich über aktuelle Entwicklungen, gemeinsame Projekte und Arbeitsschwerpunkte innerhalb ihrer Organisation auszutauschen.

Der Kontakt zu externen Sozialdiensten ist dagegen in der Regel nicht offiziell organisiert. Hier wird die Zusammenarbeit meist über persönliche Kontakte gepflegt, da viele externe Anbieter in den regionalen Gruppen oder dem bbs organisiert sind und dort ihre Kontakte knüpfen.

LITERATUR

bbs forum, Sonderheft: Wir über uns; 4. überarb. Aufl, Juli 1997
bbs forum, Sonderheft: Rahmenkonzeption für das Arbeitsfeld Betriebliche Sozialarbeit; 1995
Positionspapier des bbs (Bundesfachverband Betriebliche Sozialberatung e.V.), erarbeitet von der „Arbeitsgruppe Standards" Stand Oktober 1998
Reichenstein, R.: Benchmarking, Erfolge belegen, in SOCIAL management 2/98, S. 25-26

6. Interne Positionen der Betrieblichen Sozialarbeit und Zusammenarbeit mit anderen Funktionsträgern

Stephan F. Wagner

Nachdem in Kapitel 4 u.5 die strukturelle Anbindung Betrieblicher Sozialdienste an verschiedene Punkte der betrieblichen Organisationsstruktur dargestellt wurde, ist im Folgenden vom Verhältnis Betrieblicher Sozialdienste zu wichtigen Funktionen innerhalb und außerhalb der Betriebsstruktur die Rede.

Hierunter sind die Leitungsfunktionen des Betriebes zu fassen sowie die besonderen Vertretungen der Mitarbeiter. Des Weiteren wird das Verhältnis zu Servicefunktionen diskutiert, die entweder gesetzlich vorgeschrieben sind (System der betrieblichen Gesundheitsversorgung) oder freiwillig eingekauft werden (externe Dienste im Bereich der Beratung, Schulung und sozialen Versorgung).

Abschließend wird das Verhältnis der Betrieblichen Sozialarbeit zu den Mitarbeitern eines Betriebes und zur eigenen Profession thematisiert.

6.1 Verhältnis zur Geschäftsleitung

Das Verhältnis zur Geschäftsleitung ist zwiespältiger Natur. Zum einen ist Betriebliche Sozialarbeit von ihr u.U. initiiert. Sie wird von ihr bezahlt und erhält von Betrieb zu Betrieb in unterschiedlicher Form Arbeitsaufträge und Anweisungen (s. Kap. 8ff.). Zum anderen ist es eine Grundvoraussetzung Betrieblicher Sozialarbeit, dass sie keine personenbezogenen Informationen über Mitarbeiter ohne deren ausdrückliche Zustimmung an die Geschäftsleitung weiter gibt (s. Kap. 20.2). Diese scheinbar widersprüchlichen Anforderungen haben für das konkrete Verhalten Betrieblicher Sozialdienste Konsequenzen, unabhängig davon, ob der Dienst als Stabsstelle mit relativer Unabhängigkeit konzipiert ist, oder ob er in irgendeiner Form in die Anweisungskette der Geschäftsleitung einbezogen ist (s. Kap. 4.2).

Betriebliche Sozialdienste sollten, falls sie erfolgreich sein wollen, gegenüber der Geschäftsleitung folgende Grundsätze beachten:

- Die Geschäftsleitung ist über die Rahmenbedingungen des Programms regelmäßig zu informieren. Sie erhält statistischen Informationen, die

die Erfolge des Programms belegen. Neben dem sozialen Nutzen des Programms wird der Geschäftsleitung auch immer wieder der betriebswirtschaftliche Nutzen des Programms verdeutlicht.

- Die Betriebliche Sozialberatung reagiert auf ungelöste Probleme der Geschäftsleitung mit innovativen und kreativen Vorschlägen im Rahmen ihrer Möglichkeiten und Aufgabenstellung, so dass sich das Programm immer wieder den verändernden Bedingungen des Betriebes und des Wirtschaftsprozesses anpasst. Wenn z.B. der Schwerpunkt eines Betriebsprogramms bei der Gründung des Sozialdienstes auf Suchtkrankheit beruht, später aber Elemente der Gesundheitsprävention und Fehlzeitenreduzierung hinzugefügt werden.

- Der Geschäftsleitung wird immer wieder verdeutlicht, dass eine relative Unabhängigkeit des Betrieblichen Sozialdienstes unabdingbare Funktionsvoraussetzung für seinen Erfolg ist. Im Idealfall ist diese Unabhängigkeit in den Arbeitsverträgen der Mitarbeiter schriftlich geregelt und dies ist dem Betriebsrat und der Personalabteilung bekannt.

Das Verhältnis des Betrieblichen Sozialdienstes zur Geschäftsleitung muss in seinen Grundzügen den anderen Betriebsangehörigen, wie z.B. Mitarbeitern und den internen Interessenvertretungen, klar ersichtlich und deutlich sein.

Es sollte also so offen organisiert sein, dass nicht der leiseste Verdacht aufkommen kann, dass der Betriebssozialdienst der verlängerte Arm der Geschäftsleitung ist. Dies bedeutet vor allem, dass die Geschäftsleitung die Funktion Betrieblicher Sozialdienste akzeptiert und dass sie dort, wo es notwendig ist, auch innerbetriebliche Kritik an Verhältnissen im Betrieb durch den Betrieblichen Sozialdienst zulässt.

6.2 Verhältnis zur Personalabteilung

Es ist einem Betrieblichen Sozialdienst von seiner Aufgabenstellung her fast unmöglich, während seiner Tätigkeit nicht mit der Personalabteilung in Berührung zu kommen. In fast allen Fällen, die zu personellen Veränderungen führen, beziehungsweise wenn es zu Konflikten am Arbeitsplatz kommt, wird über kurz oder lang die Personalabteilung eingeschaltet oder diese wendet sich an die Sozialberatung.

In der Personalabteilung liegen die Personalakten des Betriebes, hier werden alle personenbezogenen Daten und andere wichtigen Dinge, wie Versetzungen, Lohn- und Gehaltsveränderungen, disziplinarische Maßnahmen in Bezug auf die Mitarbeiter registriert und dokumentiert. Dies hat zur Folge, dass die Mitarbeiter die Personalabteilung nicht ausschließlich positiv wahrnehmen. Aus der Perspektive der Beschäftigten wird die Personalabteilung vor allem dann von den Vorgesetzten eingeschaltet, wenn Konflikte am Arbeitsplatz soweit eskaliert sind, dass die Reaktionen des Betriebes einen offiziellen Charakter annehmen sollen oder müssen.

Das bedeutet für Betriebliche Sozialdienste, dass sie zwar notwendigerweise mit der Personalabteilung zusammenarbeiten müssen, aber darauf achten sollten, das sie die für ihre Arbeit notwendige Distanz zur Personalabteilung halten. Sind Betriebliche Sozialdienste als Teil der Personalabteilung organisiert (s. Kap. 4.1) ist in der Regel ein langer Prozess der Vertrauensbildung im Betrieb notwendig, bei dem der Umgang mit vertraulichen Informationen der jeweiligen Klienten auch gegenüber der eigenen Abteilung eine wesentliche Rolle spielt, damit eine effektive Arbeit gelingt.

Das grundsätzliche Problem der Betrieblichen Sozialdienste in Bezug auf die Personalabteilung ist also u.a. die Wahrnehmung der Mitarbeiter und anderer Gremien über das Verhältnis der beiden zueinander, da sie der Personalabteilung in der Regel mit Misstrauen begegnen.

Auf der anderen Seite verfügt die Personalabteilung über viele Informationen im Betrieb, vor allem auch in Bezug auf die Klienten, so dass es für die Sozialarbeiter sinnvoll ist, vertrauensvoll mit ihr zusammenzuarbeiten. Hier können in den Personalakten dokumentierte Informationen, wie z.B. Fehlzeitenmuster oder Karriereverläufe wichtige Hinweise in Bezug auf konkrete Problem- oder Fragestellungen liefern.

Für die Mitarbeiter Betrieblicher Sozialdienste ergeben sich aus dieser Ausgangslage mehrere Verhaltensregeln, die unbedingt in der täglichen Arbeit beachtet werden sollten:

Dort wo Aktionen der Personalabteilung sinnvoll und populär sind und von der Betrieblichen Sozialberatung voll mitgetragen werden, sollten sie trotzdem als eindeutige Aktionen der Personalabteilung kenntlich bleiben, z.B. Maßnahmen der Fehlzeitensenkung und der Gesundheitsförderung. Betriebliche Sozialarbeiter sollten in solchen Fällen der Versuchung widerstehen, sich hier „mit fremden Federn zu schmücken". Spätesten dann, wenn aus einer ähnlichen Position die Personalabteilung eine unpopuläre Entscheidung trifft, gerät die Betriebliche Sozialberatung in den Verdacht, auch hier beteiligt zu sein. Dann kann der Vertrauensverlust groß sein.

Auch wenn die Betriebliche Sozialberatung die Notwendigkeit eines konsequenten Vorgehens sieht, z.B. bei einem Rückfall eines alkoholkranken

Mitarbeiters, sollte sie streng darauf achten, dass betriebliche Sanktionen die Aufgabe der Vorgesetzten und der Personalabteilung sind und nicht der Betrieblichen Sozialberatung. Sozialarbeiter und Sozialpädagogen neigen in vielen Fällen aus ihrer ganzheitlichen Sichtweise von Problemen dazu, alle Teile des Systems selbst organisieren zu wollen und haben Schwierigkeiten mit arbeitsteiligem Vorgehen.

Schlägt die Personalabteilung aus der Perspektive des Betrieblichen Sozialdienstes ein Vorgehen vor, das nicht der Sache und dem Klienten dient, sollte die Betriebliche Sozialberatung immer bemüht sein, ihre Position im Gesamtgefüge des Betriebes so gut abgesichert zu haben, dass sie ihre sich unterscheidende Position ohne Probleme deutlich machen kann und im Idealfall auch durchsetzten kann. Im Auf und Ab der betrieblichen Entwicklung ist es fast unmöglich, seinen Standpunkt immer durchzusetzen beziehungsweise seine Ansichten nach außen transparent zu machen. Die eigene Handlungsmöglichkeiten werden nur dann eingeengt, wenn es nicht gelingt, sich in seinen Möglichkeiten und Grenzen nach außen für die Mitarbeiter klar und deutlich darzustellen.

Der Betriebliche Sozialdienst muss in der Regel spätestens dann mit der Personalabteilung zusammenarbeiten, wenn es zu Personalmaßnahmen kommt (Versetzung, Umsetzung, Abmahnung etc.). Er sollte streng darauf achten, dass die Zusammenarbeit mit der Personalabteilung kollegial erfolgt, dass aber allen Beteiligten jederzeit klar ist, welches die Maßnahmen der Personalabteilung sind und welche Vorschläge von der Sozialberatung stammen. Mit den im Vertrauen von Klienten gegebenen Informationen muss so umgegangen werden, das allen Beteiligten klar ist, dass dieses Wissen nicht zur Personalabteilung „durchgereicht" wird und falls doch, dann nur nach eindeutiger Absprache mit dem betroffenen Klienten, möglichst durch eine schriftliche Entbindung des Mitarbeiters von der Schweigepflicht.

6.3 Verhältnis zu den Vorgesetzten

Die Beziehungen zwischen Vorgesetzten von Mitarbeitern und betrieblichen Sozialarbeitern können vielfältige Ausprägungen haben. In der Regel sind sie davon geprägt, das die Vorgesetzten mehr oder minder freiwillig mit dem Betrieblichen Sozialdienst in einer Situation zusammenarbeiten.
Im Wesentlichen folgen sie allerdings vier zu Grunde liegende Mustern: Annahme, Gleichgültigkeit, Ablehnung und Delegation von Problemfällen.

Die Annahme durch den Vorgesetzten ist der positivste Fall, auf den betriebliche Sozialberater im betrieblichen Umfeld stoßen können. Die Vorgesetzen sind froh darüber, dass es eine Betriebliche Sozialberatung gibt, und sie haben, aus welchen Gründen auch immer, ein Problembewusstsein in dem Sinne, dass das soziale und psychische Wohlergehen ihrer Mitarbeiter Folgen für die Arbeitsleistung hat. Dort, wo es zu offensichtlichen Problemen kommt, z.B. bei Betreuungsengpässen einer allein erziehenden Mutter, schalten sie die Betriebliche Sozialberatung ein, um mit ihr zusammen die anstehenden Probleme zu lösen. Dabei begreifen sich die Vorgesetzen als Teil dieses Prozesses. Sie sehen es als ihre Führungsaufgabe an, hier aktiv zu werden, und sehen in der Betrieblichen Sozialarbeit mit ihren Kenntnissen eine wichtige Unterstützung.

Gleichgültigkeit und Passivität

Oft aber stehen die Vorgesetzten dem Betrieblichen Sozialdienst gleichgültig gegenüber. Er ist für sie lediglich eine weitere betriebliche Funktion, wie z.B. der Betriebsarzt, von der man auch nicht genau weiß, was sie macht oder wie man diese Stelle sinnvoll für seine Belange „nutzen" kann. Ein aktives Zugehen auf den Betrieblichen Sozialdienst findet dann in aller Regel nicht statt. Dort, wo sich eine Zusammenarbeit ergibt, wird sie hingenommen, aber keinesfalls aktiv gestaltet.

Dieser Fall stellt die im Betrieb tätige Sozialarbeit vor eine Reihe von Problemen. Sie sollte dann nach einer Strategie suchen, um die Vorgesetzten zu motivieren und zu aktivieren, sie zu „nutzen", und ihnen die Vorteile verdeutlichen, die die Zusammenarbeit mit dem Betrieblichen Sozialdienst für ihre Führungsaufgaben bedeuten kann. Eine Möglichkeit ist, die eigene Kompetenz durch Vorgesetztenschulungen (z.B. Gesprächsführung, Umgang mit schwierigen Mitarbeitern) im Rahmen von innerbetrieblichen Weiterbildungsprogrammen unter Beweis zu stellen. Allerdings sollten auch die Möglichkeiten intensiver Einzelgespräche mit Schlüsselfiguren der Vorgesetztenebenen ausgeschöpft und nicht unterschätzt werden.

Stehen die Vorgesetzten der Betrieblichen Sozialberatung eher gleichgültig gegenüber, drohen im Wesentlichen zwei Gefahren: Einige Kollegen neigen unter solchen Umständen zu Missionierungsaktionen, z.B. durch überzogenes Appellieren an die soziale Verantwortung. Diese Haltung wird dann insbesondere von ergebnis- und zielorientierten Vorgesetzten als unangemessen empfunden. Diese denken zuerst an die Erledigung ihrer Arbeitsaufgabe und dann erst daran, wie es ihrem Personal geht. Also können falsch vorgetragene „Werbekampagnen", z.B. für mehr soziales oder menschliches Vorgehen, eher die Türen schließen als öffnen. Hier ist ein ausgewogenes Vorgehen, das stärker die Interessen und Zielvorstellungen aller sieht und in das Vorgehen mit einbezieht, zu empfehlen.

Die zweite Gefahr ist, dass die in der Betrieblichen Sozialarbeit tätigen Kollegen beginnen, die offensichtlichsten Fälle an sozialen Problemlagen selbst und ohne die Vorgesetzten zu bearbeiten. Sehr schnell können diese Alleingänge der betrieblichen Sozialarbeiter bei den Vorgesetzten zwei Reaktionen hervorrufen. Einige sind begeistert, dass ihnen endlich jemand diese Probleme nimmt, und sehen noch weniger Notwendigkeiten der Zusammenarbeit, andere erleben ein solches Vorgehen der Sozialberatung als einen Eingriff in ihre Aufgabe als Vorgesetzte und reagieren dementsprechend. In jedem Fall können so erzielte kurzfristige Erfolge langfristig in eine Sackgasse führen. Dann kann die Beziehung zu den Vorgesetzten auf Dauer von Spannungen gekennzeichnet sein.

Liegt von seiten des Vorgesetzten ein gleichgültiges Verhalten gegenüber dem Sozialdienst vor, hat sich vielfach der Weg, eine gute Zusammenarbeit in einem konkreten Einzelfall für sich sprechen zu lassen, als ein erfolgreicher herausgestellt. Die Sozialberater sollten versuchen, Kontakte vor allem zu den Vorgesetzten herzustellen, die sie als am zugänglichsten erleben, um eine gute Arbeitsatmosphäre herzustellen. Drei oder vier erfolgreich abgeschlossene „Fälle" sind die beste Werbung für die Arbeit der Betrieblichen Sozialberatung.

Ablehnung und Delegation von Problemfällen

Die Ursachen für eine Ablehnung der Betrieblichen Sozialberatung durch die Vorgesetzten können vielfältig sein. Sie reichen von mangelnder Einsicht in die Möglichkeiten sozialarbeiterischen Handelns bis hin zu einem durch hohe Arbeitsbelastung in den Hintergrund getretenen beziehungsweise als zweitrangig betrachtetem Personalführungsverständnis des Vorgesetzten. Es kann dem aber auch ein persönliches Problem des Vorgesetzten zu Grunde liegen, von dem er befürchtet, dass es im Rahmen der Zusammenarbeit mit einem Sozialarbeiter zu Tage tritt und angesprochen wird. Egal wie die jeweilige Konstellation aussieht, hier steht die Betriebliche Sozialberatung mit ihrer Arbeit u.U. am Beginn eines langwierigen Prozesses. Allerdings ist bei einer dauerhaft ablehnenden Haltung der Vorgesetzten nachzuprüfen, ob diese nicht durch Handlungen der Sozialberatung selbst hervorgerufen wird (z.B. aus der Aufgabendefinition oder der

Anbindung innerhalb des Betriebes). Sollte dies der Fall sein, muss die Sozialberatung hier korrigierend eingreifen.
Vorgesetzte, die ein Programm sozialer Hilfe in weiten Bereichen eines Betriebes ablehnen, sind u.U. oft nur dann zur Mitarbeit zu gewinnen, wenn in solchen Fällen die Geschäftsleitung unmissverständlich klar macht, dass sie möchte, dass die Vorgesetzten die Kompetenz und die Chancen der Sozialberatung nutzen.

Die Delegation von Problemfällen an die Sozialberatung

ist vielleicht die schwierigste Position, die im Verhältnis zu den Vorgesetzten entstehen kann. Diese erwarten, wenn sie erst einmal einen Mitarbeiter an die Sozialberatung verwiesen haben, von der Sozialberatung eine Komplettlösung der im Betrieb sichtbaren Schwierigkeiten. Diese Position ist verlockend, da sie der Sozialberatung eine besondere Rolle und Kompetenz zuweist. Die Vorgesetzten müssen in diesen Fällen nicht selbst aktiv werden, da die Sozialberatung alle notwendigen Interventionen übernimmt. Dieser Prozess kann sich aber verselbstständigen und entbindet dann die Vorgesetzten von ihrer Führungsverantwortung.
Wird die Sozialberatung zunehmend in diese Rolle gedrängt und übernimmt die damit verbundenen Funktionen, besteht in der Konsequenz die Gefahr, dass sie mögliche Kooperationspartner nicht in die Lösung mit einbezieht. Sie ist so in vielen Fällen durch mangelnde Einflussmöglichkeiten nicht in der Lage, betriebliche Konflikte allein zu bewältigen, was dann auch für die Mitarbeiter schmerzlich deutlich wird.
Wenn Betriebliche Sozialberatungen auf eine solche Haltung bei Vorgesetzten stoßen, ist es notwendig, den Vorgesetzten zu verdeutlichen, dass zuallererst sie selbst eine Mitverantwortung für den psychischen und sozialen Zustand der Beschäftigten haben. Die Sozialberatung kann nur in Zusammenarbeit mit den Vorgesetzten ihre Aufgabe erfüllen beziehungsweise begleitend ihre Ressourcen zur Verfügung zu stellen.
In der Zusammenarbeit mit Vorgesetzten haben Sozialarbeiter in Betrieben darauf zu achten, dass das jeweilige Rollenverständnis geklärt ist und es zu einer gemeinsamen Arbeit der beiden betrieblichen Funktionen an dem bestehenden Problem kommt. Es ist unabdingbar für eine erfolgreiche Zusammenarbeit mit Vorgesetzten, dass diese ihre Aufgabe erfüllen und dabei die zusätzlich von der Sozialberatung zur Verfügung gestellten Ressourcen als ergänzenden Teil ihrer Arbeit ansehen. Sie müssen wissen, dass die Sozialberatung zwar über spezielle Kenntnisse und Fähigkeiten verfügt, dass sie aber letztendlich ohne einen verantwortungsvoll handelnden Vorgesetzten nicht in der Lage ist, das sich stellende Problem zu meistern.

6.4 Verhältnis zur Mitarbeitervertretung

Das Verhältnis zur Mitarbeitervertretung, also dem Betriebsrat in der privaten Wirtschaft und dem Personalrat im öffentlichen Dienst, ist oftmals von Spannungen gekennzeichnet. Dies ergibt sich aus den sich überschneidenden Aufgabenfeldern. In vielen Betrieben begreift die Mitarbeitervertretung soziale Beratung und soziale Notlagen als ein ihr wichtiges Arbeitsfeld. So kann es bei der Beratung von Menschen in sozialen Notlagen zu einem Konkurrenzverhalten gegenüber Betrieblichen Sozialdiensten kommen.

Die Mitarbeitervertretung kann unter diesen Umständen den Eindruck haben, dass der Betriebliche Sozialdienst ihnen ihre „Klienten" wegnimmt und ihr Einfluss auf die Mitarbeiterschaft schrumpft, insbesondere dann, wenn es eine Geschichte von Konflikten zwischen Unternehmensleitung und Mitarbeitervertretung gibt und der Betriebssozialdienst ohne inhaltliche Beteiligung der Mitarbeitervertretung eingerichtet wurde beziehungsweise, wie in manchen Fällen geschehen, sogar gegen ihren Willen eingerichtet worden ist. So kann es zu Konflikten führen, die sich u.U. latent über Jahre hinziehen und für die Beteiligten erhebliche psychische Belastungen mit sich bringen. Zu erwähnen ist in diesem Zusammenhang, dass in Betrieben, in denen sich Traditionen der alten Betriebsgewerkschaftsleitungen aus der ehemaligen DDR gehalten haben, welche die sozialen Probleme als ein besonders wichtiges Arbeitsfeld ansahen, solche Interessenüberschneidungen zusätzlich begünstigt werden.

Ein weiteres Konfliktfeld kann sich in der konkreten Fallarbeit ergeben. Immer dann, wenn, wie in der Suchtarbeit üblich, z.B. die Arbeit des Betrieblichen Sozialdienstes mit Personalmaßnahmen gekoppelt ist, gerät die Mitarbeitervertretung in eine Zwickmühle. Auf der einen Seite sehen viele Mitarbeitervertreter sehr wohl die Notwendigkeit, dass einem Mitarbeiter, der beständig trinkt, seine Grenzen aufgezeigt werden, andererseits möchten sie sich nicht vorwerfen lassen, dass sie ihrem Kollegen nicht den notwendigen Schutz gegenüber der Unternehmensleitung gewähren. Solchen Konflikten kann wirksam nur durch eine beständige vertrauensvolle Zusammenarbeit mit den Mitgliedern der Mitarbeitervertretung begegnet werden. Das Abschließen von Betriebsvereinbarungen (s. Kap. 21.5) kann in solchen Fällen ein hilfreiches Mittel sein, auch dann, wenn die Inhalte einer solchen Vereinbarung in konkreten Fällen eher den Charakter von festgelegten Verhaltensrichtlinien haben und nicht die sonst bei Vereinbarungen zwischen Geschäftsleitung und Mitarbeitervertretung übliche Rechtsverbindlichkeit.

Problematisch gestaltet sich das Verhältnis zur Mitarbeitervertretung auch, wenn ein Mitglied der Mitarbeitervertretung selbst von einem Suchtproblem betroffen ist. Der Betroffene wird vermutlich jeden Zusammenhang, in dem Alkohol im Betrieb sichtbar wird, bagatellisieren, um damit seinem eigenen Problem auszuweichen: Oft wird dies begleitet von einem großen Verständnis für die Probleme der anderen aufgefallen Betroffenen. Allerdings sind die Handlungsmöglichkeiten gegenüber einem Vertreter der Mitarbeitervertretung auf Grund seiner besonderen rechtlichen Stellung im Betrieb ungleich kleiner als z.B. der Handlungsrahmen gegenüber einem Vorgesetzten.

Gelingt eine gute Zusammenarbeit, die in der Regel ein offenes, vertrauensvolles Verhältnis zumindest gegenüber einigen Personen in der Mitarbeitervertretung zur Voraussetzung hat, kann das Zusammenwirken von Betrieblichem Sozialdienst und Mitarbeitervertretung in vielen Fällen für Mitarbeiter mit gesundheitlichen und sozialen Problemen von großem Vorteil sein. Dies setzt aber auch im Rahmen der Möglichkeiten der einzelnen Fälle eine frühzeitige Beteiligung der Mitarbeitervertretung am sozialen Geschehen voraus und weist ihr im Prozess der Begleitung sozialer Konflikte eine begleitende und kontrollierende Rolle zu.

6.5 Verhältnis zum Schwerbehindertenvertreter

Die Schwerbehindertenvertretung als gesetzlich vorgesehene Funktion zur Wahrnehmung der Rechte schwerbehinderter Menschen (vgl. §§ 23 ff. Schwerbehindertengesetzt – SchwbG) steht Betrieblichen Sozialdiensten im allgemeinen positiv gegenüber. Da sie im Gegensatz zum Betriebsrat nicht als ein Gegengewicht zur Macht der Unternehmensleitung gesehen wird, sondern als Vertretung einer speziellen Gruppe mit besonderen Problemen, bieten sich im Betrieb eine Reihe von gemeinsamen Zielen an.

Schwerbehindertenvertretungen sehen in Betrieblichen Sozialdiensten in der Regel Verbündete, mit deren Hilfe sie ein größeres Verständnis für die Bedürfnisse behinderter Menschen im Betrieb erreichen können. Sei es bei der besonderen Ausstattung des Arbeitsplatzes mit Hilfsgeräten oder einer rollstuhlfahrergerechten Ausrüstung der Fahrstühle, in all diesen Fällen können Betriebliche Sozialdienste und Schwerbehindertenvertretungen gut zusammenarbeiten. Die Einstellung eines gesetzlich festgelegten Prozentsatzes gut qualifizierter schwerbehinderter Mitarbeiter, der derzeit bei 6% der Beschäftigten ab einer Betriebsgröße vom 16 Arbeitnehmern liegt (§ 5

SchwbG), bietet dem Betrieb nicht zuletzt auch finanzielle Vorteile, da dann die Schwerbehindertenabgabe nicht fällig wird.

Schwierig wird die Zusammenarbeit, wenn die unterschiedliche Aufgabenstellung zu gegensätzlichen Interessen führt. Wenn z.B. im Rahmen einer von der Sozialberatung begleiteten Maßnahme zur Bekämpfung einer Alkoholsucht die berechtigte Kündigung eines Schwerbehinderten ansteht, dann hat die Schwerbehindertenvertretung, die in solchen Fällen gehört werden muss, nicht selten erhebliche Schwierigkeiten, der Kündigung zuzustimmen.

In solchen Situationen zahlt es sich aus, wenn das Verhältnis zur Schwerbehindertenvertretung als ein Verhältnis distanzierter Solidarität gestaltet worden ist. Allen Beteiligten ist dann klar, dass es in vielen Fällen Gemeinsamkeiten gibt, in einigen aber eben auch nicht. Dennoch ist es oftmals möglich, eine unterschiedliche Position zu vertreten, ohne dass das generelle Klima einer guten Zusammenarbeit beeinträchtigt wird. Geschieht dies nicht und wird über längere Zeiträume die scheinbar vorhandene Interessendeckung als Tatsache erlebt, kommt es im Moment des Interessengegensatzes zu Verletzungen, die das Arbeitsverhältnis dieser beiden betrieblichen Funktionen über längere Zeiträume hinweg erheblich belasten kann.

6.6 Verhältnis zu den Gewerkschaften

Die Gewerkschaften stehen den Betrieblichen Sozialdiensten mit gemischten Gefühlen gegenüber. Betriebliche Sozialarbeit geht vom Einzelfall und seinen Bedingungen aus und verweist auf die Eigenverantwortung des Einzelnen, während Gewerkschaften oftmals dazu neigen, gesellschaftliche Verhältnisse als Ursache zu sehen und kollektive Regelungen anstreben.

Exemplarisch sei hier die Position der Gewerkschaften zum Thema „Sucht" wiedergegeben, wie sie Rußland in „Das Suchtbuch für die Arbeitswelt" zum Bereich der Alkoholkrankenhilfe darstellt.

> „Es sind die sozialen Bedingungen, die das Suchtverhalten der Menschen beeinflussen. Eine auf Leistungsauslese und Konsum orientierte Gesellschaft ist der Nährboden für Sucht in vielen Gewändern ... Hinzu kommt, daß eine am höchstmöglichen persönlichen und materiellen Erfolg orientierte Leistungsgesellschaft, in der die millionenfache Erfahrung sinnentleerter Arbeit und latenter Angst vor Ausgrenzung durch Krankheit oder Arbeit vorherrscht, keine glaubwürdigen Wertvorstellungen in politischer und moralischer Hinsicht vermitteln kann ... Die IG Metall unterstreicht, daß Sucht- und Missbrauchverhalten der Menschen, zumal auch der abhängig Beschäftigten, in einem erhebli-

chen Ausmaß von den Arbeitsbedingungen und von den mangelnden Möglichkeiten ihrer Bewältigung bestimmt wird" (Rußland 1992, 11f.).

Das Problem Sucht wird zwar wahrgenommen, die Ursachen werden aber in einem Maße in den gesellschaftlichen Bedingungen gesehen, die aus den Ergebnissen der modernen Suchtforschung sich so nur schwer ableiten lassen. Das Bedürfnis, den Kollegen zu helfen, wird überlagert vom Reflex auf den Gegensatz zwischen Kapital und Arbeit. Dies hat Folgen für die Haltung der Gewerkschaften zu den Betriebssozialdiensten. In Gesprächen mit den Funktionsträgern der Gewerkschaften schwingt bei aller positiven Haltung gegenüber den Betrieblichen Sozialdiensten oft die Sorge mit, dass der Betrieb sich hier in den Bereich kollektiver Schutzmechanismen der Belegschaften einschleicht und diese von innen her aushöhlt.

Diesem spürbaren Misstrauen liegt der grundsätzlich unterschiedliche Arbeitsansatz der Gewerkschaften und der Betriebssozialdienste zu Grunde. Beide nehmen im Rahmen der betrieblichen Regelungen unterschiedliche Aufgaben war, die dann in Einzelfällen zu unterschiedlichen Positionen führen können.

Gewerkschaften sind bemüht, für die Beschäftigten eines Betriebes weitgehend kollektive Schutzrechte zu erlangen, die für alle gelten sollen. In der Tendenz versuchen sie individuelle Ausnahmeregelungen auf ein Minimum zu beschränken, da jede zusätzliche Ausnahme die Struktur der kollektiven Schutzmaßnahme schwächt.

Die Arbeit der Betrieblichen Sozialdienste dagegen beruht auf dem individualisierten Ansatz der Einzelfallhilfe. Kollektive Regeln (z.B. betriebliche Anweisungen, Betriebsvereinbarungen) gelten nur als allgemeine Orientierung, bilden den allgemein bindenden Rahmen und können in sofern kein geltendes Recht überschreiten. Ansonsten geht der Betriebliche Sozialdienst in jedem einzelnen Fall bezogen auf die Probleme des individuell betroffenen Mitarbeiters vor und ist bemüht, jeweils eine konkrete Lösung für diese spezielle Situation zu finden.

Obwohl sich Gewerkschaften und Vertreter Betrieblicher Sozialdienste in der Formulierung allgemeiner Zielsetzungen sehr oft leicht einigen können, führt der jeweils eingeschlagene (unterschiedliche) Weg zu Spannungen. Mit am deutlichsten wird dies im Bereich der betrieblichen Suchtkrankenhilfe. Hier wird von den Praktikern der sozialen Arbeit in den Betrieben fast unisono der Standpunkt vertreten, dass ein wesentliches Moment der Hilfe ein konsequentes Vorgehen ist, welches als letzten Schritt (ultima ratio) auch zum Mittel der Kündigung greift. Gewerkschaften sprechen sich zwar nicht grundsätzlich gegen diese Position aus, haben mit ihr aber Schwierigkeiten, da sie in einen Interessenkonflikt in Bezug auf ihre Schutzfunktion geraten. Dieses Dilemma wird noch deutlicher, wenn einzelne Arbeitsgruppen oder Teams der Beschäftigten von Betriebsräten Unterstützung beim Vorgehen gegen betriebsbekannte Trinker verlangen, der Betroffene sich aber gleichzeitig mit der Bitte um Schutz an den Betriebsrat wendet (s. Rußland 1992, 205).

Hinzu kommt, dass die von den Gewerkschaften als Leitlinie vorgeschlagenen Stufenpläne in der Regel so viele Ausnahmen und Wiederholungen beinhalten und zeitlich so ausgedehnt werden, dass sie de facto das Gegenteil von dem bewirken würden, was sie erreichen sollen. Sie würden, wenn sie idealtypisch nach Vorstellungen der Gewerkschaften konstruiert wären, solange dauern, dass von ihnen nicht die Botschaft ausgeht: Trinken im Betrieb hat Folgen, die man zu spüren bekommt; sondern das Signal: Wenn man nur rechtzeitig ein bisschen einlenkt, dann kann man sehr lange auch unter Beobachtung trinken.

Werden Stufenpläne konkret im Betrieb mit allen Entscheidungsträgern erarbeitet, sind sie oft ein Kompromiss aus gewerkschaftlichen Vorstellungen und betrieblichen Anforderungen, und in dieser Form dann vielfach praxis- und handlungsorientierter (s. Kap. 21.5).

Grundsätzlich gibt es kaum Berührungspunkte von Gewerkschaften und Betrieblichen Sozialdiensten bei der konkreten Arbeit, lediglich bei den zu bearbeitenden Themen gibt es Überschneidungen. Konkret macht sich dies in Betrieben dort bemerkbar wo Gewerkschaften über Betriebsräte und Vertrauensleutekörper starken Einfluss auf Belegschaften haben.

Hier kann es immer wieder zu schwierigen Einzelsituationen kommen, in denen die Mitarbeiter der Betrieblichen Sozialdienste sehr diplomatisch reagieren müssen, damit die im konkreten Einzelfall notwendigen Maßnahmen möglich werden und nicht gleichzeitig die Bedingungen genereller Hilfe im Betrieb durch einen lang anhaltenden und Kräfte zerrenden Konflikt mit einzelnen Gewerkschaftsmitgliedern erschwert werden.

Die hier aufgezeigten Strukturen beschreiben einen Interessengegensatz, der sich aus den unterschiedlichen gesellschaftlichen Funktionen ergibt, der aber eine Zusammenarbeit nicht grundsätzlich verhindert. In vielen Betrieben gibt es auch mit den Gewerkschaften positive Erfahrungen und eine sehr gute Zusammenarbeit.

Aus der Sicht der Gewerkschaften sind die Betrieblichen Sozialdienste eine betriebliche Institution von vielen. Manchmal werden sie positiv wahrgenommen, manchmal negativ, oftmals werden sie ignoriert.

6.7 Verhältnis zur betrieblichen Gesundheitsversorgung

Das Verhältnis der Sozialdienste zur betrieblichen Gesundheitsversorgung beinhaltet zwei sehr verschiedene Perspektiven. Zum einen ist hier das Verhältnis zu den staatlich vorgeschriebenen Betriebsärztlichen Diensten gemeint, zum anderen aber auch die Einstellung zu Angeboten der allgemeinen Gesundheitsversorgung, die insbesondere in den letzten zehn Jahren entwickelt wurden und bei denen es um gesunde Ernährung und Lebensführung geht.

Betriebsärztliche Dienste

Die Beziehung zu den gesetzlich abgesicherten Betriebsärztlichen Diensten war und ist ein widersprüchliches und spannungsgeladenes Feld. Das überrascht, denn auf den ersten Blick erscheinen die Interessen Betrieblicher Sozialdienste weitgehend deckungsgleich mit denen der Betriebsärztlichen Dienste zu sein, insbesondere im Bereich der Suchtkrankheit. Gerade hier zeigen sich bei genauerem Hinsehen aber schnell die Ursachen für die oft zu beobachtenden Spannungen. Ärzte neigen dazu, Phänomene wie Sucht aus medizinischer Perspektive zu betrachten. Dabei reduziert sich das Vorgehen im Rahmen der ihnen zur Verfügung stehenden Handlungsperspektiven auf Erkennen der Krankheit und Überweisung der Betroffenen in ein geeignetes Krankenhaus zur Behandlung. Die komplizierten und ausgefeilten Mechanismen eines betrieblichen Suchthilfesystems sind Ärzten nicht in jedem Fall geläufig und erscheinen aus ihrer medizinisch geprägten Sicht nicht als zwingend notwendig und sinnvoll. Dass unterschiedliche Professionen dazu neigen, Ereignisse unterschiedlich zu bewerten und auf sie mit verschiedenen Strategien zu reagieren, ist aus vielen Bereichen des Berufslebens bekannt und kann oft zu einer Verbesserung der zu lösenden Aufgabe beitragen. Sozialarbeitern und Medizinern wird jedoch auf Grund ihrer unterschiedlichen akademischen Ausbildung, besonders in Deutschland, unterschiedliches soziales Prestige und damit entsprechende Kompetenzen zugeschrieben. Dem Arzt, insbesondere weil er über einen Doktortitel verfügt, wird eine ungleich höhere Autorität zugestanden als den Mitarbeitern der Betriebssozialdienste.

Zwar gelingt es erfahrenen Sozialarbeitern in vielen Fällen positiv mit den Betriebsärztlichen Diensten zusammenzuarbeiten und ihr eigenständiges Profil zum Wohl aller in diese Beziehung einzubringen, aber oft genug gestaltet sich das Verhältnis schwierig, insbesondere dann, wenn Betriebe die

Betrieblichen Sozialdienste als Teilbereich der medizinischen Versorgung organisieren und die Betriebsärzte die Vorgesetzten der betrieblichen Sozialarbeiter werden. Zwar gibt es auch hier Beispiele für eine positive Entwicklung, es bedarf aber dazu weitsichtiger und offener Mediziner, die z.b. um die Wichtigkeit psychosozialer Zusammenhänge bei allgemeiner körperlicher und seelischer Befindlichkeit wissen.

Allgemeine Gesundheitsversorgung

Anders und weniger kompliziert gestaltet sich das Verhältnis zu den Angeboten der allgemeinen Gesundheitsversorgung, als Beispiele seien hier Betriebskrankenkassen oder die Berufsgenossenschaft genannt. In vielen Fällen haben Betriebliche Sozialdienste sich diesen Bereich in Zusammenarbeit mit diesen als Aktivitätsfeld erschlossen, abhängig von den Aufgaben des Betriebs und den vielfältigen Tätigkeiten in diesem Bereich. Ein gemeinsames Angebot kann zum Beispiel in einem Großbetrieb mit eigner Kantine eine jährliche Aufklärungskampagne über gesundes Essen und die Bedeutung der Ernährung für die Gesundheit sein. In einem Produktionsbetrieb mit starker körperlicher Belastung kann dieses Angebot in täglichen kurzen Entspannungsübungen zur Entlastung der besonders beanspruchten Körperpartien liegen. Die Aktivitäten sind immer abhängig von den konkreten Belastungs- und Gefährdungspotenzialen der einzelnen Betriebe und zielen auf eine allgemeine Verbesserung des Gesundheitszustands der jeweiligen Belegschaft.

Bezogen auf die genannten Beispiele könnten folgende Überlegungen angestellt werden: Dort wo große Betriebe für diesen Bereich eine Person einstellen, die sich speziell um die Gesundheitsfürsorge im Betrieb kümmert, kommt es häufig zu einer guten und intensiven Zusammenarbeit mit den Betrieblichen Sozialdiensten. Dies liegt mit daran, das sich die jeweils verfolgten Ziele ergänzen und nur in wenigen Fällen Zielkonflikte zwischen beiden Diensten auftreten. Es spielt aber auch eine Rolle, dass die beiden Dienste in der Betriebshierarchie in der Regel auf einer Hierarchiestufe angesiedelt werden, ohne dass der eine Dienst dem anderen über- beziehungsweise unterstellt wird. Es kann so nur schwer zu Steuerungskonflikten und Missverständnissen zwischen den unterschiedlichen Professionen kommen, die durch die Macht der Hierarchie überdeckt werden. In der Regel sind die Dienste darauf angewiesen, sich miteinander zu verständigen, und erreichen dies auch im praktischen Prozess.

6.8 Verhältnis gegenüber externen Diensten

Externe betriebliche Dienste, egal für welche Bereiche oder Aufgaben sie eingesetzt sind, bringen grundsätzlich, unabhängig von ihrer jeweiligen konkreten Funktion, eine Reihe von Vor- und Nachteilen mit sich. Im Wesentlichen werden diese von ihrer externen Position bestimmt, die es ihnen ermöglicht, sich den Blickwinkel der Außenperspektive zu erhalten.

Externe Dienste sind nicht in die jeweiligen internen Auseinandersetzungen der Betriebe eingebunden, sie sind in diesem Sinne nicht betriebsblind. Sie können auf die jeweilige Situation unvoreingenommen und eher neutral reagieren. Dies beinhaltet die Fähigkeit, neue, bis dahin in diesem Betrieb vielleicht noch nicht erkannte Perspektiven aufzuzeigen und diese zu kommunizieren. Darüber hinaus sind Externe Dienste in einigen Fällen kostengünstiger als Dienste, die intern angesiedelt sind. Dies kann verschiedene Ursachen haben. Bei kleineren Betrieben lohnt es sich oft nicht, eine Stelle mit dieser Funktionen einzurichten. Kostenüberlegungen spielen auch dann eine Rolle, wenn ein Betrieb sich nicht sicher ist, ob er die jeweils extern eingekaufte Funktion wirklich dauerhaft haben will und erst einmal Erfahrung mit ihr sammeln will.

So sehr die unvoreingenommene Sicht auf betriebliche Verhältnisse von Vorteil sein kann, kann es eben sosehr von Nachteil sein, wenn externe Dienste in Unternehmensabläufe eingreifen, die sie nicht in jedem Falle voll überschauen und verstehen. Externe Dienste werden mit einem bestimmten Ziel in den Betrieb geholt und sind in den meisten Fällen in diesem Sinne auch parteiisch. Wenn ein externer Dienst z.B. den Auftrag hat, Folgen, die eine Rationalisierung mit sich bringt, sozialverträglich zu gestalten, dann ist eine Verständigung mit Mitarbeitern in Bereichen, die sich dieser Aufgabenstellung widersetzen, gar nicht beziehungsweise nur begrenzt möglich. Dies entspringt auch den wirtschaftliche Eigeninteressen der externen Dienste.

In den letzten Jahren hat sich die Zahl der externen Angebote im unmittelbaren Arbeitsumfeld der Betrieblichen Sozialdienste so stark verändert, dass das Aufzählen der häufigsten Dienste eine Liste unterschiedlichster Funktionen hervorbringen würde. Im Folgenden seien nur zwei Beispiele genannt: Coaching und Unternehmensberatung als externe Zusatzangebote.

Es hängt sehr vom Profil der jeweiligen Betrieblichen Sozialdienste ab, wie sie auf externe Coachingangebote an den Betrieb reagieren. Dort wo Betriebliche Sozialdienste selbst keine Coachingangebote machen, dürfte das Verhältnis zu solchen Angeboten indifferent sein. Es gewinnt nur dann Bedeutung, wenn Personen, die an vom Sozialdienst bearbeiteten Konflikten beteiligt sind, einen externen Coach hinzuziehen. Es kann sowohl zu einer positiven Unterstützung des Betrieblichen Sozialdienstes kommen als auch zu Interventionen, die die Aufgabe des Sozialdienstes erschweren. In den Fällen, in denen Betriebliche Sozialdienste selbst Coaching anbieten, kommt es in der Regel zu mehr oder minder offener Konkurrenz mit dem externen Angebot.

Auch Unternehmensberatungen sind vom Betrieb häufig genutzte Anbieter. Sie sind von ihrer Struktur her als externe Dienste angelegt und Unternehmen holen sie sich oft in Krisensituationen in den Betrieb. In der Regel sind Unternehmensberatungen jedoch nicht mit individuellen Konflikten beschäftigt, sondern mit der Struktur des Betriebes an sich. Insofern gibt es in den tagtäglichen Aufgaben der Betrieblichen Sozialdienste nur selten Kontakt oder Arbeitsüberschneidungen mit Unternehmensberatungen. In vielen Fällen ist es so, dass eine Unternehmensberatung bei einer Restrukturierung des Betriebes von der Unternehmensleitung mit hinzugezogen wird und im Rahmen ihrer Aufgabenstellung auf den Betrieblichen Sozialdienst aufmerksam wird. Nur in wenigen Fällen begreifen Unternehmensberatungen den vollen Wert Betrieblicher Sozialdienste. Oft verlangen sie in solchen Situationen den Nachweis der Wirtschaftlichkeit Betrieblicher Sozialarbeit, und es liegt dann an den Mitarbeitern der Sozialdienste diesen zu erbringen (s. Kap. 22). Gelingt es, die Unternehmensberatung von der Sinnhaftigkeit des Betrieblichen Sozialdienstes zu überzeugen, so kann sich ein positives Verhältnis gegenseitiger Zusammenarbeit entwickeln, gelingt dies nicht, ist er u.U. in seiner Existenz gefährdet.

Abschließend kann gesagt werden, dass externe Dienste sich in ihrer vielfältigen Form als festes Element in der sich rasch entwickelnden Dienstleistungsgesellschaft etabliert haben. Sie sind sowohl Unterstützung als auch Konkurrenz der bestehenden internen Dienste. Waren sie noch vor wenigen Jahren eher exotische Einzelphänomene, so haben sie inzwischen ein sich zur zeit noch ausdehnendes Marktsegment besetzt. Ihre letztendliche Position zu den internen Diensten ist in der sich rasch verändernden Landschaft privater Unternehmen zur zeit noch unbestimmt.

6.9 Verhältnis zu den Mitarbeitern und gegenüber der eigenen Profession

Die Mitarbeiter der Betriebe, in denen Betriebssozialdienste existieren, stehen diesen Diensten in der Regel indifferent gegenüber. Wird die Existenz

der Dienste über die betrieblichen Medien wie Zeitung und Informationsbretter regelmäßig bekannt gegeben, ist es zwar den meisten Mitarbeitern bewusst, dass es diese betriebliche Einrichtung gibt, man kann aber nicht sagen, dass deren Existenz eine besondere Beachtung findet.
In den meisten Betrieben ist es so, dass man einen Kontakt mit dem Betrieblichen Sozialdienst vor den Kollegen eher verheimlicht, da er einen Hinweis auf eine wie auch immer geartete vermeintliche Schwäche bedeutet. Entscheidet sich ein Mitarbeiter, den Betriebssozialdienst aufzusuchen, so geschieht dies beim ersten Kontakt in der Regel telefonisch. Dies ist nicht nur der einfachste Weg der Kontaktaufnahme, er garantiert auch ein hohes Maß an Anonymität für die Betroffenen. Trotz solch einfacher Mechanismen und dem sensiblen Umgang, den Mitarbeiter der Betriebssozialdienste mit ihren Klienten pflegen, kommen in der Regel bei der Mehrzahl der Dienste weniger als die Hälfte der Klienten freiwillig. Die meisten Klienten kommen auf Grund direkten oder indirekten Drucks ihrer Vorgesetzten oder Kollegen, da diese die Situation der Betroffenen für so prekär halten, dass sie mehr oder minder deutlich eine Kontaktaufnahme mit dem Betrieblichen Sozialdienst einfordern. Aus diesem Grunde ist das Ansehen des Betriebssozialdienstes auf einem schmalen Grat angesiedelt, auf dem es gilt die Balance zu halten, will man effektive Hilfe zur Verfügung stellen. Dies gilt sowohl für die Stellung in der Hierarchie des Betriebes als auch für die Haltung einzelnen Problemen gegenüber. Enorm wichtig für diese manchmal schwierige Positionierung ist zum Beispiel, dass man nicht in den Ruf kommt, der verlängerte Arm der Vorgesetzten zu sein beziehungsweise der Ausputzer der Personalabteilung. Gelingt es in diesem Zusammenhang die Sozialberatung im Meinungsbild der Mitarbeiter als eine Institution zu etablieren, die in Notlagen kompetent hilft, so ist ein wichtiger Schritt auf dem Weg zur betrieblichen Anerkennung getan.
In diesem Sinne hat sich auch das Verhältnis der betrieblichen Sozialarbeiter gegenüber der eigenen Profession im letzten Jahrzehnt sichtlich entspannt. Betriebliche Sozialarbeiter sind heute eine kleine überdurchschnittlich gut ausgebildete Gruppe von stark individualisierten Professionellen, die relativ gut bezahlt wird.
Die Kritik der 68er Sozialarbeiter an den herrschenden kapitalistischen Verhältnissen hatte Betriebliche Sozialarbeit in den Verdacht gebracht, eher Büttel des Kapitals als Hilfe für die Menschen zu sein. Jahrelang sahen sich betriebliche Sozialarbeiter Anfeindungen von Kollegen ausgesetzt und nur an wenigen Hochschulen wurden die Besonderheiten dieses Berufsfelds gelehrt. Erst in den achtziger Jahren begann die Kritik gegenüber den

im Betrieb arbeitenden Kollegen zu verstummen und mit der Hinwendung zu Theorien des Sozialmanagement öffnete sich eine Sichtweise, die dazu führte, dass am Ende der 90er Jahre Betriebssozialarbeit in vielen Ausbildungsstätten sozialer Arbeit wieder auf dem Lehrplan stand. Mit ein Grund für das gestiegene Ansehen, dass betriebliche Sozialarbeiter heute innerhalb der eignen Profession genießen, ist die Tatsache eines sich wandelnden Selbstbildes, der moderateren Diskussion über sozialideologische Zusammenhänge und die hohe fachliche Kompetenz.

Mit der Hinwendung sozialer Arbeit zu betriebswirtschaftlichen Sichtweisen in den letzten Jahren ging auch die Erkenntnis einher, dass die gute Entlohnung in diesem Bereich ein Hinweis auf besonders hohe professionelle Standards darstellt. Dies geht allerdings auch mit hohen Anforderungen an die jeweiligen Fähigkeiten der in diesem Bereich tätigen Personen einher. Im Gegensatz zu anderen Bereichen sozialer Arbeit, in denen in der Regel Teamarbeit gefordert ist, sind Betriebssozialarbeiter in vielen Fällen „Einzelkämpfer". Dies hat zur Folge, dass Betriebssozialarbeiter stärker als andere Teile der Profession das Bedürfnis haben, ihre berufliche Isolierung zu überwinden.

Hieraus resultieren lokale Selbsthilfenetzwerke, wie z.B. in Berlin, wo sich die Mitarbeiter aus den verschiedenen Betrieben einmal im Monat im Rahmen von gemeinsam mit der staatlichen Alice-Salomon-Fachhochschule organisierten Fortbildungen im Hause des Paritätischen Landesverbands Berlins treffen. Das es für diesen Bereich sozialer Arbeit einen eigenen Berufsfachverband (bbs) gibt, in dem sich die betrieblichen Sozialarbeiter bundesweit organisiert haben, dürfte seine Ursache sowohl in dem Bedürfnis haben, die beschriebene Vereinzelung zu überwinden, als auch ein Ausdruck organisatorischer Kompetenz sein.

LITERATUR

Rußland, R.: Das Suchtbuch für die Arbeitswelt; Frankfurt a. Main 1992

7. Ehrenamtliche Elemente in der Betrieblichen Sozialarbeit

Stephan F. Wagner

Viele Betriebe setzten im Rahmen ihrer sozialen Aktivitäten ehrenamtliche Mitarbeiter ein. Damit sind in der Regel Mitarbeiter gemeint, die während ihrer Arbeitszeit, die sie bezahlt bekommen, nicht die Tätigkeit ausüben, für die sie eingestellt wurden, sondern andere soziale Funktionen erfüllen. Oft wird für diese Tätigkeit auch unbezahlte Freizeit von den ehrenamtlichen Mitarbeitern eingebracht.

Beispielhaft soll im Folgenden die ehrenamtliche Arbeit im Bereich Sucht dargestellt werden. Je nach Aufgabenstellung und Betrieb differiert hier die Namensgebung; sie reicht vom ehrenamtlichen „Suchtkrankenhelfer", über den „kollegialen Berater" bis hin zum „Sozialhelfer".

Es gibt viele unterschiedliche Formen, in denen Momente ehrenamtlicher Arbeit mit den Aufgaben von Vorgesetzten kombiniert werden. Die beiden häufigsten Formen sind Hilfesysteme, die ausschließlich von ehrenamtlichen Mitarbeitern betrieben werden oder bei denen die Arbeit von hauptamtlichen Mitarbeitern mit denen von ehrenamtlichen Helfern kombiniert wird.

7.1 HAUPTAMTLICHE SYSTEME, DIE SICH AUS EHRENAMTLICHEN ENTWICKELT HABEN

Ehrenamtliche Systeme entstehen in Betrieben in vielen Fällen aus zufälligen Situationen heraus und sind in der Regel von der Organisation nicht geplant.

Am häufigsten beruhen solche Systeme auf dem Engagement eines oder mehrerer Mitarbeiter, die in vielen Fällen durch eigene Betroffenheit, z.B. als trockener Alkoholiker, dem Thema „Sucht" im Betrieb besondere Aufmerksamkeit schenken. Vorgesetzte, die Personalabteilung oder Betriebs- und Personalräte werden dann auf den positiven Effekt dieses Engagements aufmerksam und ziehen derartige Mitarbeiter im Falle von Personalmaßnahmen gegen einen suchtauffälligen Mitarbeiter als Berater hinzu. Bei späteren Ereignissen im Zusammenhang mit Suchtproblemen wird nun mehr oder minder häufig auf diese als sinnvoll erlebte Unterstützung zurückgegriffen. Diese Vorgehensweise wird dann mehr und mehr selbstverständlich und systematisch angewendet. Unter Umständen werden Mitarbeiter von ihren ursprünglichen Diensten entbunden und speziell mit der Bearbeitung von Suchtproblemen betraut. Dies kann ein langwieriger Prozess sein, bei dem die „ehrenamtlichen Helfer" auf lange Zeit zwei Jobs im Unternehmen innehaben, ehe sich der Betrieb entschließt, der so genannten ehrenamtlichen Arbeit einen offiziell anerkannten Charakter zu geben.

Der so entstandene „ehrenamtliche" Sozialdienst zeigt gegenüber „professionellen" Sozialdiensten einige typische Besonderheiten auf. Da die meisten Mitarbeiter solcher Dienste auf die eine oder andere Art selbst Betroffene sind, zeigen sie ein ungewöhnlich hohes Engagement und eine große Arbeitsbereitschaft, die zum Teil auch über die „normale" Arbeitszeit hinausgeht. Dies wird vom Arbeitgeber als sehr vorteilhaft wahrgenommen, was auf der anderen Seite für die professionellen Dienste nicht unproblematisch ist.

Die in solchen Systemen tätigen Menschen zeichnet darüber hinaus ein hohes Maß an Strukturkenntnissen über den Betrieb aus. Da sie in der Regel selbst als Angestellte oder Arbeiter in diesem tätig sind, sind sie in der Lage, schnell Kontakt zur Belegschaft zu bekommen, und werden von der Belegschaft als „einer von uns" wahrgenommen. Ihre genauen Kenntnisse der betrieblichen Verhältnisse, Beziehungen und Strukturen befähigen sie zu besonderen Interventionsformen, die z.T. auch auf persönlichen Beziehungen beruhen.

Nachteilig könnte sich auswirken, dass die aus ehrenamtlicher Tätigkeit entstanden Sozialdienste oft nicht über eine entsprechende berufsspezifische Ausbildung als Sozialarbeiter verfügen, es sei denn, sie wurde im Laufe der Zeit berufsbegleitend nachgeholt. Das ehrenamtliche System zeichnet sich durch eine große Praxisnähe aus, es fehlt ihm aber in einigen Fällen an theoretischem Hintergrund und professionellen Arbeitsmethoden.

Mitarbeitern in solchen Arbeitszusammenhängen ist es daher auch fast unmöglich, die Stelle zu wechseln und in einem anderen Betrieb zu arbeiten. Dies hat im Wesentlichen zwei Gründe. Zum einen ist schon nach wenigen Jahren ihre ursprüngliche berufliche Qualifikation und Erfahrung überholt und veraltet. Zum anderen ist ihre neuen Qualifikation nur in ihrem eigenen Betrieb anerkannt. Selbst dort, wo In-House-Training von Umfang und Systematik her fast das Niveau der Fachhochschulen erreicht, wie z.B. im Bereich der deutschen Post, wird das Ergebnis am Ende nur zertifiziert. Diese Zertifikate haben aber für die Arbeitsplatzsuche außerhalb des Mutterbetriebs fast keine Bedeutung, sodass diese Mitarbeiter an ihre derzeitige Arbeitsstelle gebunden sind.

In der Regel stellen Arbeitgeber nach einigen Jahren fest, dass ehrenamtliche Helfersysteme mit ihrem besonders hohen Bedarf an nebenberuflicher Zusatzausbildung und ihrer individuellen Systematik nicht wesentlich billiger sind als professionelle Dienste. Oft sind ehrenamtliche Helfersysteme eines Betriebes der erste Schritt zur Etablierung professioneller Systeme. Die Diskussion, die Anfang der neunziger Jahre in den Betrieblichen Sozialdiensten stattfand, dass so genannte „teurere" hauptamtliche Systeme durch „billigere" ehrenamtliche Systeme ersetzt werden sollten, hat sich nicht bestätigt. Im Gegenteil, es konnte eine Ausdehnung der hauptamtlichen Dienste beobachtet werden. In einzelnen Fällen durchliefen ursprünglich ehrenamtliche Helfersysteme einen Prozess der Professionalisierung.

7.2 Ehrenamtliche Helfer in Kombination mit professionellen Diensten

Die in Deutschland übliche Relation von Klienten zu Sozialarbeitern in der Betriebssozialarbeit liegt zwischen 1000 bis 3000 Betriebsangehörigen zu einem 1 betrieblichen Sozialberater. Gelingt es, zumindest im Feld der Suchtkrankenhilfe, Klienten zu helfen, so kommen diese mit einem Bereich sozialer Arbeit in Kontakt, in dem sehr viel ehrenamtliche Mitarbeit von ehemaligen Klienten sowohl in den Therapieprozessen als auch im späteren Umgang mit Suchtkrankheit in Selbsthilfegruppen und Aufklärungsveranstaltungen üblich ist.

Die Aufgabe der Suchtkrankenhelfer im Umfeld von hauptamtlichen Diensten kann im Wesentlichen als „Erfahrungsberatung" beschrieben werden, die durch eigenes Erleben untermauert ist. Es hat sich als Vorteil erwiesen, wenn der betroffene Suchtkranke neben dem Kontakt zu einem professionellen Sozialarbeiter auch Kontakt zu einer Person hat, die persönliche Erfahrung in den Betreuungs- und Beratungsprozess mit einbringt.

Hinzu kommt, dass der ehrenamtliche Suchtkrankenhelfer, der seine Tätigkeit „freiwillig" ausübt, damit auch ein Stück persönlicher Beziehung in den Prozess des Bewusstwerdens der Krankheit einbringt. Diesen Aspekt wird ein professioneller Berater aus seiner Rolle und Funktion heraus so nicht darstellen können und wollen. Hinzu kommt, dass die Hemmschwelle, einen „Kollegen" aufzusuchen, geringer ist, als sich einem hauptamtlichen Berater anzuvertrauen.

Diese beiden Faktoren (dringender Bedarf an Hilfe auf Seiten der hauptamtlichen Mitarbeiter und das Vorhandensein erfahrener ehrenamtlicher Helfer in Griffnähe dieses Bedarfs) dürften wesentlich mit dazu beitragen, dass in einem erheblichen Teil der Betriebe, die einen professionellen Betriebssozialdienst haben, auch ehrenamtliche Suchthelfer zu finden sind. Das Verhältnis zwischen ehrenamtlichen Suchtkrankenhelfern und hauptamtlichen Kollegen kann sehr vielschichtig sein und ist unter anderem abhängig von der Betriebssituation (Aufhängung in der Hierarchie, wann wurde was installiert usw.). Zusätzlich spielt das persönliche Verhältnis der beiden Akteure eine entscheidende Rolle; die Möglichkeiten reichen von strikter Anleitung durch den Hauptamtlichen, über kollegialen Umgang miteinander bis zur heftigen Konkurrenz gegeneinander. Obwohl manchmal schwierig ist die Zusammenarbeit, da gleiche Zielsetzungen und Ideen verfolgt werden, in den meisten Fällen positiv.

7.3 Ausbildung ehrenamtlicher Helfer

Werden in einem Betrieb ehrenamtliche Hilfesysteme eingerichtet, ob mit oder ohne hauptamtliche Dienste, geschieht dies am Anfang oft ohne konzeptionelle Planung. In den meisten Fällen kommt es erst nach einiger Zeit zu einer Systematisierung der Arbeit der ehrenamtlichen Kollegen.

Zunächst sollte eine mindestens 100 Stunden umfassende anerkannte Ausbildung zum Suchtkrankenhelfer (in Theorie und Praxis) erfolgen sowie eine schriftliche Fixierung der Rechte, Pflichten und Aufgaben der Suchtkrankenhelfer im Betrieb.

Existiert eine hauptamtliche Kraft im Betrieb, übernimmt diese die Anleitung der Suchtkrankenhelfer beziehungsweise entwickelt eine systematische Zusammenarbeit der beiden Institutionen miteinander. Sind ehrenamtliche Helfer die alleinigen Akteure im Betrieb, vernetzten sie sich in vielen Fällen außerhalb des Betriebes mit Kollegen anderer Einrichtungen.

In der Regel wird darauf geachtet, dass ehrenamtliche Suchtkrankenhelfer in irgendeiner Form einen Bezug zur Suchtkrankheit haben. Als ideal gilt, wenn ungefähr ein Drittel der Suchtkrankenhelfer eigene Suchterfahrung mitbringt, ein Drittel Erfahrung mit der Sucht von Freunden und Angehörigen hat und die eigene Verhaltensreaktionen darauf durchlebt hat und ein Drittel der Suchtkrankenhelfer aus sozialem Interesse diese Hilfen anbietet. Dies führt dazu, dass unterschiedliche Aspekte und Betrachtungsweisen des Phänomens Sucht für die Gruppe der Suchtkrankenhelfer in ihrer Arbeit abrufbar sind.

Die Ausbildung eines Suchtkrankenhelfers kann je nach Qualität und Länge der Ausbildung, lokalen Marktbedingungen und der Ausbildungseinrichtung zwischen 1000 und 4000 DM kosten (Stand 2000).

Ehrenamtliche Suchtkrankenhelfer sind eine sinnvolle Ergänzung hauptamtlicher Dienste und haben sich als fester Bestandteil des Hilfesystems, auch in Betrieben mit hauptamtlichen Angeboten, etabliert. Nicht zuletzt an den z.T. erheblichen Kosten, die viele Betriebe für die Unterhaltung dieser Systeme ausgeben, lässt sich ablesen, dass diese Arbeit als sinnvoll angesehen wird.

Literatur

Heer, E.; Hoch, R.: Freiwillig oder ehrenamtlich; in: Suchtreport; Heft 6/1990

Teil III
Arbeitsfelder
Betrieblicher Sozialarbeit

8. Einleitung und allgemeiner Überblick über die Arbeitsfelder

Rüdiger Walter

Die Beratung von Mitarbeitern im Unternehmen, in Firmen, Betrieben oder Verwaltungen ist ein traditionelles Arbeitsfeld der Betrieblichen Sozialarbeit.
Bei allen Bestrebungen und Diskussionen über Neuentwicklungen und Erweiterungen der Aufgabenstellungen und Tätigkeitsfelder stellt die Beratungsarbeit nach wie vor einen sehr wichtigen Teil der Sozialarbeit im Betrieb dar. Wie vorher behandelt ist mit dem Wandel des beruflichen Auftrages ein verändertes berufliches Verständnis und damit ein Wechsel der Funktionsbeschreibung der hier tätigen Sozialarbeiter einhergegangen.
Betriebliche Sozialarbeit ist, wie an anderer Stelle beschrieben, auch ohne gesetzlich festgelegten Auftrag seit Jahrzehnten in vielen Unternehmen traditionell bewährter Bestandteil. Wenn auch die damit verbundenen Inhalte, Aufgaben, Aufträge und Begrifflichkeiten einem zeitlichen Wandel ausgesetzt sind, ging es u.a. auch immer darum, selbst von der Einrichtung betrieblicher Betreuung oder Beratung zu profitieren. Es kann davon ausgegangen werden, dass sich Sozialberatung nicht nur für die Mitarbeiter, sondern auch für den Betrieb lohnt beziehungsweise „rechnet" (s. Kap. 22).
Mitarbeiter, die sich durch gesundheitliche Einschränkungen, finanzielle Schwierigkeiten, familiäre Angelegenheiten, Suchtprobleme, persönliche oder betriebliche Dinge belastet fühlen, sind zeitweise leistungseingeschränkte Mitarbeiter. Diese sind oft selbst eine Belastung für den Kollegenkreis, den Vorgesetzten, mitunter für den ganzen Arbeitsbereich und damit für den gesamten Betrieb. Hier unmittelbar vor Ort mit gezielten Interventionen über betriebliche Sozialberater Einfluss zu nehmen, entlastet den Einzelnen, das Team, die Verantwortlichen, das Unternehmen.

8.1 SCHWERPUNKTE DER BERATUNG

Grundsätzlich stellt sich die Frage: In welchen Problemfeldern im Betrieb/ Unternehmen besteht der größte Beratungsbedarf? Sind Schwerpunkte bei der Mitarbeiterberatung deutlich beziehungsweise zu erwarten?

Hier eine allgemein gültige Gewichtung benennen zu können, muss verneint werden. Es kann davon ausgegangen werden, dass es wahrscheinlich mehrere mitbestimmende, auch betriebseigene Gegebenheiten gibt, die unterschiedliche Beratungsschwerpunkte entstehen lassen. So wird mitentscheidend sein, auf Grund welcher beruflicher Erfahrungen und fachlicher Qualifikationen die Sozialberater spezielle Beratungsangebote machen können. Auch Betriebsvereinbarungen und abgestimmte Schulungsprogramme, z.B. Betriebsmodelle der Suchtprävention einschließlich konkreter unterstützender Maßnahmen bei Suchtmittelmissbrauch oder bei Suchterkrankung, verdeutlichen, wo Beratungsbedarf besteht.

Daneben gibt es über den eigenen Betrieb hinausgehende Veränderungen. Diese sind oft zeitgleich bei mehreren Unternehmen Thema, werden von anderen aufgegriffen, sind dann aktuell. Hierbei spielen auch gesellschaftlich relevante wirtschaftliche Interessen oder betriebswirtschaftlich notwendige Gegebenheiten eine nicht unwichtige Rolle für Tätigkeitsfelder der Betrieblichen Sozialarbeit und daraus abgeleitete Beratungsangebote.

So sind neben der traditionell angesiedelten Sozialberatung, in den vergangenen Jahren durch die Aktualität bestimmt, unterschiedliche Schwerpunkte der Beratungsarbeit zu erkennen gewesen.

Beispielhaft dafür ist das Thema „Alkohol im Betrieb" (s. Kap. 9). Diesem fühlen sich mehr und mehr Unternehmen verpflichtet, da auch ein hoher Beratungsbedarf besteht. Bei dieser Problematik ist von Bedeutung, dass der Beratungsaufwand bereits im Einzelfall durchgehend sehr zeitaufwändig ist. Der Erfolg lässt oft lange auf sich warten, ist darüber hinaus mit Rückschlägen verbunden. Vielfach lässt sich das Problem nicht als Einzelfall lösen. Hier ist es sinnvoll das persönliche und betriebliche Umfeld mit in die Lösungsstrategien einzubeziehen.

Mit dem Begriff „Betriebliche Gesundheitsförderung" war das nächste Thema angesagt, das in die Unternehmen hineingetragen wurde (s. Kap. 10). Mit der Thematik Gesundheit im Betrieb, ergab sich eine folgerichtige Erweiterung des bisherigen Konzeptansatzes, die über den Suchtbereich hinausreicht. Diese ist noch heute aktuell und hat dort, wo dieser weitsichtige Präventivansatz ernst genommen wird, auch Einfluss auf Veränderungen der Tätigkeitsfelder und Beratungsangebote. Nach wie vor kann jedoch davon ausgegangen werden, dass Alkohol die größte gesundheitliche Gefährdung darstellt.

Andere Beratungsschwerpunkte entstanden für viele Sozialberater, als sich ein immer größer werdender Bedarf für Schuldnerberatung bei Mitarbeitern abzeichnete und dem auch innerbetrieblich Rechnung getragen werden sollte (s. Kap. 13).

In diesem Zusammenhang sind Vorschussregelungen in vielen Unternehmen entstanden, in die auch die Sozialberatung eingebunden ist, um Mitarbeiter finanziell zu entlasten, damit u.a. Lohnpfändungen oder Wohnungskündigungen vermieden werden können. Bei einigen Betrieblichen Sozialberatungen geht das damit verbundene Tätigkeitsfeld bis zu konkreten Umschuldungen.

Da diese Beratungsarbeit dann sehr aufwendig und zeitintensiv ist, muss abgewogen werden, ob die dafür notwendigen persönlichen wie zeitlichen Kapazitäten vorhanden oder gewünscht sind. Hier muss der Betrieb wie die Sozialberatung, aber auch der einzelne Sozialberater entscheiden, ob dieser Anspruch erfüllt werden kann und soll.

In letzter Zeit sind betriebliche Umstrukturierungen, Organisationsveränderungen in Betrieben, Unternehmen, aber auch bei Verwaltungen bestimmendes Thema. Rationalisierungsprozesse ziehen örtliche Veränderungen, Auslagerungen von Produktionsbereichen und Stellenabbau nach sich. Fehlzeitenreduzierung, Rückkehrgespräche, Zufriedenheit am Arbeitsplatz sind weitere betriebsübergreifende Anliegen, die bewältigt werden wollen.

Von wirtschaftlichen Gesichtspunkten bis hin zu Leitlinien für eine Umsetzung formulierter Unternehmensphilosophie geht es um ein neues Verständnis für Führungskräfte und Mitarbeiter. Aus diesen aktuellen betrieblichen Bezügen sind neben den traditionellen Beratungsfeldern auch neue Anforderungen an die Sozialberatung gestellt. War bisher die klientenzentrierte Beratung Schwerpunkt, sind nun darüber hinausgehende Ansätze notwendig, die auch wirkungsvolle Gruppen- und Prozessbegleitung wie Team-Beratung, Team-Moderation, Konflikt-Management beinhalten. Weiter gehende berufliche Qualifikationen sind notwendig und werden zum nötigen Qualitätsstandard.

Mit den anschließenden Beschreibungen wird für einige der oben aufgeführten Beratungssituationen beispielhaft ein Einblick vermittelt.

8.2 Gesundheitliche Fragestellungen

Bei bewährten Mitarbeitern mit langjähriger Betriebszugehörigkeit sind oft interne betriebliche Lösungen erforderlich, wenn z.B. Folgen von anhaltender Arbeitsschwere und gesundheitlich belastenden Tätigkeiten auftreten, bei psychischen Auffälligkeiten oder Erkrankungen, bei Suchtmittelmissbrauch oder Suchterkrankung sowie bei Wiedereingliederung nach einer Langzeiterkrankung.

In diesem Rahmen kann vielfältiger Beratungsbedarf von Mitarbeitern, aber auch von seiten des Betriebes bestehen, wenn durch Krankheit veränderte oder ungewisse persönliche wie betriebliche Situationen entstanden sind. Der Einzelne, aber auch das Unternehmen ist dann an Lösungen interessiert, wenn Belastungen längerfristig anhalten. Jedes Unternehmen, jede Verwaltung ist im Rahmen der bestehenden Fürsorgepflicht gegenüber den eigenen Mitarbeitern gefordert. Diesen Forderungen mit unterstützenden Maßnahmen nachzukommen, ist für jedes Unternehmen der notwendige Ansatz.

Es kann darum gehen, wertvolle qualifizierte Mitarbeiter zu halten oder zurück zu gewinnen, z.B. nach langer Krankheit. Dies ist u.a. auch bei Suchtproblemen oder psychischen Erkrankungen der Fall und wird in der Regel eine langanhaltende Begleitung aller beteiligten Seiten durch die Sozialberatung nötig machen. Hierbei ist wichtig, dass der Sozialberatung kein kontrollierender oder reglementierender Auftrag vom Arbeitgeber erteilt wird. So sind Hausbesuche bei kranken Mitarbeitern oder Kontaktaufnahmen sehr fragwürdig, wenn diese angeordnet werden. Diese sind nur dann sinnvoll, wenn nach Empfehlungen aus dem kollegialen Umfeld oder auf Anregungen von den Personalbereichen/Mitarbeitervertretungen die Sozialberatung die Kontaktaufnahme anbietet und/oder die betroffenen Mitarbeiter dies selbst wünschen. Oft geht es für die Betreffenden darum, persönliche Fragen klären zu können, sowie die zukünftige Möglichkeiten im Betrieb zu eruieren. Dazu gehört z.B., eventuell zeitlich eingeschränkt oder an anderer Stelle tätig zu sein, versicherungsrelevante Perspektiven zu prüfen und Berentungsfragen zu klären.

Des Öfteren geht es nach längerer Krankheit um den Versuch der Wiedereingliederung in den Arbeitsprozess und damit verbundene betriebliche Angebote und Unterstützung. In diesem Zusammenhang kann mit Bereitschaft des Betriebes, u.a. über das „Hamburger-Modell" mit weniger Arbeitsstunden, der Wiedereinstieg in das Arbeitsleben und die Belastbarkeit abgestuft erprobt und gesteigert werden. In die dafür notwendigen Entscheidungsprozesse sind neben der Sozialberatung auch der Betriebsärztliche Dienst und der Betriebs-/Personalrat einbezogen. Diese sind auch wichtige Kooperationspartner bei Initiativen der Sozialberatung, wenn es betriebsintern darum geht, nach Möglichkeiten für verdiente Mitarbeiter zu suchen, insbesondere andere Tätigkeitsbereiche zu finden, wenn diese nur noch eingeschränkt eingesetzt werden können. Bei allen hier aufgeführten Bemühungen der Sozialberatung muss die Vertraulichkeit gewahrt bleiben, beziehungsweise eine abgestimmte Befreiung von der bestehenden Schweigepflicht durch den Klienten stattfinden, um tätig werden zu können.

8.3 Persönliche, familiäre Angelegenheiten und finanzielle Schwierigkeiten

Bei persönlichen Angelegenheiten bestehen in der Regel sehr unterschiedliche mögliche Fragestellungen. Im Beratungsprozess sind aber oftmals die einzelnen Aspekte miteinander verbunden. Eine isolierte Handlungs- und Betrachtungsweise zeitigt dann nur unbefriedigende Teilerfolge.
Des Öfteren haben persönliche Angelegenheiten auch einen betrieblichen Hintergrund. So verbergen sich hinter persönlichen Veränderungswünschen nicht selten Probleme mit dem Vorgesetzten, mit einzelnen Kollegen oder mit der Gruppe. Dahinter kann wiederum ein Führungsproblem liegen. Sind darunter Konflikte am Arbeitsplatz zu verstehen, bedürfen diese einer sehr differenzierten Vorgehensweise, die mit den Klienten abzuklären ist. Oftmals sind Mitarbeiter auch deshalb nicht zufrieden, weil sie sich einerseits überfordert, andererseits nicht ausgefüllt fühlen.
Familiäre Fragestellungen sind manchmal mit Suchtproblemen verbunden. In diesen Fällen kommt der Gelegenheit zu einem vertraulichen Gespräch sowohl mit den Angehörigen als auch mit den Betroffenen eine wichtige Bedeutung zu, da dies als Entlastung erlebt wird und dem persönlichen Klärungsprozess dient. In anderen Beratungssituationen sind nur kurzfristige Informationen gefragt. Wenn z.B. für Eltern Pflegesituationen entstanden sind, helfen Adressen oder Hinweise auf Unterhaltsansprüche, um dann alleine mit der neuen, noch unbekannten Situation weiter zu kommen.
Zu persönlichen Angelegenheiten eines Mitarbeiters gehört eventuell auch, mit den Folgen einer Straffälligkeit konfrontiert zu sein. Auch hier kann es der Sozialberatung gelingen, positiv zu unterstützen. Gelegentlich wird der Kontakt zur Sozialberatung gewürdigt und eine Aussetzung der Strafe zur Bewährung erreicht. Dies gelingt z.B. gelegentlich, wenn der Betrieb vermitteln kann, dass der/die Betroffene bei offenem Vollzug die Arbeitsstelle behalten könnte. Auch bei Resozialisierungsprozessen ist die Sozialberatung ein wichtiger integraler Faktor, der im Unternehmen als wirkungsvolle Unterstützung genutzt wird.
Die Beratung bei finanziellen Belastungssituationen hat in letzter Zeit generell an Bedeutung gewonnen. Hier wird anhaltend Bedarf bestehen, dem sich auch Unternehmen widmen müssen, z.B. Hilfestellung bei finanziellen Belastungen, Unterstützung durch Vorschussregelung, Abwendung von Lohn-/Gehaltspfändungen und Wohnungskündigungen oder Hilfe bei Verschuldung und Überschuldung. Von daher ist Schuldnerberatung auch für die Betriebliche Sozialarbeit ein besonderes Tätigkeitsfeld geworden (s.

Kap. 13). Um dem damit verbundenen Anspruch gerecht werden zu können, bedarf es jedoch einer zusätzlichen fachspezifischen Qualifikation.
Die Beratung ist generell sehr zeitintensiv, da die finanziellen Probleme nur in verschiedenen Schritten zu bewältigen sind. Oft sind mehrere langfristige Kredite und umfangreiche finanzielle Verpflichtungen vorhanden, die nur nacheinander angegangen werden können. Dazu gehört neben der Beratung mit dem Betroffenen auch die Verhandlung mit Gläubigern, um zu anderen Zahlungsvereinbarungen zu kommen oder Pfändungs- und Überweisungsbeschlüsse abzuwenden oder Wohnungskündigungen zu vermeiden. Hilfreich sind hier betriebliche Vorschussregelungen, die Überschuldungen vermeiden und in manchmal kurzfristig entstandenen neuen Lebenssituationen entlasten oder sogar zu Umschuldungen genutzt werden können.

8.4 Unterstützung für Führungs- und Ausbildungskräfte

Mitarbeiterberatung schließt auch die Unterstützung von Vorgesetzten, Führungskräften, Berufsausbildern mit ein. Es ist sinnvoll dies im Beratungsangebot besonders auszuweisen, da sie bei Fragen der Mitarbeiterführung den Weg zur Sozialberatung nur schwer finden. Beratung in persönlichen Angelegenheiten bei Mitarbeitern, die mit Führungsverantwortlichkeiten betraut sind, schließt nicht selten betriebliche Zusammenhänge ein. Hierdurch entsteht ein spezieller Beratungsbedarf.
Bei den bereits oben erwähnten Problemkreisen von Suchtmittelerkrankung oder psychischer Auffälligkeit von Mitarbeitern sind besonders die unmittelbar zuständigen Führungskräfte gefordert. Nicht immer kann davon ausgegangen werden, dass sie im Umgang mit Problemen dieser Art geschult sind, so dass es schnell zu Überforderungen kommen kann. Veränderungen des Verhaltens und der Person sind bei psychischen Problemen, mehr noch bei konkreten Erkrankungen für Kollegen und Führungskräfte oft zu „fremd" und „ungewöhnlich". Hier ist es in einem stärkeren Maße als bisher notwendig, dass Sozialberatung mit der ihr eigenen beruflichen Qualifikation (Kenntnisse psychischer Grunderkrankungen und deren Behandlungsmöglichkeiten) unterstützt, berät und begleitende Maßnahmen einleitet.
Neue Formen der Zusammenarbeit, flachere Unternehmensstrukturen, ein verändertes Kosten- Nutzenverständnis, am Bedarf der „Kunden" orientierte Leistungsangebote, der Anspruch ständig verbesserter Serviceleistun-

gen, dies alles stellt die einzelnen Mitarbeiter, aber auch Mitarbeitergruppen anhaltend vor neue Anforderungen. Mit Team- und Projektarbeit sind außerdem andere Verantwortungsbeteiligungen entstanden. Flexibilität und Durchsetzungsvermögen sind mehr den je gefordert. In Zeiten eingeschränkter finanzieller und persönlicher Ressourcen verstärkt sich zwangsläufig der eigene und von außen herangetragene Erwartungsdruck. Umsetzungen aus persönlichen und betrieblichen Gründen sind möglich. Dem ist nicht jeder gleichermaßen gewachsen. Oft sind generelle Bewältigungsängste die Folge. Aus diesen Zusammenhängen ist auch das Entstehen der „Mobbing-Thematik" und deren steigende Aktualität zu erklären.

Konflikte am Arbeitsplatz hat es schon immer gegeben. Sie stellen unter den oben beschriebenen betrieblichen Bedingungen eine bedeutende Dimension dar. Dem muss in jedem Unternehmen rechtzeitig begegnet werden. So werden z.B. Betriebs- oder Dienstvereinbarungen und Richt- beziehungsweise Leitlinien als Handlungsorientierung entwickelt, Schulungsmaßnahmen für Führungskräfte durchgeführt, um deren soziale Kompetenz zu erhöhen. Es wird heute zwangsläufig erkannt, dass die fachlichen Kenntnisse oder langjährige Betriebszugehörigkeit alleine für die Qualifikation einer anerkannten Führungskraft nicht mehr ausreichen. Folgerichtig gehört zu den Tätigkeitsfeldern der Sozialberatung auch Sozialmanagement und Konfliktmanagement. Mitarbeiter werden bei betrieblichen Konfliktsituationen persönlich und in Arbeitsgruppen beraten, Führungskräfte begleitend unterstützt. Sozialarbeiter sind Fachleute für Kommunikation und Interaktion. Sie bringen als Sozialberater die notwendige Kompetenz und auf Grund ihrer Funktion eine Überparteilichkeit mit, um für alle Beteiligten förderliche Prozesse zu ermöglichen. Hierzu gehört auch die Fähigkeit, die Problemsituationen sowohl des Einzelnen als auch des Gesamtsystems und die damit verbundenen Verhaltensweisen zu analysieren. Mit geeigneten Methoden wie wertfreier Moderationstechnik und Mediation werden Reflexionsprozesse, neue Verhaltensweisen und veränderte Umgangsformen schrittweise möglich gemacht.

8.5 Erwartungen und Zugangswege

Die oben bereits beschriebenen Veränderungen in Unternehmen und Verwaltungen haben auch veränderte Anforderungen an die dort Beschäftigten zur Folge. Damit entstehen noch mehr als bisher Konflikte zwischen den wirtschaftlichen Interessen der Arbeitgeber und den privaten, persönlichen, oft familiären Forderungen der Mitarbeiterinnen und Mitarbeiter. Bekannt sind die Interessenkonflikte, die entstehen, wenn der Lebensunterhalt für die Familie durch Schichtarbeit verdient wird, aber durch den wechselnden Arbeitsrhythmus ein Familien-Zusammenleben im gewünschten Sinne nicht möglich ist. Die Schichtzulage hat einerseits für die meisten Arbeitnehmer eine wichtige finanzielle Bedeutung, ist oft gerade bei Familien mit Kindern eine Notwendigkeit. Andererseits spielt die Familie eine bedeutende Rolle, wenn ein Kind hineingeboren wird. Oft wird dann zwangsweise, aber auch bewusst auf Verdienst verzichtet, wenn Eltern den Erziehungsurlaub für ihr Kind in Anspruch nehmen. Dauern Mutterschutz und Erziehungszeiten länger, sind Wiedereingliederung in den Arbeitsprozess und eine neue Integration in die kollegiale Gruppe bei den heute kurzfristigen Veränderungsprozessen auf jeden Fall eine besondere Anforderung. Für einige stellt sich auch die Frage, ob die alte Tätigkeit in gleicher Intensität wieder aufgenommen wird. Ist eine verkürzte Arbeitszeit geplant, so sind betriebliche Möglichkeiten zu prüfen. Hier sind familienfreundliche unterstützende Maßnahmen im Betrieb gefragt. Die Sozialberatung kann vermittelnd unterstützen, wenn eigene Bemühungen keinen Erfolg brachten. Familienfreundlich könnte auch das neuere Arbeitsmodell der „Telearbeit" sein, wenn sich die Interessen von Arbeitnehmern damit abdecken lassen, weil die Arbeit zu Hause gemacht werden kann. Technisch ist ein Telearbeitsplatz kein Problem. Sicher sind auch Vorteile für die Mitarbeiter gegeben, da diese selbstständiger, ungestörter, effektiver, in angenehmer Atmosphäre und im persönlichen Tagesrhythmus arbeiten. Allerdings sind auch negative Auswirkungen bekannt, z.B. Doppelbelastung durch Familie und Beruf, zu enges „Aufeinanderhängen" sowie mangelnder Kontakt zu Kollegen.

Die größten Anforderungen entstehen, wenn gravierende betriebliche Veränderungen notwendig werden. Das sind Auslagerungen von Produktionsbereichen, Umorganisationen, veränderte Standorte oder Abbau von Mitarbeitern durch Rationalisierungsprozesse. Hier hat Sozialberatung ein umfassendes Betätigungsfeld, dem jedoch oftmals Grenzen gesetzt sind. Grenzen werden die Mitarbeiter selbst setzen, wenn sie den Forderungen des Unternehmens auf Grund eigener Gegebenheiten nicht folgen können oder die persönlichen und familiären Interessen Vorrang haben.

Wegweiser zur Sozialberatung

Betriebliche Sozialarbeit bietet mit ihrer ganzheitlichen Sichtweise besondere Qualitäten für Lösungsansätze. Unabhängig von ihrer eigener Kompetenz ist die Sozialberatung jedoch darauf angewiesen, die innerbetrieblichen Strukturen einzubeziehen und deren Unterstützungsmöglichkeiten zu nutzen.

Die Klienten kommen auf unterschiedlichen Wegen zur Sozialberatung. Teils sind sie selbst auf die Beratungsangebote aufmerksam geworden, teils wurden sie von Dritten auf diese hingewiesen. Ein zeitgemäßes Marketing ist auch für die Sozialberatung Voraussetzung für deren erfolgreiche Annahme (s. Kap. 23). Dies muss immer wieder auf allen betrieblichen Ebenen mit unterschiedlichen Ansätzen erfolgen. Besonders sinnvoll ist die persönliche Vorstellung der Sozialberater vor Ort, bei den Mitarbeitern, in den einzelnen Unternehmensbereichen, Werken, Betriebsstellen, aber auch in Gremien des Betriebes, vor allem bei denen der Mitarbeiter- beziehungsweise Personalvertretung. Hier können die bestehenden Angebote gut präsentiert, damit verbundene Nachfragen direkt beantwortet und Vorbehalte eventuell kurzfristig ausgeräumt werden. Ein wichtiger Aspekt dabei ist, in eigener Person am besten auch auf die bestehende Vertraulichkeit und deren gewissenhafte Wahrung hinweisen zu können. Gelegenheiten für diese Veranstaltungen sind oft gegeben, sie sollten genutzt und gesucht werden.

Neben der persönlichen Kontaktsuche, müssen auch alle anderen offiziellen betriebsinternen Möglichkeiten zur Anwendung kommen. Das sind notwendigerweise professionell hergestellte Broschüren, Faltblätter, Aushänge u.ä., aber auch regelmäßige Berichte, eigene Beiträge in der Betriebszeitung oder anderen betrieblichen Druckmedien. Von großem Vorteil ist, wenn der Sozialberatung eigene Informationstafeln zur Verfügung gestellt werden, da diese weitgehend eigene, freie Gestaltungsmöglichkeiten bieten.

Nicht zuletzt muss die Zusammenarbeit mit der Personalführung, angefangen von der Geschäftsleitung, über das Personalmanagement und die Sozialverwaltung bis zu den unmittelbaren Führungskräften aufgebaut werden. Auch hier gibt es Wegweiser zur Sozialberatung, finden sich Auftraggeber, gibt es durch die Pflichtenübertragung im Rahmen der sozialen Fürsorgepflicht Beratungsbedarf.

Erwartungen an die Sozialberatung

Die Erwartungen an die Sozialberatung sind sehr unterschiedlich (s. Kap. 6). Alleine durch den individuellen Bedarf der Klienten mit ihren verschiedenen Fragestellungen bestehen sehr differente Vorstellungen darüber, wie Sozialberater tätig werden. So kann die Erwartung bestehen, dass für das anstehende Problem eine konkrete Lösung geboten wird oder andererseits die Lösung eines Problems nicht vorstellbar erscheint. Führungskräfte wiederum erwarten des Öfteren, dass die Sozialberatung kurzfristig Lösungen für schon länger bestehende Schwierigkeiten anbietet. Das ist besonders bei Suchtproblemen der Fall. Ähnliche Erwartungen können beim Betriebsrat beziehungsweise Personalrat oder den anderen Personalvertretungen bestehen. Oft gibt es hier ein stark abweichendes Verständnis von dem, was die Sozialberatung zu leisten hat. Das kann problematisch werden, wenn dies generell nicht mit dem eigenen Selbstverständnis der betrieblichen Sozialarbeiter übereinstimmt.

In allen aufgeführten Situationen ist notwendig, die gegenseitig bestehenden Erwartungen mit allen Beteiligten frühzeitig abzuklären. Besonders wichtig ist, für ein fundiertes konzeptionelles Grundverständnis im Unternehmen zu sorgen, um nicht immer wieder Diskussionen aufkommen zu lassen.

Von der Sozialberatung aus muss eine Vernetzung (s. Kap. 5.2) mit den übrigen Betrieblichen Sozialdiensten entstehen und sich ständig weiterentwickeln. Dazu gehört im Besonderen der Betriebsärztliche Dienst (s. Kap. 6.7). In diesen Sozial- und Personalbereichen werden oft Mitarbeiter mit ähnlichen, manchmal vergleichbaren Dienstleistungen für die Beschäftigten eines Unternehmens tätig. Wenn keine eindeutigen Abgrenzungen in den Tätigkeitsfeldern bestehen, kann es leicht zu Konkurrenzverhalten und Kompetenzgerangel kommen. Dabei kann die notwendige Wegweiserfunktion auf der Strecke bleiben. Im Interesse aller Beteiligten ist es jedoch wichtig, dass gleichberechtigte partnerschaftliche Kooperation einer sinnvollen Begrenzung durch definierte Schnittstellen gegenübersteht. Diese Balance muss für ein effektives Zusammenwirken in einer Vernetzung immer wieder gefunden werden.

Es darf nicht sein, dass die Sozialberatung auftragsmäßig Informationen einholt oder weiter gibt. Die Sozialberatung kann keinerlei Kontrollfunktionen im Unternehmen übernehmen. Die Vertraulichkeit darf nicht hinterfragt oder gar in Frage gestellt werden. Sozialberatung bedeutet, auf die jeweils bestehenden Möglichkeiten, Unterstützungs- und Hilfsangebote bei den verschiedenen Fragestellungen hinzuweisen und unter ständiger Einbeziehung des Klienten über den Beratungsprozess dessen Entscheidungsfindung zu fördern. Auch hier hat der traditionelle Ansatz der Sozialarbeit „Hilfe zur Selbsthilfe" weiter seine Gültigkeit. Es geht nicht um „Fürsorge". Es geht grundsätzlich um unterstützende Begleitung, Weiterführung zu Eigenmotivation und Eigenverantwortung.

9. Suchtberatung

Rüdiger Walter

Sozialberater sind bei der Problematik Sucht besonders gefordert. Sie werden im Laufe ihrer Beratungstätigkeit Enttäuschung, Hilflosigkeit, eigene Unsicherheiten und Selbstzweifel erleben. Sie werden aber erkennen und erkennen müssen, dass nicht sie, sondern der Betroffene entscheidet, wann die Beratungsarbeit erfolgreich ist.
Mehr als in den anderen Beratungssituationen geht es hier darum, den Klienten zu befähigen, den eigenen Anteil von Mitwirkung und Mitverantwortung zu übernehmen. Hierbei ist oft das Problem vorhanden, dass der Berater mehr will, weiter ist als der Klient selbst. Jedoch bestimmt dieser über lange Zeit das, was wichtig ist, und in welchen Schritten sich Erfolg einstellt.
Die Beratungsprozesse werden sich jeweils unterschiedlich darstellen, wenn es sich „lediglich" um Suchtmittelmissbrauch handelt oder bereits von Suchterkrankung auszugehen ist. Entsprechend wird der Beratungsansatz bei jedem dieser Hintergründe anders sein.

9.1 SUCHTMITTELMISSBRAUCH

Der Begriff „Suchtmittelmissbrauch" ist nicht eindeutig. Dementsprechend schwierig ist es, dem zu begegnen. Unter Missbrauch ist zu verstehen, dass Stoffe in anderen Zusammenhängen als vorgesehen genommen werden. So können Mittel, die einen bestimmten Sinn erfüllen, einem besonderen Zweck dienen, zweckentfremdet gebraucht, eben missbraucht werden. Dies ist am besten bei Medikamenten zu verstehen. Diese haben bekanntlich den Zweck, Krankheitssymptome zu behandeln, meistens um körperliche Schmerzen zu mildern oder psychische Stimmungen zu verändern, um Missbefindlichkeiten zu beheben. Wenn diese Mittel nicht krankheitsbedingt, also ohne eigentlichen Anlass genommen werden, nur um sich generell besser zu fühlen, liegt offensichtlich ein Missbrauch vor.
Dazu trägt auch die Entwicklung der Abhängigkeit bei, die schleichend beginnt. Es wird erst einmal als normal angesehen, Medikamente zu nehmen. Diese sind legal und oftmals sogar medizinisch verordnet. Es ist legitim, der Wirkung wegen etwas einzunehmen, um sich besser zu fühlen. Verän-

derungen des Verhaltens und der Person von Betroffenen sind erst im fortgeschrittenen Stadium zu erkennen. Somit sind Sozialberatung und Mit-Betroffene besonders gefordert, da Medikamentenmissbrauch ungleich schwerer zu erkennen ist als andere Abhängigkeiten und ein spezielles Wissen um die damit verbunden Verhaltensveränderungen erforderlich ist.

Von Missbrauch kann man auch bei Alkoholkonsum ausgehen, wenn dieser bevorzugt wird, um sich gezielt der berauschenden Nebenwirkung zu bedienen. Normalerweise tritt die Wirkung nebenher auf, wenn der Alkohol zum Beispiel bei gesellschaftlichen Anlässen, Feierlichkeiten oder zum Essen getrunken wird. Die Auswirkungen sind nicht für jeden Konsumenten gleich, werden auch unterschiedlich empfunden. Entsteht eine positive, vielleicht sogar euphorisierende Wirkung, wird diese dann möglicherweise deswegen gezielt wieder gesucht. Es ist als kritisch, als gefährdend anzusehen, wenn berauschende oder dämpfende Stoffe gezielt der Wirkung wegen genommen werden.

Unter Suchtmittelmissbrauch wird daher üblicherweise auch der verstärkte Alkoholkonsum verstanden, der natürlich ebenfalls im Betrieb auftritt und irgendwann nicht mehr geduldet wird.

Dem schnell und wirkungsvoll zu begegnen, ist häufig nicht so einfach, da Trinkgewohnheiten von Einzelnen oder auch Gruppen über längere Zeiträume gewachsen sind und sich verfestigt haben. Bei Suchtmittelmissbrauch muss der Einzelne mit seinem Suchtverhalten (beziehungsweise Suchterkrankung) konfrontiert werden. Dieser wird um so schneller sein Verhalten ändern können, wenn negative Auswirkungen entstehen oder sogar der Arbeitsplatz gefährdet ist.

Trotzdem ist der Betroffene in dieser Phase schwer erreichbar. Er ist hier und da sicher auffällig in seinem Verhalten, da dies in der Regel aber nicht durchgängig der Fall ist, gesundheitliche Einschränkungen noch nicht vorhanden sind, fehlt die Einsicht beziehungsweise Annahme vorhandener Schwierigkeiten.

Der Betroffene ist der Auffassung, „alles im Griff zu haben". Hier gewinnt der Aufklärungsanteil in der Beratung an Bedeutung, in der Hoffnung, dass der Klient doch einige Symptome bei sich wieder erkennt, über die er aber (noch) nicht spricht.

Oft wird aber gerade dieser Aspekt der Selbsterkennung bei den empfohlenen Besuchen von Selbsthilfegruppen nicht erreicht und es erfolgt sogar eine Umkehrung, nämlich die Bestätigung, mit der Suchtproblematik nichts zu tun zu haben, da die Betroffenen dort „von ganz anderen, schwerwiegenderen Symptomen und Lebenszusammenhängen berichten".

Eine Einstellungsänderung beziehungsweise Sensibilisierung von sog. betrieblichen „Nass-Zellen" zu erreichen, ist ungleich schwieriger. Unter diesem Begriff verstehen Fachkräfte ein betriebliches Umfeld, in dem es positiv bewertete Umgangsformen mit Alkohol gibt. Der regelmäßige Konsum wird toleriert, gefördert, unterstützt und nicht sanktioniert. Diese Gruppendynamik macht es schwierig, Einzelne oder die Gruppe insgesamt auf das unter Umständen problematische Verhalten aufmerksam zu machen und eine Verhaltensveränderung zu fördern. Auch bei dieser Aufgabenstellung wird vom Betrieb erwartet, dass er die Sozialberatung unterstützt.

9.2 SUCHTERKRANKUNG

Krankheit ist eine Gesamtheit von Störungen und Abwehrreaktionen des Körpers auf vorhandene Schädigungen. Der Körper versucht diese durch seine automatische Selbstregulation zu beseitigen oder unschädlich zu machen. Eine bestimmte Krankheit ist an einem besonderen Verlauf zu erkennen. Zu Beginn gibt es Vorzeichen, die eine Krankheit ankündigen. Um eine Krankheit differenziert diagnostizieren zu können, ist das Erkennen der speziellen Symptome notwendig. Diese ergeben in der Regel ein bestimmtes Krankheitsbild, das es ermöglicht, im Prozess den aktuellen Stand des Krankheitsverlaufes zu bestimmen. Dies ist von Bedeutung, um mit der Behandlung richtig ansetzen zu können. Die Behandlung setzt jedoch eine Behandlungsbereitschaft des Betroffenen voraus, die wiederum eine vorangegangene Krankheitseinsicht als Vorbedingung hat.

Ohne auf den komplexen Verlauf einzugehen, sollen hier die wichtigsten Symptome der häufigsten Sucht, der Alkoholkrankheit, beispielhaft aufgeführt werden. Einstieg ist oft ein Erleichterungstrinken, das dann weiter praktiziert wird. Da sich gleichzeitig eine erhöhte Alkoholtoleranz entwickelt, wird eine größere Alkoholmenge vertragen, aber auch benötigt, um die gewünschte Wirkung zu erzielen. Auf den gestiegenen Alkoholkonsum angesprochen, wird dies in der Regel verharmlost und verleugnet, es beginnt eine Phase heimlichen Trinkens. Erinnerungslücken, so genannte Filmrisse treten auf. Obwohl Betreffende nicht betrunken sind, können sie sich hinterher nicht erinnern. Dies gilt als entscheidendes Vorzeichen für die Entwicklung eines Gamma-Alkoholismus, der am häufigsten im Beratungsprozess vertreten ist.

In der von Jellinek (1985) entwickelten und in der Fachwelt anerkannten Verlaufskurve wird dieser Aspekt schon sehr früh aufgeführt. Ein wichtiger

Punkt ist der sog. Kontrollverlust, die Unfähigkeit mit Alkohol kontrolliert umgehen zu können. Das ist das entscheidende Kriterium, das einmal entwickelt, auch nach Jahren der Abstinenz in der Regel immer wieder zum Rückfall führt, wenn Alkohol zu sich genommen wird. Dies zu erkennen und damit die eigene Alkoholkrankheit zu akzeptieren, ist maßgebend entscheidend für den Weg aus der Sucht.
Diese Krankheit kann auch nach allen Erfolgen unterschiedlichster Behandlungen nicht geheilt, sondern nur zum Stillstand gebracht werden. Da dies jedoch nicht sofort von den Betroffenen erkannt und akzeptiert werden kann, entwickelt sich die Krankheit oft über viele Jahre weiter. Morgendliches Trinken beziehungsweise trinken müssen auf Grund körperlicher Entzugssymptome bezeichnet die Einleitung der chronischen Phase, die dann zwangsweise bis zum totalen körperlichen und geistigen Verfall weitergeht, wenn nicht der Ausstieg gelingt. Auch der Delta-Alkoholismus hat am Ende diese Konsequenz, obwohl hier ein anderer Verlauf bezeichnend ist. Im Gegensatz zum Gamma-Alkoholiker haben Delta-Alkoholiker keinen Kontrollverlust, können jedoch nicht wie diese zwischendurch abstinent sein. Sie müssen immer einen gewissen Alkoholspiegel im Blut halten, um keine körperlichen Entzugssymptome zu bekommen. Deswegen werden sie bezeichnenderweise auch Spiegeltrinker genannt.
Bei jeder Suchterkrankung geht es darum, die Krankheitseinsicht bei den Betreffenden zu fördern, um darüber zur Behandlungsbereitschaft zu motivieren.
Dafür ist es aber notwendig, dass die Krankheitssymptome bekannt sind. Dies ist in der Regel nicht der Fall. Somit beginnt der Beratungsprozess mit einer Aufklärung aller Mitarbeiter, aber auch der Führungskräfte, damit der betriebliche Umgang mit dieser Problematik allen Beteiligten klar wird. Dazu gehört, dass Betroffene sich als solche erkennen und dass Verantwortliche und Kollegen erkennen, wer von Suchterkrankung betroffen ist. An dieser Stelle bietet die betriebliche Intervention entscheidende Vorteile. Es wird über lange Zeitabstände nötig sein, den Leidensdruck anhaltend zu verstärken. Dazu gehört auch die Konfrontation mit den im Betrieb entstandenen Konfliktsituationen. Es ist entscheidend, wann und wie das unmittelbare betriebliche Umfeld, Kollegen und Vorgesetzte reagieren.

9.3 Co-Abhängigkeit und sonstige Formen von Sucht

Fachleute sprechen in diesem Zusammenhang von co-abhängigem Verhalten. Darunter kann man alle Verhaltensweisen des sozialen Umfelds verstehen, die verhindern, dass sich der Betroffene über den Ernst seiner Situation schonungslos klar wird. Dadurch wird bewusst oder unbewusst der beginnende Missbrauch oder die schon bestehende Abhängigkeit des Betroffenen unterstützt oder aufrechterhalten.

Ohne dass es das helfende Umfeld wirklich will, wird der Leidensweg verlängert, der Suchtprozess gefördert und die Einsichtsfähigkeit des Betroffenen verhindert. Das Umfeld handelt häufig in bester Absicht. Genauso wie der Betroffene, will auch das sich co-abhängig verhaltene soziale Umfeld die vorliegende Alkoholproblematik nicht wahrhaben. Es ist deshalb bereit, die Folgen von alkoholbedingtem Fehlverhalten zu beseitigen, mitzutragen, zu verharmlosen oder zu decken.

Co-Abhängigkeit bedeutet in diesem Zusammenhang, Alkoholprobleme zu verharmlosen und für den Betroffenen einen Schonraum zu schaffen, in dem er sein Verhalten nicht ändern muss. Co- Abhängigkeit tendiert dahin, alkoholauffälligen Mitarbeitern die Verantwortung abzunehmen und im Gegenzug die eigene Verantwortung unangemessen wahrzunehmen, was dazu führt, den Betroffenen nicht konsequent genug mit seinem problematischen Verhalten zu konfrontieren und Konsequenzen aufzuzeigen.

Um hier eine nachhaltige Verhaltens- und Einstellungsänderung bei den Führungskräften zu erreichen, muss die Sozialberatung gezielt unterstützen. Um einen Veränderungsprozess einzuleiten und positiv zu beeinflussen, ist es nötig jeden Einzelnen wie auch das Team zu motivieren.

Parallel wird der Betroffene in persönlichen Beratungen über Krankheitssymptome und Krankheitsverlauf informiert, aber auch auf die verschiedenen Behandlungsmöglichkeiten hingewiesen. Darüber hinaus wird versucht, Vereinbarungen mit ihm zu treffen, die ihn unterstützen, geeignete Schritte eigenverantwortlich zu unternehmen.

Neben den stoffgebundenen Abhängigkeiten existieren auch noch die so genannten stoffungebundenen Abhängigkeiten. Zu stoffgebundenen Süchten können neben denen von Alkohol und Medikamenten auch die von Nikotin, Haschisch, Heroin, Kokain oder Designer Drogen (Speed, Ecstasy) gehören. Erfahrungsgemäß stehen Alkohol und Medikamente im Betrieb im Vordergrund. Gibt es im Betrieb aber einen hohen Anteil jüngerer Mitarbeiter, werden auch andere Suchtstoffe eine Rolle spielen. Die Sozialberatung sollte hierauf mit einem speziellen Angebot reagieren.

Stoffungebundene Abhängigkeiten können sich in den Bereichen Spielen, Kaufen, Arbeiten oder Extrem-Sport entwickeln, aber auch bei Fernsehen, Video und Computer. Bei ihnen gewinnen Tätigkeiten oder bestimmte Abläufe mehr und mehr an Bedeutung und haben in der Häufigkeit oder Ausschließlichkeit, ähnlich wie bei stoffgebundenen Süchten, ungesunde beziehungsweise schädigende Auswirkungen auf den Betroffenen oder sein Umfeld.

9.4 BEHANDLUNGSMÖGLICHKEITEN UND UNTERSTÜTZUNGSMASSNAHMEN

Im Betrieb bestehen relativ gute Möglichkeiten, der Problematik erfolgreich zu begegnen, wenn dafür gewisse Grundbedingungen erfüllt sind. Diese werden sich aber nur über ein wachsendes Problembewusstsein und einen länger andauernden Prozess entwickeln. Um sich der Thematik nähern zu können, muss ein notwendiges Basiswissen vermittelt werden, das auch deutlich werden lässt, wo die Ansatzpunkte, wo die Chancen im betrieblichen Vorgehen liegen. Das Arbeitsleben ist für alle Berufstätigen von großer Bedeutung und der Verlust des Arbeitsplatzes somit nicht gewollt. Hier Einbußen in finanzieller Hinsicht, den Verlust von Anerkennung und gewachsenen Sozialkontakten zu erleiden, ist bei allen Beteiligten nicht von Interesse. Das fördert die Motivation von Betroffenen, auszusteigen und sich ggf. behandeln zu lassen.

Auf Grund dieser Zusammenhänge haben sich Betriebsvereinbarungen (s. Kap. 21.5) bewährt, in denen von der Unternehmensführung einvernehmlich mit der Mitarbeiter-/Personalvertretung Vorgehensweisen und Unterstützungsmaßnahmen festgelegt werden. Diese sollen ein einheitliches Vorgehen der Verantwortlichen und eine weitgehende Gleichbehandlung aller Mitarbeiter absichern. Dazu gehören neben den erforderlichen Schulungen für Führungskräfte aller Eben in der Regel auch ein Maßnahmenkatalog mit detaillierten Handlungsanweisungen und ein betriebsinternes Unterstützungssystem.

Ein betrieblicher Maßnahmenkatalog beinhaltet ein stufenweises Vorgehen gegen einzelne Mitarbeiter, wenn diese auffällig geworden sind. Dabei muss der Arbeitgeber das bestehende Arbeitsrecht einhalten (s. Kap. 21.4). Bei Auffälligkeiten im Zusammenhang mit Suchtmittelmissbrauch oder Suchterkrankung haben Unternehmen in Anlehnung an dieses rechtlich abgesicherte Vorgehen so genannte Stufenpläne entwickelt, die mehr Entscheidungsspielraum zulassen und den Betroffenen mehr Chancen einer Veränderung einzuräumen. Daneben hat sich die Auffassung durchgesetzt, dass neben den Vorhaltungen auch konkrete Hilfsangebote gemacht werden. Diese können dann in den einzelnen Stufen unterschiedlich zum Ausdruck kommen und über abgestimmte Vereinbarungen bis zu ausgesprochenen Auflagen gehen. Hierbei wird in erster Linie das betriebliche Unterstützungssystem mit eingebunden sein, das die Sozialberatung, den Betriebsärztlichen Dienst, die Mitarbeiter-/Personal-Vertretung und interne Suchtkrankenhelfer beinhaltet. Nimmt der Mitarbeiter die Hilfsangebote nicht an, hält er die getroffenen Vereinbarungen oder Auflagen nicht ein, wird bei der nächsten Auffälligkeit als Konsequenz die nächste Stufe folgen. Mit diesem Verfahren wird auf den Betroffenen gezielt ein „konstruktiver Leidensdruck" ausgeübt, der die Krankheitseinsicht fördert und zur Behandlungsbereitschaft motiviert.

Zur Förderung der Motivation können auch betriebsinterne Suchtkrankenhelfer entscheidend beitragen (s. Kap. 7). Sie sollten vom Arbeitgeber „nebenamtlich" als Bestandteil des betrieblichen Netzwerkes eingesetzt werden und eine qualifizierte Ausbildung haben. Ihre Aufgabe besteht lediglich darin, auf kollegialer Ebene aufklärend und beratend tätig zu sein. Dies gilt nach zwei Seiten, zunächst natürlich den eigenen Kollegen gegenüber, aber auch beratend für verantwortliche Führungskräfte und damit unterstützend bei der Problembewältigung. Dabei muss klar sein, dass ihre Aufgabe nicht die Kontrolle einzelner Kollegen oder der Mitarbeitergruppe sein kann. Suchtkrankenhelfer können auch nicht die Verantwortung anderer Stellen übernehmen und kritische Gespräche führen. Trotzdem brauchen sie Schweigepflicht und Schweigerecht, um die notwendige Vertraulichkeit zu wahren. Nur wenn diese abgesichert ist und praktiziert wird, kann dieser Teil betrieblicher Suchtkrankenhilfe funktionieren und förderlich sein.

Bei der Förderung von Krankheitseinsicht und Behandlungsbereitschaft ist in erster Linie die Begegnung mit anderen Betroffenen, die ihre Probleme bewältigt haben, von entscheidender Bedeutung. Diese Chance bietet sich auch durch aktive Suchtkrankenhelfer, zu denen üblicherweise auch so genannte „trockene Alkoholiker" gehören. Dies ermöglicht über den Betrieb hinaus der Besuch von Selbsthilfegruppen, der dann hilfreich ist, wenn sich die Betreffenden in den Lebensgeschichten berichtender Alkoholiker wieder erkennen. Hierzu sollte betriebliche Beratung unbedingt animieren.

Der Beratungsprozess beinhaltet, wenn nötig, natürlich auch die Begleitung bei der Einleitung von stationären Maßnahmen. Dies sind bei Suchtmittelerkrankung, Drogen-, Alkohol- oder Medikamenten-Abhängigkeit die Entgiftung und eventuell eine anschließende Entwöhnung. Dazu gehört u.a., den Sozialbericht für den Versicherungsträger anzufertigen und die Unterstützung bei der Erledigung weiterer Formalitäten, z.B. die Regelung von Übergangszahlungen, damit der finanzielle Lebensunterhalt gesichert bleibt. Es ist empfehlenswert, auch den Kontakt zur Klinik zu halten und dabei das ärztliche wie therapeutische Personal einzubeziehen, um den Behandlungsprozess gemeinsam reflektieren zu können. Darüber hinaus sollte der Sozialberater auch klären, welche betrieblichen Bedingungen nach Rückkehr aus der Therapie bestehen. Denn ein wichtiger Aspekt ist die Nachsorge, die im Betrieb durch weitere Kontakte der Sozialberatung entscheidend unterstützt werden kann.

Literatur

Feuerlein, W.: Alkoholismus – Missbrauch und Abhängigkeit; Stuttgart 1989
Schmidt, L.: Alkoholkrankheit und Alkoholmissbrauch; UTB 1986
Aßfald, R.: Die Diagnose der Suchterkrankung, Neuland 1990
Künzel, R.: Alkohol im Betrieb, Betriebsberater H. 22; 1993
Jellinek, E. M.: Stufen des Alkoholismus, 1985
Rußland, R.: Das Suchtbuch für die Arbeitswelt 1991 Frankfurt/M
Leufers, H.: Das abgebremste Risiko, 1985 Frankfurt/M
Mühlbauer, H.: Kollege Alkohol, 1992 Kösel

10. Gesundheitsförderung

Martin Franke

Erst vor wenigen Jahren hat die Betriebliche Sozialarbeit den Arbeitsbereich der betrieblichen Gesundheitsförderung für sich entdeckt. Die historischen Wurzeln sind in den Bemühungen der „Fabrikpflegerinnen" zu sehen, die Arbeits- und Lebensbedingungen der Arbeiter durch Einflussnahme auf Ernährung, Unterbringung und Versorgung im Krankheitsfall zu verbessern. Heute stellen sich die Bemühungen der Sozialdienste um gesundheitsförderliche Arbeitsbedingungen beziehungsweise gesundheitsförderliches Verhalten als eine konsequente Weiterentwicklung aus den vorhandenen Arbeitsfeldern dar. Beispielhaft wird an dieser Stelle auf die betriebliche Suchthilfe und -prävention oder etwa auf die Bemühungen um die seelische Gesundheit der Mitarbeiter (Stichwort Mobbing) verwiesen.
Die moderne betriebliche Gesundheitsförderung hat ihre Wurzeln in der breit angelegten Einführung des Programms „Humanisierung der Arbeitswelt" in den 70er und 80er Jahren. Damit wurde ein Fundament gelegt, auf dem später viele Ansätze zur betrieblichen Gesundheitsförderung – zunächst in großen Industriebetrieben, später auch in mittelständischen Unternehmen und dem Handwerk – erprobt und veröffentlicht worden sind.
Die theoretische Grundlage bildete die Ottawa-Charta, die von der Weltgesundheitsorganisation WHO 1986 verabschiedet und mit der der Begriff Gesundheitsförderung salonfähig gemacht wurde. Das WHO-Dokument weist ausdrücklich auch den Bereich der Arbeitswelt als Handlungsebene für die Gesundheitsförderung aus: „Die Art und Weise, wie eine Gesellschaft die Arbeit, die Arbeitsbedingungen und die Freizeit organisiert, sollte eine Quelle der Gesundheit und nicht der Krankheit sein" (von Troschke 1996, 182f.).
Standen zunächst ausschließlich Projekte der Verhaltensprävention und der persönlichen Fitness im Vordergrund betrieblicher Bemühungen (Anti-Stress-Programme, Raucherentwöhnungs-Kurse, Rückenschulen etc.), so hat sich in den letzten Jahren zunehmend die Erkenntnis durchgesetzt, dass auch die Verhältnisse, unter denen abhängige Arbeit geleistet wird, für die Gesundheitssituation verantwortlich sind. Lenhardt (1997, 7f.) stellt für Maßnahmen der betrieblichen Gesundheitsförderung inhaltliche Qualitätskriterien auf, die von den Forderungen der Ottawa-Charta abgeleitet sind. Sie zielen insbesondere auf die Beeinflussung der gesellschaftlichen Bedingungen für Krankheit und Gesundheit, die Stärkung der Handlungsautono-

mie und die Realisierung intellektueller, emotionaler und sozialer Bedürfnisse.

10.1 ANSIEDLUNG DER BETRIEBLICHEN GESUNDHEITSFÖRDERUNG IM BETRIEB

Für viele Großbetriebe ist Gesundheitsförderung inzwischen etwas Selbstverständliches geworden. Nach einer 1985 in den USA durchgeführten Erhebung des US Department of Health and Human Services haben fast 66% aller Betriebe mit mehr als 50 Beschäftigten mindestens ein Gesundheitsprogramm durchgeführt. Mehr als 80% haben großes Interesse an solchen Programmen (Kuhn 1992, 149). Wie effektiv die dabei verfolgten Ansätze sind und ob wirklich das gesamte Spektrum krank machender Faktoren berücksichtigt wird, ist allerdings fraglich. Gerade bei den oben zitierten US-amerikanischen Gesundheitsförderungsangeboten handelt es sich fast ausschließlich um verhaltenspräventive Maßnahmen.

Wie die Angestelltenkammer Bremen 1993 herausfand, geben die Arbeitnehmer zwar durchgängig an, dass ihnen „Gesundheit das höchste Gut ist", andererseits sehen sie aber Gesundheit nicht als vorrangiges Ziel des Unternehmens an. Gesundheitliche Probleme, die arbeitsbedingt sind, werden an den Hausarzt, nicht etwa an den Betriebsarzt, herangetragen. Und auch die Gewerkschaften als Vertreter der Arbeitnehmer messen der Umsetzung von Lohnforderungen und anderen Leistungen regelmäßig mehr Bedeutung bei als etwa dem Schutz der Gesundheit. Bei Tarifverhandlungen wird sogar durch besondere Abgeltungen Gesundheit „verkauft" (Zulagen für Schmutz, Schichtarbeit, Gefährdung etc.).

Ihre Arbeit gilt den Beschäftigten als einer der drei wichtigsten Faktoren für Zufriedenheit. Dies zeigt, dass sie nicht nur zur Sicherung der Existenz dient, sondern auch eine wichtige soziale Funktion (Bestätigung, soziale Einbindung etc.) hat. Ziel einer gesundheitsförderlichen Politik muss es daher sein, Arbeitsbedingungen zu schaffen, die mit den persönlichen Maßstäben von Glück und Zufriedenheit der Beschäftigten vereinbar sind.

Wie jede Maßnahme des „Human Ressources Management" ist auch die betriebliche Gesundheitsförderung keine einmalige Aktion, sondern ein dauerhafter Prozess, der ständig neu angeschoben und belebt werden muss, um Wirkung zu zeigen. Bei der Durchführung jeder einzelnen Aktion ist zur Motivation und Ergebniskontrolle die Evaluation besonders wichtig – ein Schritt, der häufig vergessen wird.

Wie bereits eingangs erwähnt hat sich neben den individuellen, verhaltensorientierten Maßnahmen der Gesundheitsförderung in den letzten zehn Jahren die Erkenntnis durchgesetzt, dass auch die Verhältnisse, unter denen abhängige Arbeit erbracht wird, zum Wohlbefinden und Gesundheitszustand der Mitarbeiter beitragen.

Ein möglicher und viel diskutierter Ansatz zur Verhältnisprävention ist die Durchführung von betrieblichen Gesundheitszirkeln. Diesem Konzept liegt die Analyse von Belastungssituationen (u.a. mit dem Instrument der Gesundheitsberichterstattung; vgl. Bundesanstalt für Arbeitsschutz Hrsg. 1991) und ihr Abbau zu Grunde. Die Aktivitäten gehen von einem Arbeitskreis Gesundheit aus, der mit Vertretern aller relevanten betrieblichen Institutionen, vor allem aber auch der betroffenen Arbeitnehmer selbst, besetzt ist (Franke 1992, 425ff.). Einen Gesamtüberblick über das Thema betriebliche Gesundheitsförderung bieten u.a. die Veröffentlichungen des Wissenschaftszentrums Berlin (vgl. Rosenbrock 1996; Lenhardt 1997). Heute geht man davon aus, dass eine Kombination aus verhältnis- und verhaltenspräventiven Maßnahmen die optimale Gesundheitsförderung darstellt. Verschiedene Untersuchungen haben übereinstimmend gezeigt, dass „Präventionsstrategien, die (zumindest tendenziell) einem *integrierten mehrdimensionalen Handlungsansatz* folgen" (Lenhardt 1997, 9) z.B. das Auftreten von Rückenbeschwerden und die damit verbundene Arbeitsunfähigkeit reduzieren. Um beim Beispiel Rückenbeschwerden zu bleiben: nicht nur die Teilnahme an einer Rückenschule führt zum gewünschten Erfolg, sondern in erster Linie müssen die Umstände, die zu Verspannungen und Rückenbeschwerden führen, beseitigt werden. Die Problemursachen liegen dabei häufig im strukturellen, betrieblichen Bereich. Als Schlüsselelement sieht Lenhardt darum eine möglichst weit gehende, aktive Einbeziehung der Beschäftigten in die Entwicklung präventiver Maßnahmen (a.a.O.).

10.2 Akteure der betrieblichen Gesundheitsförderung

Betriebliche Gesundheitsförderung ist ein traditionelles Handlungsfeld der Arbeitsmedizin. Der Betriebsarzt ist als medizinische Autorität im Betrieb anerkannt und hat oftmals die Pionierarbeit geleistet. Trotzdem ist der Sozialdienst in den Betrieben in den vergangenen Jahren mehr und mehr in die Aktionen zur Gesundheitsförderung, z.B. durch Beteiligung am Arbeitskreis Gesundheit, eingebunden worden. Dafür gibt es verschiedene Gründe.

Der Sozialdienst verfügt bereits über Erfahrungen in der Gesundheitsförderung durch die Angebote der Suchtkrankenhilfe und Suchtprävention. Er ist mit den Techniken zur Akquisition und Motivation von (ehrenamtlichen) Mitarbeitern vertraut, wenn es z.B. um die Führung von freiwilligen Suchtkrankenhelfern geht.

Der Betriebliche Sozialdienst arbeitet mit anderen Methoden als der Betriebsarzt. Dessen System des Messens und Einstufens kann die Sozialarbeit die „weichen" Methoden des Zuhörens, Redens und der systemischen Analyse von Situationen, die Gesundheitsförderung voranbringen und in Bewegung halten, entgegensetzen. Gerade im Bereich verhältnisändernder Gesundheitsförderung verfügt der Sozialdienst über die notwendige Einbindung in die innerbetrieblichen Netzwerke und Institutionen (Geschäftsführung, Betriebs- beziehungsweise Personalrat, Personalabteilung, Betriebskrankenkasse, Klienten usw.).

Mit der Einführung des Gesundheitsförderungs-Paragrafen 20 SGB V lebte die Betriebliche Gesundheitsförderung zunächst erheblich auf, in vielen Betrieben wurde sie damit überhaupt erst zum Thema. Die Krankenkassen bekamen die Möglichkeit, sich auch in diesem Bereich zu engagieren, und insbesondere die Betriebskrankenkassen, die Innungskrankenkasse und die AOK machten davon umfangreichen Gebrauch. Zwischenzeitlich reduzierten neue Spargesetze den § 20 SGB V und damit die Möglichkeiten betrieblicher Gesundheitsförderung. Erst mit der jüngsten Gesetzesänderung zur Gesundheitsreform 2000 wurde den Krankenkassen wieder die Möglichkeit gegeben, in diesem Bereich mehr Leistungen anzubieten. Die im Dezember 1999 verabschiedete Fassung des § 20 legt ausdrücklich fest: „Die Krankenkassen können den Arbeitsschutz ergänzende Maßnahmen der betrieblichen Gesundheitsförderung durchführen" (Bundesgesetzblatt Jg. 1999 Teil I Nr. 59 vom 29.12.1999, S. 2627). Es handelt sich jedoch um eine Kann-Bestimmung.

Da betriebliche Gesundheitsförderung, wie alle freiwilligen Sozialleistungen der Arbeitgeber ein Schönwetter-Phänomen ist, muss befürchtet werden, dass ihre Projekte und Ziele in den kommenden Jahren bei der ständigen Standort-Diskussion und dem daraus resultierenden Personal- und Leistungsabbau innerhalb der Unternehmen auf der Strecke bleiben.

Die Idee der betrieblichen Gesundheitsförderung kann nur funktionieren, wenn ein Gleichgewicht aller betrieblichen Interessen gewahrt bleibt:

- auf Seiten des Managements wird eine Reduzierung des Krankenstands und eine Verbesserung der Mitarbeitermotivation erwartet,

- auf Seiten der Mitarbeiter wird ein Abbau von Arbeitsbelastungen und eine stärkere Partizipation am Planungs- und Produktionsprozess erwartet,
- auf Seiten des Betriebs-/Personalrats wird eine Beteiligung an Umstrukturierungen/Veränderungen erwartet,
- auf Seiten des Betriebsarztes/der Krankenversicherung wird eine positive Wirkung auf den Gesundheitszustand und das Befinden der Mitarbeiter erwartet.

10.3 Sozialarbeit im Dienste der Gesundheit

Sozialarbeit im Betrieb unterscheidet sich in wesentlichen Bereichen von der „normalen" Sozialarbeit. Neben fachlichem Wissen aus dem Arbeits- und Sozialrecht sind weitere Fähigkeiten notwendig, um zum Wohle der Klienten zu arbeiten und dabei trotzdem den innerbetrieblichen Konsens zu wahren.

Die folgenden sozialarbeiterischen Fähigkeiten beziehungsweise Anforderungen werden in weiten Teilen auch bei der Umsetzung gesundheitsförderlicher Konzepte benötigt:

Zur professionellen Arbeitsweise in der Sozialarbeit gehört es, die eigene Arbeit im Betrieb ständig zu hinterfragen und sich hierbei ggf. auch der Hilfe einer externen Supervision zu bedienen. Die eigene Position muss ebenso eingeordnet werden wie die Situation und Handlungszwänge aller anderen Beteiligten. Mit Hilfe dieser systemischen Betrachtungsweise können dann Konzepte und Lösungsansätze – auch für die Gesundheitsförderung – gefunden werden.

Außerdem gehört zur Professionalität, die Grenzen seiner Fähigkeit zu kennen, also z.B. bestimmte Angelegenheiten der Gesundheitsförderung anderen Institutionen (z.B. dem betriebsärztlichen Dienst) zu überlassen.

Zu einer wesentlichen Aufgabe des Betrieblichen Sozialdienstes gehört es, Klienten bei der Durchsetzung sozialer Ansprüche zu unterstützen (z.B. Rehamaßnahmen). Häufig ist jedoch die formale Hilfe beim Ausfüllen eines Antrags erst der Beginn einer Hilfsmaßnahme, in deren Verlauf dann andere, viel schwerwiegendere oder problemauslösende Faktoren zu Tage treten. Sozialdienste müssen in der Lage sein, flexibel auf sich verändernde Situationen und Beanspruchungen im Betrieb zu reagieren. Diese können sowohl gesellschaftspolitischer (z.B. Überschuldung, Umgang mit HIV-

Positiven) als auch firmenpolitischer (z.B. Lohnfortzahlung im Krankheitsfall, Personalabbau) Natur sein.
Das Thema Alkohol macht einen wesentlichen Teil der Arbeit von Betrieblichen Sozialdiensten aus. Hierzu gehört sowohl die präventive Arbeit durch Vorgesetztenschulungen, Informationsveranstaltungen und praktische Maßnahmen (z.B. gegen Alkoholverkauf in Automaten auf dem Betriebsgelände oder in der Werkskantine) als auch die Arbeit mit Suchtkranken (s. Kap. 9). Erfahrungen aus dem System der betrieblichen Suchtkrankenhilfe können teilweise auf ein System der betrieblichen Gesundheitsförderung übertragen werden (z.B. Selbsthilfe, Kommunikation von Erfahrungen/Öffentlichkeitsarbeit, Vernetzung).

10.4 GESUNDHEITSFÖRDERUNG – EINE NEUE ROLLE FÜR DEN SOZIALDIENST

Mit dem Engagement im Bereich der Gesundheitsförderung betritt der Sozialdienst Neuland. Bei Durchsicht der Fachliteratur finden sich nur wenige Texte, die eine unmittelbare Verbindung zwischen Gesundheitsförderung und Betrieblicher Sozialberatung herstellen (Lobo 1994; Winter/Ott-Gerlach 1991). Die inhaltliche Verbindung von sozialer Arbeit und Gesundheit war lange Zeit auf die Aktionsfelder Krankenhaussozialdienst und Betreuung chronisch Kranker/Behinderter beschränkt. Auch nachdem die Sozialarbeit das Thema Gesundheitsförderung intensiver für sich entdeckt hat und ihre althergebrachten Aktionsfelder unter diesem Aspekt neu beleuchtet, sind es eher die anderen betrieblichen Institutionen (Betriebsärzte, Personalabteilung, Betriebsrat), die die Sozialarbeit für das Aktionsfeld betrieblicher Gesundheitsförderung als Kooperationspartner in die Pflicht nehmen. Der Wunsch, sich des Themas anzunehmen, stammt aber auch aus den Reihen der Sozialarbeiter selbst. Der Sozialberater eines Versorgungsunternehmens berichtet, dass der Vorstoß in Richtung Gesundheitsförderung unternommen worden sei, um vom Image der Suchtberatung wegzukommen. Der Sozialdienst beteiligt sich aktiv an den eingerichteten Gesundheitszirkeln und nimmt Anmeldungen zu den Gesundheitskursen über sein Sekretariat entgegen.
Es geht nicht darum, sich gegenüber den Betriebsärzten oder den Krankenkassen mit eigenen Angeboten zu profilieren. Hinsichtlich verhaltenspräventiver Maßnahmen sind sie sowieso die Fachleute, denen ihr Expertentum auch gar nicht abgesprochen werden soll. Gesundheit wird im Betrieb

jedoch an vielen Stellen „gemacht". Naturgemäß haben dann auch viele Akteure die Möglichkeit, gesundheitsförderlich aktiv zu werden. Im Rahmen sozialdienstlicher Arbeit werden viele gesundheitsrelevante Problemsituationen bekannt, die dann durch geeignete Maßnahmen angegangen werden können.

Wie die Sozialarbeit so steht auch die Gesundheitsförderung im Betrieb unter dem Druck, ihre Existenz rechtfertigen zu müssen (s. Kap. 22). Sie wirkt in einem System, in dem der Stellenwert der Technik (Produktionsmittel) höher bewertet wird als der des Menschen (Arbeitnehmer). Schnelle, „harte" Daten über die Wirksamkeit von Gesundheitsförderungsmaßnahmen lassen sich in der Regel aber nicht vorweisen – im Gegenteil: oft wirken sich die individuellen Förderungsmaßnahmen und Strukturveränderungen erst nach Monaten oder gar Jahren auf den Krankenstand, das Betriebsklima, die Häufigkeit von Suchterkrankungen, die Arbeitszufriedenheit etc. aus. Mit der Qualität der Gesundheitsförderung muss darum auch ihre Existenz gesichert werden, die nicht unwesentlich vom Wohlwollen und einem grundsätzlichen Konsens mit dem Management abhängig ist.

Wie die betriebliche Suchthilfe so ist auch die betriebliche Gesundheitsförderung eine Maßnahme, die zum Erreichen ihrer Ziele auf die Implementierung in der Organisation Betrieb angewiesen ist. Trotz aller Individualisierungstendenzen bietet der Betrieb eine Handlungsplattform, auf der entscheidende Schritte zum Gelingen, aber auch zum Misslingen einer gesundheitsfördernden Arbeitswelt getan werden können.

LITERATUR

Angestelltenkammer Bremen (Hrsg.): Gesundheit und Lebensqualität. Ergebnisbericht zu einer Untersuchung des Zentrums für Sozialpolitik über Arbeit und Freizeit, Gesundheit und Krankheit im Land Bremen. Bremen 1993, S. 70 f.

Badura, B.: Gesundheitsförderung in der Arbeitswelt, in: K. Höchstetter u.a. (Hrsg.): Gesundheitsförderung im Betrieb. Neue Antworten auf neue Herausforderungen. München, 1994^2, S. 47-60

Bundesanstalt für Arbeitsschutz (Hrsg.): Muster eines betrieblichen Gesundheitsberichts. Sonderdruck Dortmund 1991

Bundeszentrale für gesundheitliche Aufklärung (BZgA) (Hrsg.): Gesundheitsförderung in der Arbeitswelt. Internationale Konferenz vom 6.-8. Oktober 1991 in Köln, Konferenzbericht, Köln 1992

Busch, R. (Hrsg.): Betriebliche Gesundheitsförderung in Berlin. Reihe Forschung und Weiterbildung für die betriebliche Praxis, Band 11, Berlin 1995

Franke, M.: Betriebliche Gesundheitszirkel. Ein Element einer effizienten Gesundheitsförderung, in: Soziale Arbeit 12/92, Berlin 1992, S. 425-429

Huber, E. E.: Das Gesundheitssystem neu denken! in: J. von Troschke u.a. (Hrsg.): Die Bedeutung der Ottawa Charta für die Entwicklung einer New Public Health in Deutschland, Freiburg 1996, S. 53-60.

Kuhn, K.: Betriebliche Gesundheitsförderung. Stand und Perspektiven. in: A. Trojan und B. Stumm (Hrsg.): Gesundheit fördern statt kontrollieren. Eine Absage an den Mustermenschen, Frankfurt/M 1992, S. 149

Lenhardt, U.: Zehn Jahre „Betriebliche Gesundheitsförderung". Eine Bilanz, Veröffentlichungsreihe der Arbeitsgruppe Public Health am WZB (P97-201), Berlin 1997

Leymann, B.: Aktivierung am Arbeitsplatz über pädagogische Prozesse, in: Gesundheitsförderung in der Arbeitswelt, Berlin 1989, S. 186-194

Lobo, R.: Gesundheitsförderung im Betrieb – neue Aufgabe der Sozialarbeit, in: Gesundheitsförderung im Betrieb. Neue Antworten auf neue Herausforderungen, München 1994[2], S. 61-98

Rosenbrock, R.: Arbeit und Gesundheit. Elemente und Perspektiven betrieblicher Gesundheitsförderung, Veröffentlichungsreihe der Arbeitsgruppe Public Health am WZB (P96-201), Berlin 1996

Troschke von, J. u.a. (Hrsg.): Die Bedeutung der Ottawa Charta für die Entwicklung einer New Public Health in Deutschland, Freiburg 1996

Winter, I. u. Ott-Gerlach, G.: Aufgaben der betrieblichen Sozialberatung in der Gesundheitsförderung, in: Öffentliches Gesundheitswesen 53, Sonderheft 1, Stuttgart 1991, S. 63-68.

11. Fehlzeitenreduzierung

Susanne Steinmetz

Das Thema Fehlzeitenreduzierung ist in der letzten Zeit stark in den Fokus der Politik, der Betriebe, der Krankenkassen und anderer Institutionen gerückt. Ein entscheidender Grund ist die Höhe der Fehlzeiten in Deutschland – Deutschland liegt in Europa an zweiter Stelle – und die dadurch entstehenden betriebswirtschaftlichen Folgen. Fehlzeiten sind ein Kostenfaktor und damit auch ein Wettbewerbs- beziehungsweise Standortfaktor. So sehen alle Beteiligten auch einen akuten Handlungsbedarf.

Während in Deutschland seit einiger Zeit u.a. durch die wirtschaftliche Situation und umfangreiche fehlzeitenreduzierende Maßnahmen der Unternehmen die Fehlzeiten in allen Branchen sinken, steigen sie nach neueren Untersuchungen in den USA wieder an (vgl. Remke 1998).

Statistisch setzten sich Fehlzeiten im Allgemeinen wie folgt zusammen: bei 6-7% Krankenstand entfallen ca. 4% auf med. Notwendigkeit und ca. 3% auf motivationsbedingte Abwesenheit (Nieder 1987).

Um eine klarere Vorstellung von den Begriffen Krankheit und im Gegensatz dazu Gesundheit zu bekommen, kann die WHO-Definition bemüht werden, die unter dem Begriff Gesundheit nicht alleine die Abwesenheit von Krankheit versteht, sondern alle äußeren und seelischen Lebensumstände mit ein bezieht. Damit wird deutlich, dass Krankheit nicht nur eine Ursache hat, sondern viele Gründe auslösend sein können.

11.1 GRÜNDE FÜR DAS ENTSTEHEN VON FEHLZEITEN

Krank machen können betriebliche Faktoren, gesellschaftliche Einflüsse, soziale/familiäre Gegebenheiten und persönliche Umstände oder eine Kombination aus diesen zusammen. Eine interessante empirische Untersuchung wurde von Buttler und Burkert (1998) zu diesem Thema durchgeführt, die viele theoretische Annahmen bestätigt.

Zu den betrieblichen Faktoren, die den Krankenstand beeinflussen, zählen unter anderem innerbetriebliche Organisation, Arbeitsinhalt/Arbeitsablauf, Arbeitsplatz- und Arbeitszeiten, Arbeitswege, häufiger Arbeitsplatz- beziehungsweise Gruppenwechsel, Entwicklungsmöglichkeiten, Dauer der Betriebszugehörigkeit, Information und Beteiligung, Gesundheitsschutz/Arbeitssicherheit, Betriebsklima, Führungsverhalten und das Verhalten der Kollegen.

Bei den gesellschaftlichen Einflüssen sind z.B. Freizeitorientierung, höhere Ansprüche an immaterielle Werte der Arbeit, Sozialgesetzgebung, Entgeltfortzahlung, Kündigungsschutz, Verhalten der Ärzte, konjunkturelle Lage, Arbeitsplatzsicherheit, Chancen auf dem Arbeitsmarkt, Feiertage usw. zu nennen.

Auch die sozialen und familiären Gegebenheiten können den Krankenstand beeinflussen, z.B. Familienstand, Anzahl der Kinder und Betreuungsmöglichkeiten, Freizeitaktivitäten, häusliche Belastung, Nebenerwerb. Schließlich sind die persönlichen Umstände zu berücksichtigen, wie z.B. das Gesundheitsverhalten.

Oft ist es schwer zu beurteilen, ob eine Mitarbeiterin oder ein Mitarbeiter wirklich krank ist oder sich nur für Abwesenheit entscheidet. Hierbei nach rein objektiven Faktoren zu urteilen ist unmöglich. Während ein Mitarbeiter sich noch gesund fühlt, definiert sich ein anderer schon als arbeitsunfähig.

Dabei spielen folgende Aspekte eine Rolle: die Person des Mitarbeiters, seine Einstellung zur Arbeit beziehungsweise zur Krankheit (Motivation, Identifikation) und/oder seine Arbeitssituation (Art des Arbeitsplatzes, Angestellter oder gewerblicher Mitarbeiter usw.).

Es findet also u.U. ein bewusster oder unbewusster Entscheidungsprozess zur krankheitsbedingten Abwesenheit des Mitarbeiters unter Miteinbeziehung der oben angeführten Aspekte statt. Entwickelt ein Unternehmen Konzepte zur Reduzierung von Fehlzeiten sollte u.a. bei dieser Entscheidung der Mitarbeiterin oder des Mitarbeiters angesetzt werden.

Nach Aussagen von Bueren (1998) analysieren „nur 3% der Betriebe ... die Ursachen des betrieblichen Krankenstandes. Die meisten Betriebe handeln, ohne die Ursachen von Erkrankungen (genauer) zu kennen" (Umfrage des Institutes der deutschen Wirtschaft in 380 Unternehmen a.a.O.).

11.2 Motivation und Führungsverhalten

Es spricht viel dafür, dass Unternehmen einen Grund für hohe Fehlzeiten in unbefriedigenden Arbeitssituationen und daraus resultierender mangelnder Motivation sehen können. Trotzdem setzten viele Maßnahmen zur Fehlzeitenreduzierung ausschließlich bei den Mitarbeitern an und sparen diese Tatsache aus. „Dabei gibt es unverkennbar einen Zusammenhang zwischen

Krankenstand und Mitarbeitermotivation. Und die liegt in der Verantwortung des Unternehmens" (Busch 1997).
Zusätzlich wird dem Führungsverhalten ein entscheidender Einfluss auf Fehlzeiten, denen nicht Arbeitsunfähigkeit oder Krankheit zu Grunde liegt, zugeschrieben. Hierunter können Befindlichkeitsstörungen und oder motivationsbedingtes Fehlen fallen. „Besonders spielt dabei eine Rolle, ob das Verhalten der Führungsperson subjektiv als positiv vom Untergebenen angesehen wird" (Burkert/Buttler 1998).
Reagieren die Vorgesetzten nicht angemessen und fühlen sich die Mitarbeiter nicht in ihren Wünschen und Bedürfnissen wahrgenommen, kommt es leicht zur Demotivation. Denn: „Was kränkt, macht eben auch krank" (Stern 1996).
Hierfür spricht auch eine Untersuchung, die 3000 Beschäftigte aus Maschinen- und Schiffbau, Autoindustrie, Pharmazie und Versicherungen befragt hat, wie stark sie sich mit ihrer Arbeit identifizieren, und nach der jeder zweite Mitarbeiter innerlich schon gekündigt hatte. Gründe hierfür liegen u.a. im Verhalten der Vorgesetzten und der mangelnden Transparenz von Entscheidungsprozessen. Allein aus diesem Grund sollten Arbeitnehmer so viel wie möglich mitentscheiden und mitgestalten (Frey 1998).
Eine gute Kommunikationskultur ermöglicht die oft bemängelte ausreichende Information der Mitarbeiter und eröffnet Mitgestaltungsmöglichkeiten und -spielräume. Sie kann gemeinsam mit regelmäßigen Mitarbeitergesprächen zur Senkung von Fehlzeiten führen. „Eine fürsorgliche, eine beratende, eine coachende Personalführung ist eine gesundheitsgerechte Personalführung, sie wirkt sich positiv auf das Betriebsklima und die Arbeitszufriedenheit der Mitarbeiter aus und ist damit das allerbeste Präventionsinstrument, das dem Unternehmen zur Verfügung steht. Krankheit sollte nicht individualisiert werden, sondern sie sollte als Indikator dafür stehen, daß möglicherweise präventive Maßnahmen nicht ausreichend vorhanden waren" (Borowiak/Taubert 1997, 1086f.) So wird Personalführung, die maßgeblich durch die Unternehmenskultur mitgeprägt wird, als eine Möglichkeit angesehen die Anwesenheit der Mitarbeiter positiv zu beeinflussen.
Dennoch beschränken viele Unternehmen die Maßnahmen zur Senkung des Krankenstandes auf die scheinbar naheliegenderen Lösungsansätze.

> „Die typische Reaktionsform gegenüber Erkrankten sind Kontrolle und/oder Sanktionen. Am häufigsten sind Maßnahmen, die auf das Verhalten der Beschäftigten zielen. Offensichtlich glauben die meisten Unternehmensleitungen, daß der Krankenstand verhaltensbedingt ist und Krankheit vom guten oder

schlechten Willen ihrer Beschäftigen abhängt ... So unterschiedlich diese Maßnahmen auch sind, auffallend ist, daß sie nach erfolgter Erkrankung einsetzten und letztlich eine Reaktion auf die Erkrankung darstellen. Krankheitsvorbeugende, präventive Veränderungen, die sich auf die Verhältnisse am Arbeitsplatz richten, werden kaum umgesetzt: Nur 7% der Betriebe versuchen, mit einer verbesserten Arbeitsplatzgestaltung die Gesundheitssituation zu verbessern ... Daß es auch andere Wege zur Senkung des Krankenstandes gibt, zeigt die betriebliche Gesundheitsförderung" (Bueren 1998; s. Kap. 10).

Ob und wie dieses Thema angegangen wird, ist auch entscheidend von den finanziellen, personellen und politischen Rahmenbedingungen abhängig.

11.3 Strategien und Massnahmen

So vielschichtig die Gründe sind, aus denen Fehlzeiten entstehen können, so vielfältig und unterschiedlich sind die Maßnahmen zur Reduzierung derselben. Da Fehlzeiten in vielen Fällen eher als Kostenfaktor und weniger als Signal betrachtet werden, zielen viele der Herangehensweisen auf kurzfristige und schnelle erfolgversprechende Maßnahmen ab, um den Krankenstand zu senken, und nicht auf Präventivmaßnahmen zur Gesunderhaltung der Mitarbeiter oder Verbesserung des Miteinander und Führungsverhaltens im Unternehmen. Dies wird anschaulich in den Veröffentlichungen von Busch (1997) und Badura/Münch/Ritter (1997) dargestellt.

Um dieses Thema ganzheitlich anzugehen, sollte die Fragestellung nicht auf die Reduzierung der Fehlzeiten und damit auf eine Stigmatisierung auf die „Kranken" beschränkt bleiben. Dieses Thema kann positiver, umfassender und präventiver formuliert werden und den Blickwinkel auf die Erhöhung der Anwesenheitszeit der Mitarbeiter richten. Diese Herangehensweise hat den Vorteil, dass auch die „Gesunden" von den Maßnahmen in einem viel höheren Maße profitieren und Aufmerksamkeit geschenkt bekommen als bei einer Einschränkung der Frage.

Grundsätzlich sollte bei der Entwicklung von Maßnahmen zur Reduzierung von Fehlzeiten eine kooperative und vertrauensvolle Zusammenarbeit aller Beteiligten im Betrieb (Werkleitung, Vorgesetzte, Betriebsrat/Personalrat, Werksgesundheitlicher Dienst/Betriebsärztlicher Dienst, Sozialberatung, Arbeitssicherheit, Mitarbeiter usw.) angestrebt werden. Das gemeinsame Erarbeiten von Kriterien und eine klare Zieldefinierung sind letztendlich auch bei der Analyse der Ergebnisse von entscheidender Bedeutung.

Regelmäßige Mitarbeiter-Befragungen (diese können sowohl von internen als auch externen Institutionen durchgeführt werden) und Analysen der Ursachen des Krankenstandes (u.a. Gesundheitsberichtsstatistik) sind Instrumente, die helfen, Schwachstellen und Probleme sowie Störungen im Betriebsklima rechtzeitig zu erkennen und dementsprechend zu handeln. Auch Rückkehr- und Fehlzeitengespräche, regelmäßige med. Untersuchungen und verhaltenspräventive (Bezug auf den individuell, persönlich gesunden Lebensstil) und verhältnispräventive (Bezug auf gesundheitsgerechte Arbeits- und Umweltbedingungen) Maßnahmen können zur Reduzierung von Fehlzeiten beitragen.

Was kann die Betriebliche Sozialberatung konkret zur Erhöhung der Anwesenheit beitragen? Aus ihrer Funktion und Position heraus ist sie informiert über die Belange, Probleme und Sorgen der Mitarbeiter im Betrieb. Durch vertrauliche und auch offene Gespräche weiß sie um die Knackpunkte und kann sich ein umfassendes Bild über die Situation machen. Dies macht sie zu einem wichtigen Informationsträger über das Problemfeld Fehlzeiten und mögliche Ursachen. Es bietet sich daher für das Unternehmen an, sie mit diesem Wissen als auch im Rahmen ihrer fachlichen Kompetenz in alle Aktivitäten zur Erhöhung der Anwesenheit mit einzubeziehen.

Als Fachkraft für soziale Belange, Kommunikation und Gesundheit kann Betriebliche Sozialberatung aktiv, kompetent und vielseitig coachen und begleiten. Ihre Tätigkeit als solche, kann als Maßnahme angesehen werden, die sich Fehlzeiten senkend auswirkt. Im einzelnen zählen folgende Aufgaben zu diesem Bereich:

- Beratung der Mitarbeiterinnen und Mitarbeiter bei Fragestellungen im beruflichen, familiären, persönlichen, gesundheitlichen, finanziellen und Suchtbereich (s. Kap. 8 u. 9);
- Zusammenarbeit und Vermittlung an interne und externe Institutionen;
- Schulung und Beratung von Vorgesetzten und Mitarbeitern in unterschiedlichen Bereichen (Gesprächsführung, Teambildung, Motivation, Alkoholprävention, Gesundheitsförderung usw.);
- Organisation von Gesundheitskursen und Informationsveranstaltungen (Sucht, Gesundheit, Stressvermeidung usw.);
- Mitarbeit beziehungsweise Moderation in den Arbeitskreisen Gesundheit und Sucht.

Das Thema Fehlzeitenreduzierung beziehungsweise Erhöhung der Anwesenheit bietet sich also als ein zentrales Arbeitsgebiet für die Betriebliche Sozialberatung an. Sie kann durch ihre Arbeit als solche, durch detailliertes fachliches Wissen und interne Informationen über krank machenden Strukturen, einen wertvollen und betriebswirtschaftlich nachweisbaren Beitrag für das Unternehmen leisten. Jedem Unternehmen mit einer solchen Einrichtung ist zu empfehlen, diese Ressource Gewinn bringend für alle Beteiligten einzusetzen. Ein Unternehmen, dass sich mit Fehlzeitenreduzierung beschäftigen will oder muss, sollte sich überlegen, eine solche Stelle oder ähnlich fachkompetente Institution im Betrieb zu installieren oder extern zu engagieren.

Literatur

Badura, B.; Münch, E.; Ritter, W.: Partnerschaftliche Unternehmenskultur und betriebliche Gesundheitspolitik, Fehlzeiten durch Motivationsverlust; Gütersloh 1997

Borowiak, F., Taubert, R.: Rückkehrgespräch ... , Ein Instrument gesundheitsgerechter Personalführung; in: Personalführung 11/97, S. 1086-1091

Bueren, H.: Weiteres Fehlen wird für Sie Folgen haben. – Wie Betriebe versuchen den Krankenstand zu senken; in: Frankfurter Rundschau 28.07.98

Burkert, C.; Buttler, G.: Betriebliche Einflussfaktoren des Krankenstandes. Eine empirische Untersuchung beim nichtwissenschaftlichen Personal der Universität Erlangen-Nürnberg; in: Personalführung 9/98 S. 60-69

Busch R. (Hrsg.): Unternehmenskultur und betriebliche Gesundheitsförderun, Freie Universität Berlin 1997

Busch, R. (Hrsg.): Arbeitsmotivation und Gesundheit; in: Arbeitsmotivation und Gesundheit – Rückkehrgespräche in der betrieblichen Praxis, Freie Universität Berlin 1997

Nieder, P.: Absentismus und betriebliche Gesundheitsförderung, Fünf Wege zur Reduzierung von Fehlzeiten; in: Personalführung 9/95, S. 782

Nieder, P.: Fehlzeiten als Signale; in Personalführung 1/87

Remke, M.: Höhere Fehlzeiten durch mehr Stress; in: Berliner Morgenpost 7.11.98

Salowsky, H.; Institut der deutschen Wirtschaft, Köln, Ergebnis einer Untersuchung von Fehlzeiten 1991

Wir wollen nicht mehr blau machen; in: stern 31/96 S. 24-30

12. Sekten und Psychogruppen

Charlotte Jente

Die öffentliche Auseinandersetzung mit „Sekten und Psychogruppen" (Bundestag 1996) erfordert auch eine selbstkritische Auseinandersetzung der Betrieblichen Sozialberatung mit diesem Thema. D.h., die eigene Verführbarkeit, der Wunsch schnelle Lösungen der Lebensbewältigung für sich selbst und andere zu finden, sollte reflektiert und bewusst gemacht werden.

Die Faszination der Sektenanbieter besteht im Anbieten einfacher Rezepte. Der Führer, Guru oder „Erleuchtete" zeigt scheinbar den Weg in die „Glückseligkeit", macht „intelligent" und ermöglicht den „Durch- und Überblick". Es werden Machtfantasien geweckt, ein elitäres Bewusstsein entwickelt sich, erhöht die eigene Person, die Gruppe und grenzt Andersdenkende aus. Es kann eine faschistoide Grundhaltung entstehen, die es ermöglicht, Kritiker mit allen zur Verfügung stehenden Mitteln mundtot zu machen, wobei in den von diesen Gruppierungen herausgegebenen Büchern und Schriften genaue Anweisungen für den „Umgang mit Feinden" gegeben werden. Als Vorgesetzte, Mitarbeiter und Kollegen tragen solcherart geprägte Menschen sicher nicht zum Betriebsfrieden bei.

12.1 AUFGABE DER SOZIALBERATUNG

Eine Aufgabe der Sozialberatung im Betrieb in Bezug auf Sekten und Psychogruppen ist, Informations- und Aufklärungsarbeit zu leisten. Interessengruppen, Verbänden, Vereinen und Religionen ist Werbung generell im Betrieb verboten – die innere Einstellung eines Mitarbeiters lässt sich auf Dauer aber nicht verleugnen.

Beim Umgang mit Sektenmitgliedern und -geschädigten ist besondere Sorgfalt und Behutsamkeit angesagt. Menschen, die sich einer solchen besonderen Ideologie unterwerfen, sind intelligent, sensibel, liberal und suchend. Sie fragen nach dem Sinn des Lebens und sind bereit, neue Wege zu gehen. Diese Offenheit ermöglicht es, sie zu rekrutieren, in die bestehenden Gruppen einzubinden und sie willfährig für deren Ziele zu machen. Durch besondere Manipulationstechniken wie Schlaf- und Essensentzug, Arbeitseinsätze (Betteln, Verkaufen), Kurse und Schulungen werden sie aus ihrem

Familien- und Arbeitsleben sowie ihren Freundeskreisen herausgezogen. Sind diese Bindungen abgebrochen und ist die Gruppe zur inneren und äußeren Heimat geworden, ist es schwer, einen Weg zurückzufinden und zu gehen. Wer gibt schon gerne einen Irrtum zu?

Nur wenn es der Sozialberatung gelingt, diesen Menschen Wertschätzung zu vermitteln, kann sie Zugang zu ihnen finden und gemeinsam mit ihnen Wege erarbeiten, sich aus der Umklammerung zu lösen.

Das Gleiche gilt für den Umgang mit den Angehörigen von Sekteneinsteigern. Sie fühlen sich allein gelassen und glauben versagt zu haben. Durch die Unterstützung der Sozialberatung lernen sie die Ziele dieser Gruppen kennen (Informationsmaterial), aber auch sich selbstbewusst auf eine Zeit des Wartens einzulassen und ihre Türen für eventuelle Aussteiger offen zu halten.

Beim Vermitteln von externen Anbietern therapeutischer Hilfe sollte die Betriebliche Sozialberatung darauf achten, ihrem Klientel grundsätzlich nur seriöse Anbieter vermitteln. Dazu gehört, dass sie sich in den Angeboten des Psychomarktes zurechtfindet, Merkmale erkennt, die darauf hinweisen, dass es sich hier um „vielfältige psychologische und pseudopsychologische Angebote zur Lebenshilfe, Lebensorientierung und Persönlichkeitsentwicklung außerhalb der fachlichen Psychologie und des Gesundheitswesen handelt" (Deutscher Bundestag 1998).

Dazu muss sie in der Lage sein, enge Kontakte zu den Sektenbeauftragten der Kirchen und Kommunen zu pflegen, um ggf. schnell verdächtige Anbieter zu erkennen und auf sie reagieren zu können. Der Psychomarkt ist groß (allein in Berlin gibt es ca. 500 Anbieter) und ständig in Bewegung, sodass eine Organisation alleine den Überblick nicht haben kann.

12.2 Auswahl externer Referenten, Seminaranbieter usw.

Besondere Aufmerksamkeit erfordert der Bereich der Seminaranbieter, Coachs und Unternehmensberater. Hier haben sich einige Gruppierungen unter dem Mäntelchen des Managementtrainings bekannt gemacht. Da ihre Namen häufig wechseln, hat die Berliner Senatsverwaltung empfohlen, folgende Erklärung zu verwenden:

> a) Erklärung
> Ich der/die Unterzeichnende erkläre,
> - dass ich bzw. mein Unternehmen _____ nicht nach der Technologie von L. Ron Hubbard arbeite(t)/unterrichte(t) oder Leistungen anbiete(t),
> - dass weder ich noch meine Mitarbeiter nach der Technologie von L. Ron Hubbard geschult wurden /werden bzw. keine Kurse und/oder Seminare nach der Technologie von L. Ron Hubbard besucht haben/besuchen und
> - dass ich die Technologie von L. Ron Hubbard zur Führung meines Unternehmens/zur Durchführung meiner Kurse und/oder Seminare ablehne.
>
> Eine künftige Veränderung in dieser Hinsicht werde ich umgehend und unaufgefordert mitteilen.
>
> _____
> Datum/Unterschrift Geschäftsführer/Leiter des Unternehmens
>
> b) Erklärung
> Der Auftragnehmer versichert,
> - dass er/die Geschäftsleitung gegenwärtig sowie während der gesamten Vertragsdauer die „Technologie nach L. Ron Hubbard" nicht angewandt, lehrt oder in sonstiger weise verbreitet und keine Kurse und/oder Seminare nach dieser „Technologie" besucht und er/sie seine/ihre Mitarbeiter keine Kurse/Seminare nach dieser Technologie besuchen lässt;
> - dass nach seiner/der Geschäftsleitung Kenntnis keiner seiner/ihrer Mitarbeiter oder sonst zur Erfüllung des Vertrages eingesetzten Personen die „Technologie von L. Ron Hubbard anwendet, lehrt oder in sonstiger weise verbreitet oder Kurse und/oder Seminare nach dieser „Technologie" besucht.
>
> 2. Der Auftragnehmer verpflichtet sich, solche Mitarbeiter oder sonst zur Erfüllung des Vertrages eingesetzte Personen von der weiteren Durchführung des Vertrages unverzüglich auszuschließen, die während der Vertragsdauer die „Technologie" von L. Ron Hubbard" anwenden, lehren, in sonstiger Weise verbreiten oder Kurse/Seminare nach dieser „Technologie" besuchen.
> 3. Die Unwahrheit der Erklärung oder eines Teils der Erklärung in Ziffer 1 sowie Verstöße gegen die Verpflichtung in Ziffer 2 berechtigen den Auftraggeber zur Kündigung aus wichtigem Grund ohne Einhaltung einer Frist. Weitergehende Rechte bleiben unberührt.
>
> _____
> Datum/Unterschrift Geschäftsführer/Leiter des Unternehmens

(Berliner Senatsverwaltung, Drucksache 13/2272 Abgeordnetenhaus von Berlin, 13. Wahlperiode)

Die Bandbreite von Organisationen auf dem so genannten Psycho- und Lebenshilfemarkt ist sehr groß. Sie reicht von Seminaren und Kursen zur Persönlichkeitsentwicklung und/oder Unternehmens- und Managementberatung, Strukturvertrieben, Direktvertrieben, Multi-Level-Marketing-Systemen bis zu Schneeballsystemen. Diese Organisationen versuchen, die Verbreitung eigener religiös-weltanschaulich-ideologischer Ziele mit u. U. weit reichenden wirtschaftlichen beziehungsweise politischen Zielen zu verbinden. Dies kann international/weltweit geschehen, aber auch landesweit oder regional begrenzt sein (Enquete-Kommission 1998).

Um die Angebote von Sekten und Psychogruppen frühzeitig zu erkennen, kann auf folgende Checkliste für religiöse/weltanschauliche/ideologische Gruppen zurückgegriffen werden, die aus einer Broschüre der Eltern- und Betroffencninitiative gegen psychische Abhängigkeit – für geistige Freiheit Berlin e.V. entnommen ist.

(1) Schon der erste Kontakt mit der Gruppe eröffnet dir eine völlig neue Weltsicht („Schlüsselerlebnis").

(2) Das Weltbild der Gruppe ist verblüffend einfach und erklärt wirklich jedes Problem.

(3) Bei der Gruppe findest du alles, „was du bisher vergeblich gesucht hast!"

(4) Die Gruppe hat einen Meister/Führer/Vater/Guru/Vordenker, der allein im Besitz der ganzen Wahrheit ist und oft wie ein Gott verehrt wird.

(5) Die Welt treibt auf eine Katastrophe zu, nur die Gruppe weiß, wie man die Welt noch retten kann.

(6) Die Gruppe ist die Elite die übrige Menschheit ist krank/verloren – wenn sie nicht mitmacht/sich retten lässt.

(7) Die Gruppe lehnt die etablierte Wissenschaft ab. Die Lehre der Gruppe wird als einzig „echte Wissenschaft" verstanden.

(8) Die Gruppe lehnt das „rationale Denken", den „Mind", den „Verstand" oder die „Verkopfung" als negativ/satanisch/unerleuchtet ab.

(9) Kritik und Ablehnung durch „Außenstehende" ist gerade der Beweis, dass die Gruppe recht hat.

(10) Die Gruppe bezeichnet sich als die „wahre" Familie oder Gemeinschaft.

(11) Die Gruppe will, dass du alle „alten" Beziehungen (Familie, WG, Freundschaften) abbrichst, weil sie Deine „Entwicklung" behindern.

(12) Die Gruppe grenzt sich von der übrigen Welt ab, z.B. durch Kleidung, Ernährungsvorschriften, eine eigene „Gruppensprache", Reglementierung von zwischenmenschlichen Beziehungen.

(13) Die Gruppe verlangt strikte Befolgung der Regeln oder „absolute Disziplin", „denn dies ist der einzige Weg zur Rettung!"

(14) Die Gruppe schreibt dein Sexualverhalten vor, z.B. Partnerzusammenführung durch die Leitung oder Gruppensexualität oder totale Enthaltsamkeit für einfache Mitglieder.

(15) Du bist keine Minute des Tages mehr allein – jemand aus der Gruppe ist immer bei dir.

(16) Die Gruppe füllt deine gesamte Zeit mit Aufgaben, z.B. verkaufen von Büchern und Zeitungen, werben neuer Mitglieder, absolvieren von Kursen, meditieren.

(17) Zweifelst du/stellt sich der versprochene Erfolg nicht ein oder wirst du nicht „geheilt" bist du selbst schuld, weil du dich nicht genug einsetzt/weil du nicht genug glaubst.

(18) Mitglied der Gruppe sollst du möglichst sofort/heute werden.

(19) Es gibt kaum eine Möglichkeit, sich in Ruhe ein Bild von der Gruppe zu machen: Du sollst nicht erst einmal nachdenken/reflektieren/prüfen, sondern erleben: „das kann man nämlich nicht erklären, komm doch gleich in unser Zentrum und mach ersteinmal mit!"

LITERATUR

Deutscher Bundestag, Enquete-Kommission 09.08.98 – 3.5

13. Schuldnerberatung

Astrid Kottmeyer

Die Notwendigkeit der Schuldnerberatung als Hilfe für verschuldete Familien hat in den letzten Jahren an Bedeutung zugenommen. Mit dem Angebot der Kreditwirtschaft und den Möglichkeiten, auch ohne ausreichende sonstige Sicherungsmittel Kredite zu erhalten, die allein durch eine Lohnabtretung gesichert sind, verschulden sich seit den 60er Jahren immer mehr Menschen.

Durch intensive Werbung für die Inanspruchnahme von Konsumentenkrediten, die großzügige Bereitstellung von Dispositionskrediten durch Sparkassen und Banken, bei denen Arbeitnehmer ein Gehaltskonto haben, aber auch durch großzügige Kreditangebote von Versandhäusern und das Angebot von Kreditkarten wird es Arbeitnehmern leicht gemacht, sich zu verschulden.

Probleme entstehen dann, wenn es den Schuldnern nicht mehr gelingt, monatliche Zahlungsverpflichtungen aus ihren laufenden Einkommen zu zahlen, und wenn sie auch kein Vermögen zur Abdeckung der Schulden zur Verfügung haben.

Gründe für Zahlungsschwierigkeiten sind unvorhersehbare Ereignisse, wie z.B. Arbeitslosigkeit, Kurzarbeit, Krankheit, Scheidung o.ä. Sie führen zu Einkommenseinbußen oder Ausgabenzuwächsen, die eine Überschuldung auslösen.

Professionelle Schuldnerberatung hat sich als Hilfsangebot von Einrichtungen sozialer Arbeit etabliert und kann als spezieller Beratungsdienst Kommunen, Wohlfahrtsverbänden oder anderen freigemeinnützigen Trägern angegliedert sein oder auch als erweiterte Aufgabe von bestehenden sozialen Diensten und Einrichtungen wahrgenommen werden, wie z.B. von Betrieblichen Sozialberatungen.

Unabhängig von der jeweiligen Trägeranbindung und Organisationsform kommt der Qualifikation und Fortbildung der Berater/innen, wie auch der Kooperation und Vernetzung mit anderen regionalen Beratungsdiensten und Einrichtungen (z.B. Verbraucherzentralen, Wohlfahrtsverbänden, Kommunen, Rechtsanwälten, Selbsthilfegruppen) besondere Bedeutung zu.

Schuldnerberatung in der Betrieblichen Sozialberatung geht von einem umfassenden Ansatz aus, der psychosoziale, juristische, finanzielle und wirt-

schaftliche Aspekte umfasst, da finanzielle Schwierigkeiten vielfach soziale Ursachen und Folgen haben.
Der konkrete Beratungsbedarf ist bei jedem Einzelfall unterschiedlich und kann von der Durchführung einer Schuldnerregulierung, der zinslosen Gewährung eines Firmendarlehens in Notfällen bis zur Befähigung überschuldeter Haushalte, mit ihrer Schuldenlast zu leben, reichen.
Seit dem 1. Januar 1999 gibt es ein neues einheitliches Insolvenzrecht, das überschuldeten Personen die Chance für einen wirtschaftlichen Neuanfang ermöglicht.
In der Regel stellt es für Schuldner eine große Kränkung dar, dass sie Probleme im Umgang mit Geld haben und Hilfe in Anspruch nehmen. Geldschwierigkeiten sind meistens sehr schambesetzt, und am liebsten wäre es manchem Klienten, wenn der Schuldnerberater die Aufstellung über die Schulden machen würde, einen Tilgungsplan aufstellt und schriftlich oder mündlich mit den Gläubigern Kontakt hält. Deshalb sind auch die psychosozialen Folgen der Überschuldung Teil der Betrieblichen Sozialberatung.
Der zentrale Aspekt einer ressourcenorientierten Schuldnerberatung ist eine Haltung, die davon ausgeht, dass der Klient über die für die Lösung seines Problems notwendigen Kompetenzen verfügt. Je mehr der Schuldner ein Bild von sich hat, dass er unfähig ist, seine Geldprobleme zu lösen, desto eher werden vom Schuldnerberater Wundertaten erwartet.
Hilfreich sind m. E. besonders systemische Interventionsformen (s. Kap. 19), die es dem Schuldner ermöglichen, selbst wieder Zugang zu seinen Problemlösungsmöglichkeiten zu finden. Wichtig ist zwar, dem Schuldner Hinweise und Tipps zu geben, aber gleichzeitig muss davon ausgegangen werden, dass er selbst entscheiden wird, ob er sie annimmt.

LITERATUR

Bundesarbeitsgemeinschaft Schuldnerberatung e.V. (auch Fortbildungsangebote), Motzstraße 1, 34 117 Kassel
Arbeitshandbuch Schuldnerberatung in der Drogenhilfe, Hrsg.: Stiftung Integrationshilfe für ehemals Drogenabhängige e.V. – Marianne von Weizsäcker Fonds –, Westring 2, 59 065 Hamm
Prävention hat viele Gesichter. Praxishandbuch für die Schuldnerberatung, Förderverein Schuldnerberatung im Lande Bremen e.V., Neidenburger Straße 15, 28 207 Bremen
Was mache ich mit meinen Schulden? Bundesministerium für Familie, Senioren, Frauen und Jugend, 53 107 Bonn

14. Psychische Erkrankungen

Charlotte Jente

Psychisch Erkrankte im Betrieb stellen besondere Anforderungen an ihr Arbeitsumfeld. Meist haben sie bis zum Ausbruch der Symptome ihre Arbeit zur Zufriedenheit aller geleistet, waren gut einschätzbare und anerkannte Kollegen.
Verhaltensveränderungen durch Ängste, Verfolgungsideen, Wahnvorstellungen und Depressionen werden irritiert vom Umfeld wahrgenommen und es wird versucht, sie mit Mitteln der kollegialen Kommunikation zu beheben. Dabei leistet der Betroffene erheblichen Widerstand, da er auf der eigenen Wahrnehmung der Situation besteht und sich nicht vorstellen kann, dass seine Sichtweise nicht der Realität entspricht. Aussagen wie: „Ich bin doch nicht verrückt" oder „Die anderen wollen mich verrückt machen" erhöhen die Spannung zwischen den Beteiligten. In dieser Situation wird die Sozialberatung eingeschaltet. Kollegen, die bisher liebevoll oder energisch versucht haben, den „alten Zustand" wieder herzustellen, sind erschöpft, manchmal auch böse, wollen nicht mehr belästigt werden, geben das Problem gerne ab.
Hier beginnt eine mühselige, langwierige Arbeit mit dem Betroffenen, dem Umfeld und den Vorgesetzten. Auch Betriebsrat und Personalabteilung werden hinzugezogen, um herauszufinden, wie, wo und womit der Mitarbeiter weiterhin seinem Arbeitsvertrag nachkommen kann, welche externe und interne Unterstützung er braucht. Im günstigsten Fall ist er in der Lage, die eigenen Anteile der Erkrankung zu erkennen, sich in ambulante oder stationäre fachärztliche und therapeutische Hände zu begeben, um dann – u.U. auch medikamentengestützt – wieder im bekannten Arbeitsbereich tätig zu sein.
Im negativen Fall ist der Betroffene nicht in der Lage, seine Wahrnehmungen zu hinterfragen, sieht die Schuld seines Versagens im Umfeld und kann deshalb am Arbeitsplatz nicht bleiben. Wenn Umsetzungen nicht möglich sind oder fehlschlagen, bleibt hier als letzter Schritt nur noch die Kündigung und der soziale Abstieg beginnt.
Hier sollten Sozialberatungen die Betriebe motivieren, über Möglichkeiten und Wiedereinstellung bzw. Wiedereingliederung nachzudenken. Richtlinien, die die Ressourcen aber auch die Grenzen von psychisch Erkrankten berücksichtigen, sollten so beschaffen sein, dass sie auf den Einzelfall be-

zogen Arbeitsplätze anbieten, die halbtags, stundenweise oder in die bereits bestehenden „bedarforientierte", flexible Jahresarbeitszeit eingepasst werden.
Gute Chancen bieten sich für leistungsgemindert Einsetzbare im Tele-Arbeitsbereich. Hier könnten psychisch Kranke selbst bestimmen, wie sie tagsüber ihre Arbeitszeit gestalten.
Koordinator dieser besonders auf den Einzelfall abgestimmten Maßnahmen ist in den meisten Fällen im Betrieb die Sozialberatung. Ihr obliegt es, die internen Kontakte zu den Betroffenen, Mitarbeitern und Vorgesetzten zu halten und Ansprechpartner für eventuell auftretende Schwierigkeiten zu sein. Gleichzeitig muss sie externe Institutionen, z.b. das Amt für besondere Soziale Aufgaben (Hauptfürsorgestelle), Arbeitsämter und Sozialhilfeträger motivieren, die Wiedereingliederung auch finanziell zu unterstützen, damit die Betroffenen eine gesunde Basis für ihr Leben erhalten. Hier ist z.B. an ein Übergangsgeld vom Rentenversicherungsträger im Rahmen von Leistungen der Rehabilitation und Halbtagsarbeit auf der Grundlage von § 16 ff. SGB VI, insbesondere § 17, 20 (1) 2, 27 SGB VI Rente und Halbtagsarbeit, oder stundenweise Arbeiten etc. zu denken. Die Ressourcen dieser Menschen können so auf dem ersten Arbeitsmarkt genutzt werden, sie selbst fühlen sich wertgeschätzt und wieder am wirklichen Leben teilnehmend.

„Psychisch Kranke müssen mit der besonderen Beschränkung und Begrenzung der eigenen Möglichkeit zurechtkommen und sich als handlungsfähige Subjekte konstituieren.

Was fehlt sind gesellschaftliche Zonen und Lebensräume, in denen sie sich als aktiv gestaltendes Subjekt auch unter den Bedingungen eingeschränkter Möglichkeiten erfahren können.

Die professionell veranstalteten und dominierenden Arrangements zum Therapieren, Wohnen und Arbeiten und zur Freizeitgestaltung werden oft als künstlich erlebt und gehen offenbar an dem vorbei, was Subjektkonstitution im spätmodernen Sinne ausmacht" (Zaumseil/Lefering 1997).

Wenn das Bewusstsein wächst, dass „Kranke" ihre Lebensentwürfe verändern können, kann die Betriebliche Sozialberatung mit dazu beitragen, „psychisch Krank sein" neu zu definieren. Bisher wurden diese Persönlichkeiten auf ihre Symptome reduziert, in Psychiatrien weggesperrt oder in den „Käfigen" der Psychopharmaka gefangen gehalten. Sie lebten in ihren Gettos und waren unberührbar. Die Gesellschaft hatte wenig Gelegenheit, ihre gesunden Anteile wahrzunehmen. Es entstanden Berührungsängste, die noch durch die öffentlichen Medien bestärkt wurden. Man weiß heute, dass z.B. die Kriminalitätsrate bei diesen Menschen nicht höher als bei Nichterkrankten liegt.

„Das Gesunde bleibt" (Bleuler 1972). In diesem Sinne kann die Betriebliche Sozialberatung eine Betriebsinformation und Aufklärungsarbeit in Zusammenarbeit mit externen Fachreferenten leisten. Dabei hat die Sensibilisierung von Menschen mit Personalverantwortung einen besonderen Stellenwert: Vorgesetzte müssen lernen, Veränderungen in der Leistung, im Verhalten und in der Gesundheit ihrer Mitarbeiter wahrzunehmen, um sie frühzeitig einer Hilfe zuführen zu können. Ihnen sollte bewusst sein, dass es sich bei psychischen Erkrankungen um lange Genesungsprozesse oder dauernd vorhandene Störungen handelt, die einer besonderen auf den Einzelfall bezogenen Handhabung bedürfen.

Fazit: Das Thema „psychisch Krank sein" muss enttabuisiert werden. Die Betriebliche Sozialberatung hat hierbei die Aufgabe, innerbetrieblich den „Runden Tisch" zu organisieren, aber auch dafür zu sorgen, dass der Informationsfluss zwischen den Betrieben, Ärzten und Kliniken sowie Selbsthilfeprojekten und Kommunen ermöglicht und gepflegt wird.

LITERATUR

Zaumseil, M.; Lefering, K. (Hrsg.): Schizophrenie in der Moderne – Modernisierung der Schizophrenie; Ed. „Narrenschiff" Bonn 1997, 1. Aufl.

Bleuler, M.: Die schizophrenen Geistesstörungen im Lichte langjähriger Kranken- und Familiengeschichten; Stuttgart 1972

Bock, T.: Deranders, J. E. u. Stimmenreich, E. I.: Mitteilungen über den Wahnsinn, Bonn 1992

15. Schwerbehinderung, lebensbedrohliche und chronische Erkrankungen

Peter Wießner

Für die Vertretung von Schwerbehinderten ist vorrangig der Schwerbehindertenvertreter zuständig. Sozialberatung und Schwerbehindertenvertreter können sich im Rahmen ihrer Aufgaben aber sinnvoll ergänzen, wobei die Sozialberatung meist den Bereich der psychosozialen Betreuung übernimmt.
Der Umgang mit schwerbehinderten, lebensbedrohlich und chronisch erkrankten Arbeitnehmern als wichtiger Arbeitsbereich Betrieblicher Sozialarbeit wird hier exemplarisch am Beispiel von HIV-Positiven und mit Aids lebenden Menschen skizziert.
Obwohl es sich bei den Betroffenen vorwiegend um Menschen im erwerbsfähigen Alter handelt, spielt das Thema HIV und AIDS in der Betrieblichen Sozialarbeit eine bisher nicht so bedeutende Rolle. Dies kann unterschiedliche Gründe haben, die von der Schwierigkeit des Betroffenen sich zu „outen" bis zu befürchteten Diskriminierungen oder Integrationsschwierigkeiten reichen können.
Im Vergleich mit anderen chronischen Erkrankungen dürfte auf Grund der Altersverteilung der Anteil von HIV-betroffenen Berufstätigen überproportional hoch sein: HIV-Betroffene sind in aller Regel sehr jung. Ein Vergleich der beim Bundesgesundheitsamt registrierten AIDS-Erkrankten mit der Sterbefallstatistik für Krebs belegt die Gesamtproblematik eindrucksvoll: Während mehr als 70% der an Krebs verstorbenen Menschen zum Zeitpunkt ihres Todes bereits das 65. Lebensjahr überschritten hatten, sind über 70% der an Aids erkrankten Menschen beim Ausbruch der Krankheit noch keine 45 Jahre alt" (Heide 1993, 7).

15.1 VERÄNDERTER BLICKWINKEL AUF AIDS

Der Blickwinkel, unter dem AIDS wahrgenommen wird, hat sich seit der Welt-AIDS-Konferenz in Vancouver 1996 stark verändert. Noch vor wenigen Jahren wurde ein HIV-positives Testergebnis häufig mit einem sicheren „Todesurteil" gleichgesetzt. Zwar betrachtet man das Immundefektsyndrom AIDS auch heute noch als lebensbedrohliche Krankheit, es gilt aber nicht mehr in dem Maße als Synonym für Sterben und Tod.

Noch vor wenigen Jahren wurden Betroffene auch in der Behandlung durch die Sozialarbeit vor allem unter dem mit Elisabeth Kübler-Ross assoziierten Blickwinkel des Sterbens und Abschiednehmens wahrgenommen, begleitet und dadurch aus der gesellschaftlichen Mitte verabschiedet. Deshalb wurden damals konsequenterweise HIV-betroffene Arbeitnehmer oft vorzeitig verrentet. Die Möglichkeit, Rehabilitationsmaßnahmen in Anspruch zu nehmen, war auf Grund des „letalen" Ausgangs der Erkrankung kaum möglich. Langzeitpositive, Betroffene, die keine Krankheitssymptome entwickelten und gemäß der Statistik überdurchschnittlich lange (über-)lebten, wurden lediglich als kuriose Ausnahmefälle wahrgenommen (vgl. Wießner 1995).

Dies hat sich auf Grund der verbesserten therapeutischen Möglichkeiten durch Kombinationstherapien seit der Welt-AIDS-Konferenz in Vancouver verändert. Die Möglichkeit, lange Zeit mit der Infektion zu leben, wird heute nicht mehr in Abrede gestellt. AIDS scheint – zumindest in der westlichen Welt – behandelbar zu werden. Trotzdem ist lediglich vorsichtiger Optimismus angesagt. Zur Zeitspanne von der Infektion bis zu den ersten Krankheitssymptomen können derzeit – bei erfolgender Behandlung – kaum seriöse Daten genannt werden und die verbesserte Behandlung bedeutet nicht, dass die Betroffenen gesund sind: Menschen mit HIV und AIDS können lange Zeit chronisch krank und in ihrem Leben schwer behindert sein.

„Die meisten HIV-Infizierten sind in langen Phasen der Infektionsentwicklung voll arbeitsfähig und daher in der Regel in die Arbeitswelt integriert" (Knoll 1996, 37). Doch auch wenn Betroffene kerngesund erscheinen, müssen – bisher lebenslang – viele Medikamente eingenommen werden, von denen die Langzeitnebenwirkungen nicht abzusehen und die Resistenzbildungen kaum erforscht sind. Die Unberechenbarkeit des Krankheitsverlaufes verunsichert Betroffenen und erfordert ein hohes Maß an Flexibilität vom Arbeitgeber. Relativ gesunde, symptomfreie Phasen wechseln sich mit Krankheitsphasen ab, während deren der Betroffene auf Grund von Durchfällen, Fieberschüben, Müdigkeit etc. zeitweise und vorübergehend ernsthaft krank, d.h. „außer Gefecht gesetzt" ist. Das sich verändernde Krankheitsbild erschwert eine abschließende Auseinandersetzung mit dem Thema, was heute noch gilt, kann bereits morgen überholt sein. Deshalb setzt ein verantwortungsvoller und kompetenter Umgang mit den Betroffenen seitens der betrieblichen Sozialarbeiter ein hohes Maß an medizinischer Information voraus.

Neben den körperlichen Problemen konfrontiert die Bedrohung durch HIV und AIDS mit einer Vielzahl psychosozialer Belastungen. Diese müssen in der Beratungsarbeit vom Betriebssozialarbeiter, parallel zur Klärung möglicher rechtlicher Fragestellungen, berücksichtigt und bearbeitet werden. Diese Belastungen werden vielfach als existentielle Bedrohungen erlebt. Differenziert werden kann hier zwischen der Bedrohung der körperlichen Existenz (Krankheit, Schmerz, körperlicher Verfall), der sozialen Existenz (Verlust der Eigenständigkeit, Verlust von Beziehungen, erneute Abhängigkeit vom Elternhaus), der psychosexuellen Existenz (Verlust der körperlichen Attraktivität, eingeschränkte Sexualität) und der Bedrohung der materiellen Existenz (Verlust des Arbeitsplatzes, Abhängigkeit von ergänzender Sozialhilfe).

Die Vielzahl der möglichen Belastungen erfordert individuelle Coping-Strategien der Betroffenen und seitens der Betrieblichen Sozialarbeit eine Orientierung am Einzelfall, vor allem durch angstreduzierende Maßnahmen (vgl. Wießner 1995).

15.2 Stigmatisierung des Betroffenen und Anforderungen an die Beratung

Mit HIV und Aids lebende Menschen sind, zusätzlich zu den oben dargestellten Bedrohungen, besonderen Belastungen ausgesetzt, die sich nicht mit anderen Krankheiten vergleichen lassen:
Auf Grund der Übertragungswege des Virus und der Zugehörigkeit zu Betroffenengruppen (74,9% der Betroffenen sind homo- oder bisexuell, 9,7% intravenöse Drogengebraucher; Robert Koch Institut, Berlin 1994) wird AIDS mit einer gewissen gesellschaftlichen Randständigkeit (Homosexualität, Drogenkonsum, Prostitution) assoziiert. Den Betroffenen wird auf Grund der Übertragungswege häufig eine eigene Schuld an der Erkrankung zugewiesen, ein Mechanismus, der die vorhandene gesellschaftliche Ausgrenzung und Stigmatisierung des Betroffenen steigert und mit der Funktion des Sündenbockmechanismus verglichen werden kann (vgl. Wießner 1997).
Die Ich-Identität des Betroffenen muss sich angesichts der Bedrohungen und Schuldzuweisungen bewähren. Kritische Situationen, wie sie durch Schicksalsschläge, lebensbedrohliche Erkrankungen, den Verlust des Arbeitsplatzes etc. ausgelöst werden können, führen zu Bewährungsproben, die im Sinne Eriksons zu „Identitätskrisen" zuspitzen, wenn die Kontinuität

der Identität bedroht ist oder „die Diskrepanz zwischen Eigen- und Fremderwartung zu groß wird" (Osang/Pingel 1991, 36).
Eine Studie zur Situation von Schwulen und Lesben am Arbeitsplatz belegt, dass ca. 81% der Schwulen und Lesben in der Arbeitssituation Diskriminierungserfahrungen machen (vgl. Knoll 1996, S. 38). Die Schwierigkeiten, die HIV-Infizierten durch eine Mitteilung des Testergebnisses innerhalb des Betriebes entstehen, die Fragen und Ängste, die damit verbunden werden, können mit den Coming-Out-Problemen von Schwulen in einer homophoben Gesellschaft verglichen werden. Die Sozialberatung kann hierbei durch ihre Fachlichkeit und ihre Betriebskenntnisse (wie wird z.B. in anderen Arbeitsgruppen mit diesem Thema umgangen) Hilfestellungen leisten.

Es ist eine Frage des „Stigmamanagements" (Goffman), ob überhaupt, zu welchem Zeitpunkt und von wem der Serostatus des betroffenen Arbeitnehmers mitgeteilt werden soll. All diese Fragen sind gemeinsam mit ihm abzuwägen. Eine rechtliche Notwendigkeit, die Erkrankung mitzuteilen, besteht in den meisten Fällen jedoch nicht, da alltäglichen sozialen Kontakte am Arbeitsplatz unter Einhaltung herkömmlicher hygienischer Bedingungen nicht zu einer HIV-Infektion führen können.

Vor- und Nachteile der Veröffentlichung einer HIV-Infektion sind mit den Betroffenen abzuwägen. Die Vorteile könnten darin liegen, dass von Arbeitskollegen entgegengebrachte Unterstützung und Verständnis zu einer Entlastung der Arbeitssituation führen können. Nachteile liegen im Verlust der Informationskontrolle: der Betroffene hat nicht mehr in der Hand, welche Informationen über ihn weitergetragen werden. Knoll verweist hier auf das Problem des Informationsinteresses von Kollegen bei häufigen krankheitsbedingten Fehlzeiten oder bei ersten sichtbaren Krankheitssymptomen (1996, 38).

In den Betrieben können Vorurteile und Ängste der Beschäftigten (vor allem die Infektionsgefahr betreffend) eine Stimmung erzeugen, die u.U. bis zur Druckkündigung führen kann. Vom Betriebssozialarbeiter und anderen internen Gremien, wie z.B. dem Werksarzt, sind Information und Aufklärung über die tatsächlichen Übertragungsrisiken (welche häufig überschätzt werden) zu vermitteln, um irrationale Ängste auf eine reale Basis zu heben und solidarisches Verhalten einzufordern. Aufklärung bedarf es natürlich auch in Fragen des Krankheitsverlaufes einer HIV-Infektion: Oft wird ein HIV-positives Testergebnis mit dem Immundefektsyndrom „AIDS" gleichgesetzt, welches hohe Ausfallzeiten erwarten lässt. Im ersten Fall kann es sich um „gesunde Virusträger" (Fesenfeld 1992, 35), im zweiten Fall um schwersterkrankte Menschen handeln.

Während eines Workshops zum Thema „AIDS und Arbeit", der zur letzten Bundesversammlung der Menschen mit HIV und AIDS 1997 in Bremen stattfand, kam es zu einem Austausch HIV-betroffener Arbeitnehmer. Das Coming-Out als HIV-Positiver beziehungsweise als Arbeitnehmer mit Schwerbehinderten-Status unter Kollegen wurde von den Anwesenden des Workshops als besonders problematisch benannt. Oft bereitet es den Betroffenen Probleme, den Anschein von Normalität zu wahren: z.b. dann, wenn während der Arbeitszeit Tabletten eingenommen werden müssen, wenn krankheitsbedingte Ausfälle oder vermehrte Urlaubstage auf Grund einer zuerkannten (vor den Kollegen aber verborgenen) Schwerbehinderung erklärt werden müssen oder wenn Gerüchte über die Erkrankung des Betroffenen kursieren und dieser die objektive Tatsache verbergen möchte. In dieser Situation entwickeln Betroffene häufig Schuldgefühle, weil sie sich vermeintlich unehrlich verhalten, indem sie den wahren Grund Ihrer Fehlzeiten verbergen und somit das Vertrauen von Arbeitskollegen und Freunden „missbrauchen". Während dieses Austausches wurde deutlich, wie außerordentlich wichtig die Verschwiegenheit der Sozialarbeiter ist, um ein Vertrauensverhältnis zu dem Arbeitnehmer zu etablieren.

15.3 Rechtliche Fragestellungen und materielle Absicherungen

Rechtliche Fragestellungen nahmen während des Workshops einen großen Raum ein. Es wurde deutlich, wie sehr Betroffene durch rechtliche Fragestellungen verunsichert werden und wie schwer es offensichtlich ist, kompetente Auskunft zu erhalten. Folgende Themenkomplexe, deren Bearbeitung in der Beratungs- und Aufklärungsarbeit ein hohes Maß an Detailwissen beim Sozialarbeiter voraussetzen, wurden während des Workshops benannt:
Wer ist in Kenntnis zu setzen, wenn ein HIV-positives Testergebnis vorliegt? Ist dem Arbeitgeber, die Beantragung eines Schwerbehindertenausweises mitzuteilen? Was sind die Vor- und Nachteile der Beantragung? Wie steht es um den Kündigungsschutz bei fortschreitender Erkrankung? Welche Möglichkeiten der Verrentung, der zusätzlichen Altersversorgung und der Rehabilitation existieren für HIV-Betroffene? Gibt es Modelle der Wiedereingliederung in den Arbeitsprozess, nachdem ein Arbeitsausstieg vollzogen wurde? Findet das Hamburger Modell – welches eine von den Krankenkassen bezahlte phasenweise Wiedereingliederung in den Arbeitsprozess regelt – auch Anwendung für Menschen mit HIV und Aids? Wel-

che Möglichkeiten und Modelle des langsamen und sozial verträglichen Ausstieg aus dem Arbeitsprozess existieren? Welche Rechte hat der Arbeitnehmer auf innerbetriebliche Arbeitserleichterung? Welche Möglichkeiten und Erfahrungen existieren z.b. bei Versetzung innerhalb des Betriebes, Sonderurlaub, Entlastung vom Schichtdienst, Job-sharing etc.?
Betont wurde der Mangel an Modellen und Möglichkeiten, die sich rasch und „unbürokratisch" an den sich phasenweise verändernden und sich stetig wandelnden Krankheitsverlauf der Betroffenen anpassen lassen.
Neben den zu bewältigenden krankheitsbedingten, psychosozialen und rechtlichen Problemen und Fragestellungen sind in der Beratung auch Fragen der materiellen Absicherung zu klären. Auf Grund der Altersstruktur unter den Betroffenen (60% sind zwischen 25-45 Jahre alt) kann Aids als eine Krankheit gelten, die arm machen kann (vgl. Heide 1994, 15). Eine Erwerbsunfähigkeitsrente ist häufig zu niedrig, sodass ergänzende Sozialhilfe beantragt werden muss. Auf Grund momentan kaum vorhandener Möglichkeiten eines Wiedereinstiegs nach erfolgter Berentung und der unzureichenden Möglichkeiten, nach der Berentung geringfügig Geld dazuzuverdienen, wirft die Aussicht auf lebenslange Abhängigkeit von ergänzender Sozialhilfe große Probleme für Betroffenen auf. Knoll weist darauf hin, dass vor diesem Hintergrund die Frage der Berentung vorsichtig bewertet werden muss. Ungeachtet der Tatsache, dass eine Berentung für viele Betroffene sinnvoll und hilfreich ist, „gibt es auch Fälle, in denen die Berentung gegen das Interesse des Betroffenen arbeiten kann: dann nämlich, wenn die Berentung dem einzelnen die Grundlage für die Lebensnormalität entzieht" (Knoll 1996, 38).

15.4 Arbeit als Möglichkeit der gesellschaftlichen Teilhabe

Die Weltgesundheitsorganisation (WHO) definiert in der sog. Ottawa-Charta Gesundheit als einen „Zustand des völligen körperlichen, geistigen und sozialen Wohlbefindens und nicht nur das Freiseins von Krankheit und Gebrechen" (zit. n. Heide 1994, 15). Diese Definition markiert Gesundheit wohl eher als Prozess, denn als Endpunkt. Sympathisch an der Definition ist das Eingebundensein des Betroffenen in gesellschaftliche Zusammenhänge. Darunter zu fassen ist natürlich auch die Rolle der Arbeit und des Berufes als Möglichkeit der gesellschaftlichen Teilhabe, welche soziales Ansehen, Kontakte und sozial-materielle Absicherung vermittelt. Dass dies auch für Menschen mit HIV und AIDS gilt, muss nicht extra gesagt werden.

Für die randständige Position, die diese hingegen in unserer Gesellschaft zugewiesen bekommen, mag diese Definition eher den Charakter eines utopischen Postulates haben, wenn nicht gar – angesichts der Situation, in der sie sich befinden – zynisch klingen. Im Lichte dieser Diskussion dürfen die positiven Auswirkungen des Tätigseins auf die gesundheitliche Entwicklung kranker Menschen nicht außer acht gelassen werden. Diese wurden durch psychoneuroimmunologische Studien eindeutig festgestellt (vgl. Wießner 1995). Zu den positiven Auswirkungen die der Arbeitsprozess mit sich bringt, bemerkt ein HIV-Positiver:

> „Was für Positive sehr schwierig ist, ist dieses Gefühl nicht mehr gebraucht zu werden. Das ist sehr schwierig und war für mich eines der wichtigsten Themen. Ich habe lange auf der Intensivstation gearbeitet, da war ich voll eingespannt, da mußte ich reagieren und agieren. Und auf einmal saß ich in meinem Kämmerlein: es blinkte nichts, es tutete nichts, ich mußte mir plötzlich selbst Impulse schaffen auf die ich reagiere. Da kam nichts. Damit klarzukommen war tierisch schwer. Heute kann ich das, aber das hat tierisch lange gedauert bis ich das lernte. Heute habe ich meinen Tag ausgefüllt auch ohne Arbeitsprozeß. Im großen und ganzen habe ich viel Freizeit" (a.a.O.).

Ein weiterer wichtiger, sich auf die Situation Betroffener auswirkender Aspekt ergibt sich aus deren finanzieller Situation. Heide weißt darauf hin, dass Kommunikation und sozialer Austausch in unserer Gesellschaft fast immer mit zusätzlichen Kosten verbunden sind. Die finanzielle Randständigkeit Betroffener wirkt sich daher negativ auf deren gesundheitliche Entwicklung aus. Für die Zukunft prognostiziert Heide, dass die Überlebens- und Lebenschancen der Menschen mit HIV und Aids sich durch die zunehmenden Einbußen in der Grundversorgung weiterhin verschlechtern werden (vgl. Heide 1994, 18).

Die oben genannte Definition von Gesundheit untergräbt unsere festgelegten Kategorien von „gesund" und „krank". Knoll bemerkt, dass diese Einordnung in festgelegte Kategorien auch für HIV-Positive problematisch sei, da diese zwischen den beiden Polen hin und her schwanken würden; selbst wenn sie sich subjektiv als gesund erlebten, würde diese Sichtweise im Umfeld oft nicht geteilt werden (Knoll 1996, 39). Die hier aufgezeigten Aspekte erheben keinen Anspruch auf Vollständigkeit; gezeigt wurde ein kleiner Einblick in die Vielfalt der zu berücksichtigenden, möglichen Aspekte, die in der Auseinandersetzung mit dem Thema HIV und AIDS auftauchen können. Das Thema bedarf insbesondere für die Betriebliche Sozialarbeit einer weiterführenden Diskussion. Die derzeit bestehenden strukturellen Möglichkeiten müssen flexibler gehandhabt werden, um den durch HIV und AIDS entstehenden Erfordernissen Rechnung zu tragen.

LITERATUR

Clement, U.: HIV-positiv. Stuttgart 1991
Erikson, E.: Identität und Lebenszyklus. Drei Aufsätze. Frankfurt a. M. 1973
Goffman, E.: Stigma. Über Techniken der Bewältigung beschädigter Identität. Frankfurt a. M. 1996
Felsenfeld, A.: Aids – eine sexualisierte Krankheit und ihre Aspekte. Paderborn 1992
Heide, U.: Soziale Not bei Menschen mit HIV und AIDS in der Bundesrepublik Deutschland: Zustand und Perspektiven. Artikel im AIDS-FORUM D.A.H. Band XV AIDS UND SOZIALE NOT, Berlin 1994
Heide, U.: Soziale Notlagen bei Menschen mit HIV und AIDS. Wissenschaftszentrum Berlin für Sozialforschung, P93-209. Berlin 1993
Knoll, Ch.: Plenarvortrag zum Thema: HIV und Arbeit. Dokumentation der 7. Bundesversammlung der Menschen mit HIV und AIDS vom 29.8.-1.9.1996 in Leipzig, Berlin 1996
Osang, U.; Pingel, A.: Neue Ansätze Politischer Erwachsenenbildung in der DDR – Untersucht und ausgewählt an Beispielen, Berlin 1991
Wießner, P. (Hrsg.): AIDS-FORUM D.A.H. Band XX. LANGZEITPOSITIVE ASPEKTE DES LONGTERMSURVIVAL, Berlin 1995
Wießner, P.: VON DER MECHANIK DES STERBENS. in: Bestmann, A., Schuhmacher, R., Wünsch, S. (Hrsg.): Aids – weltweit und dichtdran, Saarbrücken 1997
Wießner, P. in: AIDS-FORUM D.A.H. – HIV, AIDS und Psychiatrie – Probleme in der Versorgung von Menschen, die unter psychiatrisch neurologischen Problemen leiden, Berlin 1998

Teil IV
Methoden der Sozialarbeit

Einleitung

In den folgenden Kapiteln soll das Handeln Betrieblicher Sozialdienste aus der Perspektive der verschiedenen Methoden der sozialen Arbeit betrachtet werden. Dabei wird neben den „klassischen" Methoden der Fallarbeit, Gruppenarbeit und Gemeinwesenarbeit auch die des systemischen Ansatzes aufgenommen. Es geht dabei nicht um die Entwicklung einer eigenen Methodik Betrieblicher Sozialarbeit. Ziel ist es, die Praxis sozialarbeiterischen Handelns in den Betrieben im Zusammenhang mit den existierenden Methoden der sozialen Arbeit zu reflektieren. Die unterschiedlichen Schwerpunkte betrieblicher Arbeit sollen dabei aus methodischer Perspektive betrachtet werden. Verdeutlicht werden soll zudem wie sich diese Methoden in einem konkreten Feld sozialer Arbeit in der tagtäglichen Praxis niederschlagen.

16. Einzelfallarbeit/Case Work

Stephan F. Wagner

Die Einzelfallarbeit ist das tagtägliche Brot der Betrieblichen Sozialarbeit. Sie ist die Grundlage, auf der die meisten Aktivitäten in Betrieben aufbauen. Fallarbeit im Betrieb bedeutet konsequentes Anwenden sozialarbeiterischer Grundsätze in Kombination mit den Erkenntnissen der modernen Personalführung und der jeweiligen Managementmethode des Betriebs. Unabdingbare Voraussetzung jeder betrieblichen Fallarbeit ist die Vertraulichkeit der personenbezogenen Informationen, die der Sozialarbeiter im Laufe des Hilfeprozesses erhält (s. Kap. 20.2). Einige Betriebe sichern dies über spezielle Vorschriften und Verträge ab, in manchen Fällen auch über Vereinbarungen mit den Betriebs- und Personalräten. Dies beinhaltet, dass nur diejenigen Informationen an Stellen außerhalb des Betriebssozialdienstes weitergegeben werden, mit denen der betroffene Mitarbeiter einverstanden ist, beziehungsweise die einen Rückschluss auf die betroffene Person nicht zulassen. Damit ist ein kritischer Punkt Betrieblicher Sozialarbeit berührt. So sehr Vertraulichkeit in der Fallarbeit Voraussetzung ist, ist es auf der anderen Seite notwendig, die geleistete Arbeit zu dokumentieren und darzustellen (s. Kap. 23).
Eine gezielte Öffentlichkeitsarbeit kann einen Betriebssozialdienst langfristig dabei unterstützen die notwendigen Mittel für seine Arbeit zu erhalten. Dies gilt insbesondere für Krisenzeiten. Von daher bedeutet betriebliche Fallarbeit vielfach, dass die in den Betrieben tätigen Sozialarbeiter die von ihnen geleistete Arbeit nach formalen Gesichtspunkten strukturieren müssen, damit die Breite der Methodenanwendung mit dem damit verbundenen Zeitaufwand anonymisiert darstellbar wird. Betriebliche Fallarbeit bedeutet nicht nur, die Elemente der Gesprächsführung, des Networking und der Empathie konkret anzuwenden, sondern auch, diese so zu strukturieren, dass sie in einer monatlichen Statistik darstellbar werden, ohne dass der einzelne Klient erkennbar wird; eine nicht immer leichte Aufgabe. Im einzelnen stellt sich die Anwendung dieser Elemente im Betrieb immer auch in Bezug auf die konkrete betriebliche Wirklichkeit dar.

16.1 Gesprächsführung

Bei der Gesprächsführung, die als eine der wichtigsten Komponenten im Bereich der Einzelfallhilfe angewandt wird, gibt es unterschiedliche Methoden, z.B. TZI (Themenzentrierte Interaktion), Gesprächsführung nach Rogers oder der systemischen Theorie. Diese hier darzustellen ist nicht Gegenstand dieses Überblickes.

In der Regel kommen Klienten insbesondere bei Erstkontakten nur bedingt gesprächsbereit in die Beratung. Dies liegt daran, dass die überwiegende Zahl der Klienten den Betriebssozialdienst nicht freiwillig aufsucht, sondern in der Regel erst nach gezielten Interventionen, Druck durch Kollegen und Kolleginnen beziehungsweise auf mehr oder minder offene Drohungen durch Vorgesetzte. Und selbst dort, wo dies kaum eine Rolle spielt, ist die Gesprächssituation zu Anfang eines Hilfeprozesses alles andere als unkompliziert, da die betroffene Person sich einem bis dahin Fremden gegenüber öffnen soll und einer unbekannten Person Dinge erzählen soll, die in der Regel kein besonders schönes Licht auf die eigene Person werfen.

Erschwerend kommt dabei für betriebliche Sozialarbeiter hinzu, dass dies in einem Umfeld geschieht, indem sich fast jede Information in Windeseile über den ganzen Betrieb verteilt. Im Vorteil sind hier außerbetriebliche Beratungsstellen, die durch fehlende Einbindung in die unmittelbare Lebensumwelt des Hilfesuchenden einen höheren Grad an Anonymität gewährleisten. Im Betrieb ist gerade bei Erstkontakten in der Regel die Befürchtung hoch, dass jemand von dem Besuch erfährt und damit der Druck auf die eigene Person weiter steigt oder man ins Gerede kommt.

Betriebliche Sozialarbeiter sind also im besonderen Maße angehalten, diese Gesprächssituationen vorsichtig und sensibel zu gestalten, ohne dabei die in einigen Problemfällen notwendige Klarheit und Deutlichkeit vermissen zu lassen. Für diese Aufgabenstellung reicht in vielen Fällen das während der Ausbildung an Fachhochschulen erworbene Gesprächstraining nur bedingt aus, und überall dort, wo Menschen in den Bereich Betrieblicher Sozialarbeit wechseln, ohne in speziellen Ausbildungsschwerpunkten auf diese Tätigkeit vorbereitet worden zu sein, holt sich das betroffene Fachpersonal in der Regel zusätzliche Kompetenz im Rahmen von Fort- und Weiterbildungen, um den speziellen Anforderungen eines hochvernetzten betrieblichen Umfelds gerecht zu werden.

16.2 Networking

Es gibt kaum einen Bereich sozialer Arbeit, der in so hohem Maße auf diese Technik der Fallarbeit angewiesen ist wie die Betriebliche Sozialarbeit. In der Regel sind die betrieblichen Sozialarbeiter „Einzelkämpfer". Und selbst in den wenigen Fällen, in denen Teams in Betrieben tätig sind, können diese nicht das gesamte Spektrum der Hilfeleistungen und Möglichkeiten des sozialen Netzes abdecken. Von daher ergibt sich zwangsläufig die Aufgabe, in vielen konkreten Einzelfällen als Transfer- und Informationsstelle zu agieren, die zwar den Fall begleitet und unterstützt, die konkreten Hilfeleistungen dabei jedoch nicht selbst erbringt. Hier werden die Klienten in der Regel mit Spezialeinrichtungen in Verbindung gebracht, die das benötigte Hilfswissen vorrätig halten. Das bringt Betriebliche Sozialdienste in die Situation, zu zahlreichen Beratungsstellen und Institutionen Kontakt halten zu müssen, um im konkreten Einzelfall die benötigte Hilfe schnell und in einer angemessenen Qualität gewähren zu können.

Ein wichtiger Bereich betrieblicher sozialer Hilfen ist die Suchtkrankenhilfe (s. Kap. 9). Hier müssen betriebliche Sozialarbeiter Kontakt mit den unterschiedlichsten Institutionen im Bereich der Suchthilfe halten. Dieser reicht von externen Suchtberatungsstellen, Krankenhäusern, Therapieeinrichtungen, Rentenversicherungsträgern bis hin zu Selbsthilfegruppen und Schuldnerberatungsstellen. Insgesamt kann dieser Bereich mit den notwendigen Kontakten zu Beratungsstellen bei psychischen Belastungen und den dazugehörigen Behandlungsketten als das Feld angesehen werden, indem sich betriebliche Sozialarbeiter gut auskennen müssen. Hier geht es relativ häufig darum, schnell Hilfe zu leisten beziehungsweise Hilfe auf die Bedürfnisse spezieller Einzelfälle zuzuschneiden. Von daher geht die Vernetzungsanforderung in diesem Feld über das Wissen, wo die jeweilige Ressource unter welchen Bedingungen zur Verfügung steht, hinaus. Es erfordert ein hohes Maß an persönlichen Kontakten, so dass in wiederholt auftretenden Fällen gemäß den speziellen Anforderungen des jeweiligen Einzelfalls das zielgerichtete Ausrichten der Hilfe ohne große Zeitverluste möglich ist. Hinzu kommt ein guter Kontakt zu den Einrichtungen, der weit über die Kenntnisse der jeweiligen Adresse hinausgeht, z.B. von persönlichen Gesprächen mit den verantwortlichen Personen bis hin zu gesellschaftlichen Verpflichtungen bei Beförderungen oder Jubiläen.

Daneben gibt es einen weiten Bereich von Kontakten, die nur unregelmäßig in Anspruch genommen werden. Dies kann der Fall sein, wenn die außergewöhnliche Situation eines Klienten es notwendig macht, aus dem breiten

Angebot des sozialen Netzes ein ganz spezifisches abzurufen, um helfen zu können. Um dieser Aufgabe gerecht zu werden, ist ein beständiger Prozess der Fort- und Weiterbildung notwendig, der die betrieblichen Sozialarbeiter befähigt, immer wieder jene Dinge im sozialen Netz zu finden, die benötigt werden. Teil dieses Prozesses ist die regelmäßige Lektüre der einschlägigen Fachliteratur und das allgemeine Beobachten dessen, was die tägliche Flut der Nachrichten an Erwähnenswertem für den sozialen Bereich birgt.

Das dritte nennenswerte Feld ist das der Vernetzung der einzelnen betrieblichen Sozialarbeiter untereinander. Sowohl in lokalen Zusammenschlüssen wie den Arbeitskreisen der betrieblichen Sozialarbeiter in Berlin, die auf freiwilliger Basis funktionieren und wo es keine genau definierte Mitgliedschaft gibt, als auch im Rahmen des Bundesfachverbandes für Betriebliche Sozialarbeit (bbs) finden fachliche Vernetzungen statt, die im Rahmen der konkreten Arbeit eine erhebliche Bedeutung haben.

16.3 EMPATHIE

Die herausragende Bedeutung dieser Fähigkeit für den Bereich Betrieblicher Sozialarbeit kann nicht oft genug betont werden. Gerade in einem Umfeld, in dem wie z.B. in gewerblichen Betrieben Leistung, Ergebnisse, Planerfüllung und das Erreichen von Zielen im Vordergrund stehen, ist sie von nicht zu unterschätzender Bedeutung. Sobald einem Mitarbeiter die eigene psychische Befindlichkeit Probleme beim Erreichen der betrieblichen Vorgaben bereitet, ist es gut, wenn im Betrieb eine Stelle existiert, die durch ihre Kenntnisse und ihr Einfühlungsvermögen angemessen reagieren und unterstützten kann.

Empathie beinhaltet gerade auch im Betrieb die Fähigkeit, den Klienten mit allen seinen Problemen und Fehlern anzunehmen. Der Betriebliche Sozialdienst ist jene Stelle im Betrieb, die die Klienten „da abholt, wo sie stehen". Es ist notwendig, sie in einem Prozess zu begleiten, der wesentlich davon bestimmt ist, das gestellte Anforderungen an den Mitarbeiter und seine tatsächliche Leistungsfähigkeit in ein neues sinnvolles Gleichgewicht gebracht werden.

Oft ist Betrieblichen Sozialdiensten unterstellt worden, dass sie nichts anders sind als der verlängerte Arm der Geschäftsführung. Sozusagen der Samthandschuh über der Eisenfaust. Aus dieser Perspektive der Parteilichkeit ist den betrieblichen Sozialarbeitern sowohl von Gegnern als auch von einigen lifestyle-orientierten Propagandisten, die ihr Heil in glatten Managementformulierungen und Phrasen suchen, die Fähigkeit und die Notwendigkeit der Empathie abgesprochen worden. Solche Positionen erfassen den Kern Betrieblicher Sozialarbeit insbesondere im Feld der Einzelfallarbeit nicht: Er heißt Hilfe.

17. Gruppenarbeit/Group Work

Stephan F. Wagner

Gruppenarbeit hat bisher als Methode nur eine untergeordnete Rolle gespielt. Im Zuge von zunehmender Teamentwicklung nimmt sie aber an Bedeutung zu. Beispielhaft sind hier zu nennen, Moderation von Gesundheitszirkeln, Begleitung von Teamentwicklungsprozessen und Konfliktmanagement bezogen auf die Förderung sinnvoller Kommunikations- und Streitkulturen. Im wesentlichen fließen Kenntnisse von Gruppenprozessen im Betrieb bei der Einzelfallarbeit, bei der Gestaltung von Richtlinien und bei der Moderation von Konflikten, und hier insbesondere beim Mobbing mit ein.
In anderen Zusammenhängen findet Gruppenarbeit als Methode in der Betrieblichen Sozialarbeit überwiegend aus der Perspektive der Beobachtung, der Erfassung von Gruppenstrukturen und gruppendynamischen Prozessen statt. Hierdurch erhält der betriebliche Sozialberater für seine Tätigkeit wertvolle Informationen über das hochkomplexe Systeme Betrieb, die Rückschlüsse auf Betriebskultur und -klima zulassen. Diese Beobachtungen bieten dann den Handlungsrahmen, in dem die jeweils spezifischen Interventionen möglich sind.
Die Arbeit mit einzelnen Klienten erfordert fast immer auch den Umgang mit Gruppen. Sozialarbeiter sind im Rahmen der Einzelfallarbeit mit äußerst dynamischen Gruppenprozessen konfrontiert, insbesondere dann, wenn unterschiedliche Interessen aufeinanderprallen.
Als Beispiel sei hier kurz auf die Arbeit mit suchtkranken Mitarbeitern verwiesen. In den meisten Fällen erfordert der Umgang mit diesem Problem zumindest in Teilaspekten Gruppenprozesse, in die so unterschiedliche betriebliche Funktionen wie Betriebs- beziehungsweise Personalrat, Vorgesetzte, Personalabteilung und Betriebsärztlicher Dienst einbezogen sind. Spätestens in diesen Situationen werden an die Fähigkeit eines betrieblichen Sozialarbeiters zur Gruppenarbeit hohe Anforderungen gestellt.
Im Gegensatz zu vielen Gruppen in der außerbetrieblichen Arbeit, in der sich Gleichgesinnte zu einer Gruppe formieren, prallen im Betrieb oft unterschiedliche Interessen und Zielsetzungen aufeinander. Hier ist besonders die Fähigkeit der betrieblichen Sozialberater gefordert, die Position der Beteiligten in ihren jeweiligen Bezugsrahmen korrekt zu erfassen und zu begreifen. Wichtig ist hierbei die Unterscheidung, was bei dem Konflikt oder der Krankheit personenbedingt und was strukturbedingt ist.

Mit der Moderation von Konflikten hat sich in den letzten Jahren ein breites Feld von Aktivitäten betrieblicher Sozialarbeiter ergeben, in denen viele Aspekte, die in Zusammenhang mit Gruppenarbeit von Bedeutung sind, eine wichtige Rolle spielen. Gerade wenn es in Gruppen zu Konflikten kommt, die einen so heftigen Charakter annehmen, dass sie das betriebliche Miteinander erheblich stören und den Betrieb dazu veranlassen, hochbezahlte Spezialisten zur Lösung des Problems heranzuholen, ist es von erheblicher Bedeutung, dass die mit der Moderation beauftragten Personen über Erfahrungen im Umgang mit Gruppen verfügen, beziehungsweise in der Lage sind, offene und verdeckte Gruppenprozesse wahrzunehmen. Allerdings muss betont werden, dass hier die klassische Methode der Gruppenarbeit und die mit ihr verbundenen Kenntnisse nur den Charakter von hilfreichem Hintergrundwissen haben. An diese in der Ausbildung erworbenen Grundfähigkeiten sollte sich bei der angesprochenen Aufgabenstellung eine Zusatzausbildung als Trainerin oder Moderator anschließen. Erst in dieser Kombination kann das Wissen über Gruppenarbeit und Gruppenstrukturen, das zum grundlegenden Werkzeug Betrieblicher Sozialarbeit gehört, sinnvoll in solche Prozesse eingebracht werden.

18. Gemeinwesenarbeit/Community Work

Stephan F. Wagner

Betrachtet man die drei so genannten „klassischen" Methoden der Sozialarbeit, so wird man von der Gemeinwesenarbeit am wenigsten erwarten, sie bei den Arbeitsmethoden der Betrieblichen Sozialarbeit wiederzufinden. In ihrer klassischen Ausprägung als Arbeit, die auf einen bestimmten Stadtteil, eine Community wie es ursprünglich im Englischen hieß, konzentriert ist, sind nur wenige Berührungspunkte zur betrieblichen Wirklichkeit zu entdecken. Dort wo Gemeinwesenarbeit jedoch sich mit der Befähigung unterschiedlicher Gruppen, ihre Rechte wahrzunehmen beziehungsweise ihre kulturellen Besonderheiten auszudrücken, auseinandersetzt, sind durchaus Anknüpfungspunkte festzustellen. Schaut man auf den Betrieb als eine Gemeinschaft, in der unterschiedliche Interessengruppen auf verschiedensten Ebenen miteinander umgehen, so ergibt sich eine Perspektive, in der die Auseinandersetzung mit Gemeinwesenarbeit für betriebliche Sozialarbeiter durchaus Sinn macht.

Ein Betrieb ist ein System, in dem unterschiedlichste Gruppen ihre Interessen verfolgen. Damit ist nicht nur der Widerspruch von Kapital und Arbeit gemeint, der sich heute im Spannungsverhältnis von Betriebs- und Personalräten zur Betriebsleitung mehr oder minder deutlich niederschlägt, sondern auch die vielfältigen Interessen, die sich im Betrieb an Geschlecht, kulturellen Sozialisationen und unterschiedlichen Stellungen festmachen. In dieses Patchwork der Interessen gehört die Benachteiligung von Frauen am Arbeitsplatz ebenso hinein, wie das Feiern des Ramadan durch moslemische Beschäftigte, die Spannungen zwischen türkischen und kurdischen Beschäftigten genauso, wie die Unterschiede zwischen Bayern und Preußen.

Wesentlich für die Erfassung solcher Konflikte ist, sich zuallererst zu verdeutlichen, dass die offiziellen Hierarchien eines Betriebes nur ein erster formaler Anhaltspunkt für die tatsächlichen Machtstrukturen in einem Betrieb sind, die zwar alles andere umspannen, in ihrem Kern aber in der Regel von verdeckten Hierarchien und Bündnissen angetrieben und gestaltet werden. Im Umgang mit dieser komplexen vielschichtigen Realität ist es speziell in größeren Betrieben unerlässlich, zumindest in der Analyse, oft aber auch im praktischen Handeln auf Momente der Gemeinwesenarbeit zurückzugreifen. Wie dies im einzelnen aussehen kann, soll im Folgenden an zwei Punkten: verdeckte Hierarchien und kulturelle Differenzen im Betrieb, verdeutlicht werden.

18.1 Verdeckte Hierarchien

Der Umgang mit dem Spannungsverhältnis tatsächlicher/informeller Machtstrukturen und offizieller/formeller Machtstrukturen ist tagtägliches Brot betrieblicher Sozialarbeiter.

Es gibt kaum einen Bereich im Betrieb, indem die tatsächlichen Machtverhältnisse und die offiziellen Hierarchien deckungsgleich sind. Dies kann sich in der konkreten Arbeit auf unterschiedliche Art und Weise zeigen. Ein Beispiel sei hier kurz skizziert.

Trifft man auf eine Situation, in der ein Vorgesetzter ein Suchtproblem hat, so entstehen sehr schnell verdeckte Hierarchien. Alle Personen um den Suchtkranken herum sind mit dem Problem beziehungsweise den Auswirkungen konfrontiert, z.b. dass der suchtkranke Vorgesetzte seine Arbeit nicht mehr in dem Maße erfüllt, wie es von ihm erwartet wird. Der ihm vorgesetzte Abteilungsleiter müsste eigentlich etwas unternehmen. Er wird aber nicht aktiv, weil er mit diesem Kollegen gemeinsam aufgestiegen ist und sie eine gemeinsame Geschichte verbindet. Es kommt zu einer Situation, in der sowohl die Vorgesetzten des suchtkranken Mitarbeiters als auch seine Untergebenen nach Wegen suchen, mit dieser Situation umzugehen und dabei sicher zu stellen, dass die Arbeit erledigt wird. Ein Mitarbeiter der Arbeitsgruppe z.B. beginnt in die Funktion des Vorgesetzten hineinzuwachsen, ohne die Position innezuhaben. Am Ende entsteht eine Situation, in der alle Beteiligten sich daran gewöhnt haben, die Anweisungen des offiziellen suchtkranken Vorgesetzten nicht zu beachten und die des informellen Vorgesetzten umzusetzen. Alle Anweisungen von oben werden jetzt sowohl an den suchtkranken Vorgesetzten gegeben als auch an den inoffiziellen Leiter der Arbeitsgruppe. Neben der offiziellen Hierarchie ist unter Beteiligung aller eine inoffizielle Hierarchie entstanden, die von außen nicht sofort sichtbar ist. Wird nun, aus welchen Gründen auch immer, ein betrieblicher Sozialarbeiter mit der Lösung eines sozialen Problems in diesem Umfeld betraut, so wird der Erfolg wesentlich davon abhängen, dass neben der konkreten Aufgabe auch die Strukturen erkannt werden, die in diesem Umfeld wirken. Einige Werkzeuge, in solch komplexen sozialen Organismen konkrete Machtverhältnisse zu erspüren und zu entdecken, sind nicht zuletzt in der Gemeinwesenarbeit zu finden.

Jeder Betrieb hat also neben der offiziellen Hierarchie eine verdeckte Struktur, über die Macht und Information im Betrieb kommuniziert und verteilt wird. Das kann sowohl Bündnisse zwischen Vorgesetzten verschiedener Abteilungen beinhalten als auch den Zusammenhalt von Einwanderern mit gleichen kulturellen Hintergrund. Gelingt es betrieblichen Sozialabteilungen nicht, die wesentlichen Momente dieser versteckten Hierarchien im Betrieb zu erfassen, hat dies u.U. vielfältige negative Folgen. Es bedeutet sowohl den Verlust eines Teils wichtiger Informationen über Vorgänge im Betrieb als auch immer wieder auftretende Widerstände, die sich aus dem jeweils konkreten Einzelfall nicht erklären. Hier sind Fähigkeiten gefragt, die eigentlich von jedem gutem Gemeinwesenarbeiter verlangt werden. Es geht zwar nicht um einen Stadtteil, aber ein Betrieb mit mehr als 500 Mitarbeitern verhält sich in vielerlei Hinsicht wie ein Stadtteil und bringt auch ähnliche Reaktionen und Funktionen hervor.

18.2 Kulturelle Differenzen

Wird ein Teil des Arbeitskräftebedarfs eines Betriebs über Migration gedeckt, ist es von besonderer Bedeutung für das Betriebsklima, kulturelle Differenzen aufzunehmen und zu berücksichtigen. Dabei geht es nicht immer um das Offensichtliche. In einem Betrieb mit vielen muslimischen Beschäftigten sollte z.B. eine 100 Jahr Feier wenn möglich nicht in die Zeit des Ramadan gelegt werden. Oft sind es Kleinigkeiten, die dann langfristig Konsequenzen für das Betriebsklima haben und in der konkreten Fallarbeit ihre negativen Energien entfalten. Das beinhaltet, dass der Betriebliche Sozialdienst wach und aufmerksam gegenüber solchen Tendenzen sein sollte, und dort, wo er involviert ist, die Gruppen ermutigt und befähigt ihre kulturellen Besonderheiten zu vertreten und nach sinnvollen Möglichkeiten eines Konsenses zu suchen.
Betriebssozialdienste können dabei leicht in die Nähe der Gewerkschaft rücken und müssen dann entscheiden, was noch ihre Aufgabe ist und was schon in den Bereich gewerkschaftlicher Vertretung fällt. Einbindung kultureller Besonderheiten kann zum Beispiel auch bedeuten, dass bei der Neugestaltung der Kantinenpreise nicht nur darauf geachtet wird, dass Bier nicht das billigste Getränkt in der Kantine ist, weil es zu viele Fälle von Alkoholmissbrauch im Betrieb gegeben hat, sondern auch dafür zu sorgen, das beliebte Getränke von Einwanderergruppen wie zum Beispiel Tee oder arabischer Kaffee mit Kardamom in der Kategorie der billigen Getränke auftauchen.

Im Einzelfall muss aber jeder Betriebssozialdienst konkret entscheiden, ob solche Funktionen noch zu seinem Aufgabenfeld gehören.

19. Systemorientierte Arbeitsweise

Charlotte Jente

Die Vielfalt der Aufgaben einer Betrieblichen Sozialberatung erfordert neben einer fundierten Ausbildung zum Dipl. Sozialpädagogen/Sozialarbeiter (s. Studienplan der ASFH Berlin) eigene Erfahrungen im Arbeitsleben und Kenntnisse der psychosozialen Einrichtungen der Kommunen. Auch die Vorbereitung während des Studiums auf die speziellen Belange von Wirtschaftsunternehmen (siehe Projekt Betriebliche Sozialberatung, 4. bis 7. Semester ASFH) kann sehr hilfreich sein. Ausgestattet mit dieser Kernkompetenz kann die Betriebssozialberatung in dem von ihr betreuten Betrieb Zusammenhänge, Führungsstile, Managementvisionen und Strategien erkennen und ihre Vorgehensweise entsprechend ausrichten.

Die Unterschiedlichkeit ihres Klientels erfordert die Kenntnis und Beherrschung mehrerer Gesprächsmethoden und Interventionsstrategien. Hier hat sich besonders die systemorientierte Arbeitsweise etabliert (erlernbar durch die Zusatzausbildung: Systemischer Familientherapeut/Organisationsberater, Supervisor, Coach etc.).

Dabei wird der zu beratende Mitarbeiter nicht nur als Individuum betrachtet und beraten, sondern als Teil des Arbeitsplatzsystems, in das er eingebunden ist und in dem er eine Funktion hat. Seine Schwierigkeiten können Reaktionen auf Spannungen im Kollegenkreis, innerbetriebliche Veränderungen, z.B. Vorgesetztenwechsel, oder Schließung von Abteilungen sein.

In diesem Fall bittet die Sozialberatung zusammen mit dem Mitarbeiter alle Beteiligten zu einer gemeinsamen Gesprächsrunde.

Durch Methoden der Systemischen Sichtweise (Genogrammarbeit, Soziogrammarbeit, Zirkuläres Fragen) werden Interaktionsmuster für den Ratsuchenden in seiner Gruppe, im Betrieb oder privat schnell sichtbar, so dass ressourcenorientierte Lösungsmöglichkeiten erkannt und umgesetzt werden können.

Diese Vorgehensweise nimmt alle Beteiligten in die Verantwortung und gibt ihnen so das Gefühl von Akzeptanz und Wertschätzung. Die Frage nach Opfer und Täter stellt sich nicht.

Unter dem Dach systemorientierter Arbeit sind zahlreiche Therapieformen und Vorgehensweisen sich gegenseitig ergänzend nutzbar, z.B. Verhaltens-, Gesprächs- oder Gestalttherapie, Klientenzentrierte Gesprächsführung und Gruppentherapie sowie direktive und nondirektive Vorgehensweisen. Die

Betriebliche Sozialberatung muss hier entscheiden, welchen dieser Bausteine sie im einzelnen und zu welchem Zeitpunkt einsetzen will und welche methodische Sprache im Kontext des von ihr betreuten Betriebes beziehungsweise Mitarbeiters erfolgreich ist.

Es ist für den Mitarbeiter der Betrieblichen Sozialberatung auch möglich, an Schulungskursen der einzelnen Methoden-Vertreter teilzunehmen, um an sich selbst zu erfahren, ob die Inhalte zur eigenen Person und der Firma, in der man tätig ist, passen. Jede Sozialberatung ist hier aufgefordert, nach den Bedürfnissen der Firma, in der sie tätig ist, auszuwählen und sich nicht von Modetrends verleiten zu lassen.

LITERATUR

Therapieverfahren unserer Zeit, Mannheim 1992

Teil V
Rechtliche Rahmenbedingungen

20. Arbeits- und dienstrechtliche Besonderheiten der Rechtsstellung betrieblicher Sozialarbeiter

Frank Judis

20.1 BETRIEBLICHE SOZIALARBEITER ALS ARBEITNEHMER, BEAMTE ODER ALS FREIBERUFLICH TÄTIGE

Betriebliche Sozialarbeiter werden in der privaten Wirtschaft regelmäßig als Arbeitnehmer, im öffentlichen Dienst als Arbeitnehmer oder als Beamte, daneben aber auch (nicht in einem persönlichen Abhängigkeitsverhältnis, also außerhalb eines Arbeits- oder Beamtenverhältnisses) als freie Mitarbeiter beschäftigt. In der Entwicklung begriffen sind Dienstleistungsunternehmen, die Sozialarbeitsleistungen an Betriebe verkaufen. Hier können Sozialarbeiter je nach ihrer Stellung entweder selbst Gesellschafter sein, als freie Mitarbeiter oder als Arbeitnehmer beschäftigt werden.

Als Arbeitnehmer unterliegen die betrieblichen Sozialarbeiter den normalen Regeln des Arbeitsrechts, soweit sie sich im Beamtenverhältnis befinden, den jeweiligen beamtenrechtlichen Regelungen der einzelnen Bundesländer oder des Bundes. In allen Fällen abhängiger Beschäftigung unterliegen sie also den Pflichten aus diesen Verhältnissen, insbesondere also arbeiten sie weisungsabhängig und unterliegen als Arbeitnehmer (Ausfluss der Treuepflicht, als Beamte sich aus der Verpflichtung zur Amtsverschwiegenheit ergebend) der Verpflichtung, Dienstinterna nicht ohne Befugnis, also insbesondere nicht ohne Genehmigung des Arbeitgebers/der Dienstbehörde nach außen dringen zu lassen.

Diese Verpflichtung hat freilich nichts zu tun mit der speziellen Geheimhaltungspflicht (gängig unter dem Begriff Schweigepflicht diskutiert) von Personen in besonderen Vertrauensberufen (s. Kap. 20.2). Die erstere Verpflichtung hat das Verhältnis Beschäftigter – Arbeitgeber/Dienstherr im Blick, die letztere das Verhältnis Inhaber Vertrauensberuf – Klient beziehungsweise Patient.

Soweit der betriebliche Sozialarbeiter selbstständig, sei es als freier Mitarbeiter, sei es als Mitgesellschafter eines entsprechenden Unternehmens, welches ambulante Dienste der betrieblichen Sozialarbeit anbietet, tätig ist, richten sich seine Rechtsbeziehungen zum Auftraggeber nach dem jeweils abgeschlossenen Vertrag und den darin festgelegten Rechten und Pflichten, hilfsweise im Regelfall nach Dienstvertragsrecht.

20.2 Besondere Pflichten betrieblicher Sozialarbeiter als Personen in einem Vertrauensberuf – Schweigepflicht

Sozialarbeiter/Sozialpädagogen mit staatlicher Anerkennung

Wie unter Kapitel 20.1 ausgeführt, unterliegen Sozialarbeiter als Personen in einem Vertrauensberuf jenseits ihrer arbeits- oder dienstrechtlichen Stellung einer besonderen Verpflichtung gegenüber ihren Klienten, die sie gemeinsam haben mit anderen Inhabern von Vertrauensberufen, der als Schweigepflicht bezeichneten Verpflichtung zur Geheimhaltung. Diese Geheimhaltungsverpflichtung ist dementsprechend keine Besonderheit Betrieblicher Sozialarbeit, sondern ist zentrale Verpflichtung aller Sozialarbeiter/Sozialpädagogen, soweit sie staatlich anerkannt sind. Die Rechtsgrundlage hierfür bildet § 203 (1) Ziffer 5 StGB und, soweit es sich um Praktikanten handelt, § 203 (3) i.V.m. Absatz (1) Ziffer 5 StGB.

Diese Regelung stellt zwar (nur) die Verletzung des Privatgeheimnisses unter Strafe, beinhaltet damit aber zugleich eine rechtliche Verpflichtung und schränkt damit die Weisungsbefugnis des Arbeitgebers/Dienstherrn ein. Klienten, die sich an Personen in Vertrauensberufen wenden, sollen sicher sein, dass dasjenige, welches sie diesen aus ihren persönlichen Lebensumständen anvertrauen, nicht an Dritte weitergegeben wird, ohne dass sie hierin eingewilligt haben oder sonst eine gesonderte, gesetzlich normierte Berechtigung zur Weitergabe besteht.

Dieser Schutz der Privatsphäre folgt letztlich aus dem verfassungsrechtlich gesicherten Recht auf informationelle Selbstbestimmung (vgl. BVerfGE 65, S. 1, 43), abgeleitet aus Artikel 1 (1), 2 (1) GG. Geheimnis im Sinne von § 203 (1) StGB ist eine Tatsache, die nur einem einzelnen oder einem beschränkten Personenkreis bekannt ist und an deren Geheimhaltung derjenige, den es betrifft, ein schutzwürdiges Interesse hat (vgl. Dreher/Tröndle, 47. Aufl., Rdnr. 2 zu § 203 StGB).

Demnach gehört ein Geheimnis zum persönlichen Lebensbereich, wenn es z.B. die Intim- und Privatsphäre, also die Bereiche des Familien- und sonstigen Privatlebens betrifft. Diese Sphäre ist vor privaten und staatlichen Eingriffen geschützt. Sonach sind Privatgeheimnisse nicht nur die vom Klienten bei einem Besuch bei einem Träger eines Vertrauensberufs angegebenen Informationen über seine Person, seine Familien- und Vermögensverhältnisse, sondern auch bereits die Tatsache, dass er die Institution aufgesucht hat (vgl. LG Köln, NJW 1959, S. 1598 für das Arzt/Patienten-Verhältnis; Onderka/Schade in: Mörsberger 1981, 174). Diese Verpflich-

tung zur Geheimhaltung ist eine solche, die den einzelnen Sozialarbeiter als Person in einem Vertrauensberuf trifft, nicht die Institution, nicht den Betrieb, nicht die Behörde (Onderka/Schade a.a.O., 175 f.).
Hieraus ergibt sich die Einschränkung der Weisungsbefugnis des Arbeitgebers/Dienstherrn: Ohne Zustimmung des betroffenen Klienten darf der Sozialarbeiter seinen Vorgesetzten noch nicht einmal mitteilen, dass der Klient ihn aufgesucht hat, auch dann nicht, wenn der Klient vom Arbeitgeber zum Sozialarbeiter geschickt worden ist, etwa bei einer Sucht- oder Schuldenproblematik. Freilich wird der Arbeitnehmer häufig damit einverstanden sein, dass der Sozialarbeiter den Arbeitgeber darüber informiert, dass der Arbeitnehmer der Aufforderung des Arbeitgebers, sich zur Betrieblichen Sozialberatung zu begeben, Folge geleistet hat.
Diese Verpflichtung trifft indessen nur den staatlich anerkannten Sozialarbeiter/Sozialpädagogen. Dieser gehört zum Kreis der in § 203 StGB genannten Personen in Vertrauensberufen.

Sozialarbeiter/Sozialpädagogen ohne staatliche Anerkennung und sonstige betriebliche Sozialberater

Fehlt die staatliche Anerkennung, so fällt der betriebliche Sozialarbeiter nicht unter diesen Personenkreis und obliegt damit nicht der strafrechtlich sanktionierten Verpflichtung zur Geheimhaltung. Dies gilt auch für betriebliche Sozialberater mit anderen Ausbildungen, die nicht unter den Vertrauensberufskatalog des § 203 (1) Ziffer 1 bis 6 StGB fallen. Die Regelungen der §§ 35 SGB I und 67 ff. SGB X helfen nicht weiter, weil diese nur das Sozialgeheimnis und den Schutz der Sozialdaten im Sozialleistungsbereich im Blick haben. Auch das Bundesdatenschutzgesetz hilft wegen der Einschränkung des § 28 (2) daselbst nicht (keine Anwendung der Vorschriften über die Datenverarbeitung nicht-öffentlicher Stellen, soweit es sich um die Verarbeitung und Nutzung personenbezogener Daten in Akten handelt). Allerdings liegt auf der Hand, dass Betriebliche Sozialarbeit, jedenfalls soweit sie Einzelfallarbeit leistet, ohne die Sicherheit, dass der Sozialarbeiter die ihm vom Klienten anvertrauten Einzelheiten ohne dessen Zustimmung nicht weitergibt, nicht denkbar ist. Insofern muss, sofern eine staatliche Anerkennung nicht vorliegt, darauf geachtet werden, dass arbeitsvertraglich entsprechende Regelungen aufgenommen werden, etwa mit der Formulierung: „Die Arbeitsvertragsparteien sind sich darüber einig, dass Frau/Herr ... unter Schweigepflicht arbeitet." Die häufig in Betriebs- oder Dienstvereinbarungen, insbesondere zum Umgang mit Alkohol-Auffälligkeiten (s. Kap. 21.5) anzutreffende Formulierung, dass soweit Sozialarbeiter einbezogen sind, diese unter Schweigepflicht arbeiten, ist nicht ausreichend, weil hier nur das Segment Sucht aus der sehr viel größeren Palette der Arbeitsaufgaben des betrieblichen Sozialarbeiters geregelt wird, der übrige Tätigkeitsbereich damit nicht umfasst ist.

LITERATUR

Dreher/Tröndle: Strafgesetzbuch und Nebengesetze, 47. Auflage
Mörsberger (Hrsg.): Datenschutz im sozialen Bereich, 1981

21. Arbeits- und dienstrechtliche Fragen bei Suchtmittelgebrauch im Betrieb

Frank Judis

Eines der Arbeitsfelder Betrieblicher Sozialarbeit ist der Bereich der Suchtarbeit, insbesondere die Arbeit im Zusammenhang mit Alkoholmissbrauch und Alkoholkrankheit (s. Kap. 9). In diesem Kapitel soll den rechtlichen Fragestellungen bei Suchtmittelgebrauch im Betrieb/in der Dienststelle nachgegangen werden.
Rechtsprechung und Literatur beschäftigen sich hierbei überwiegend mit Problemen im Zusammenhang mit dem Suchtmittel Alkohol, jedoch lassen sich die nachfolgenden Ausführungen auch auf andere Suchtmittel übertragen.

21.1 SUCHTMITTELVERBOTE, INSBESONDERE ALKOHOLVERBOT

Jenseits der rechtlichen Problematik, auf die nachfolgend eingegangen wird, sind generelle Alkoholverbote im Betrieb als präventive Maßnahmen umstritten. Nicht auszuschließen ist, dass unerlaubt konsumiert wird und damit die Konsumkontrolle noch schwieriger wird, als sie ohnehin schon ist. Zum anderen ist die Annahme, bei Alkoholverboten sei es leichter, sich von Mitarbeitern zu trennen, verfehlt. Schließlich darf nicht außer Acht gelassen werden, dass für Alkoholkranke mit ihrem Trinkzwang Alkoholverbote lediglich zur Folge haben, dass sie ihr Trinken noch mehr verstecken, sodass Früherkennungen noch schwieriger werden.
Ein generelles gesetzliches Alkoholverbot gibt es nicht, mit Ausnahme von § 31 (2) Jugendarbeitsschutzgesetz, wonach der Arbeitgeber an Jugendliche unter 18 Jahren keine alkoholischen Getränke und Tabakwaren und an Jugendliche über 16 Jahren keinen Branntwein geben darf. Auch die Vorschriften der Berufsgenossenschaften beinhalten kein solches generelles Alkoholverbot, § 38 (1) VBG 1 statuiert lediglich, dass Versicherte sich durch Alkoholgenuss nicht in einen Zustand versetzen dürfen, durch den sie sich selbst oder einen anderen gefährden können. § 38 (2) VBG 1 beinhaltet lediglich, dass ein Arbeitgeber einen solchen Arbeitnehmer nicht beschäftigen darf.

Alkoholverbote können allerdings durch Betriebsvereinbarungen (für den Bereich der privaten Wirtschaft) oder durch Dienstvereinbarungen (für den Bereich des öffentlichen Dienstes) begründet werden, §§ 87 (1) Nr. 1 und Nr. 7 BetrVG beziehungsweise etwa für den Bereich der Bundesverwaltung § 75 (3) Nr. 11 Bundespersonalvertretungsgesetz – BPersVG. Solche durch Betriebs- beziehungsweise Dienstvereinbarungen zustande gekommenen Alkoholverbote gelten dann für alle Arbeitnehmer beziehungsweise Beschäftigten des Betriebes, der Dienststelle, § 77 (4) BetrVG, für die Dienstvereinbarungen, bei denen eine entsprechende Vorschrift in den Personalvertretungsgesetzen fehlt, ist dies h.M. (vgl. Fischer/Goeres, BPersVG, § 73 Rdnr. 15; Germelmann/Binkert, Rdnr. 38 zu § 74 PersVG Berlin). Ob vom Arbeitgeber in Betrieben einseitig ein Alkoholverbot ausgesprochen werden kann, und zwar in den Betrieben, die entweder nicht betriebsratsfähig sind oder die keinen Betriebsrat haben, ist zweifelhaft vor dem Hintergrund des durch Art. 2 GG geschützten Grundrechts auf freie Entfaltung seiner Persönlichkeit und dem Grundsatz der Verhältnismäßigkeit. Bedenken dürften freilich nicht bestehen bei gefährlichen Tätigkeiten, z.B. Fahrdiensttätigkeiten, Arbeiten mit Gefahrenstoffen. Einzelvertraglich Alkoholverbote zu vereinbaren, begegnet vor dem Hintergrund der Vertragsfreiheit keinen Bedenken.

21.2 Fragen nach Suchtmittelgebrauch bei der Einstellung/Einstellungsuntersuchung

Es gelten auch hier die allgemeinen Grundsätze zum Fragerecht und zur Offenbarungspflicht im Zusammenhang mit der Einstellung. Als Formel ist hilfreich, dass ein Arbeitgeber nach all dem fragen darf, was vom Standpunkt eines vernünftigen Dritten wichtig ist zu wissen für die Beurteilung der Arbeitskraft. Ungefragt besteht grundsätzlich keine Offenbarungspflicht, es sei denn, eine Rechtspflicht zum Reden existiert. Letzteres ist im hier interessierenden Zusammenhang anzunehmen, wenn Gegenstand des Arbeitsvertrages besonders gefährliche Tätigkeiten sind, etwa diejenigen eines Kraftfahrers, eines Piloten. In solchen Fällen besteht grundsätzlich bei akuter Alkoholkrankheit eine Offenbarungspflicht, auch ungefragt. Verschweigt der Arbeitnehmer seine Krankheit, kann der Arbeitgeber, sofern und sobald er von der Erkrankung erfährt, seine Vertragswillenserklärung anfechten wegen arglistiger Täuschung durch Unterlassen, § 123 BGB, mit der Folge, dass der Arbeitsvertrag von Anfang an nichtig ist, § 142 BGB.

Freilich ist im Streitfalle der Arbeitgeber darlegungs- und beweispflichtig dafür, dass der Arbeitnehmer um seine Alkoholkrankheit wusste und sie dementsprechend verschwiegen hat. Dieser Beweis wird dem Arbeitgeber im Regelfall nicht gelingen (vgl. BAG, Urteil vom 17.06.1999, NZA 1999, S. 1328, insbes. 1329).

Handelt es sich um einen „trockenen" Alkoholkranken, wird eine Offenbarungspflicht regelmäßig zu verneinen sein, weil eine Beeinträchtigung der arbeitsvertraglich geschuldeten Tätigkeit nicht zu befürchten ist.

Auf Befragen des potenziellen Arbeitgebers ist nach dem oben dargelegten Grundsatz der Bewerber verpflichtet, bei akuter Alkoholkrankheit diese anzugeben. Freilich wird ihm häufig die Krankheitseinsicht fehlen, sodass, sofern er schweigt oder – objektiv – falsche Angaben macht, ein Anfechtungsrecht des Arbeitgebers wegen arglistiger Täuschung nicht in Betracht kommt, eben weil es an der arglistigen Täuschung – mangels Krankheitseinsicht – fehlt.

Beim einem trockenen Alkoholiker ist die Frage grundsätzlich unzulässig, sodass dem Bewerber hier das Recht zur Lüge nach den allgemeinen Grundsätzen zusteht.

Die bloße Frage nach den Trinkgewohnheiten ist grundsätzlich unzulässig, weil sie mit der Arbeitsleistung nichts zu tun hat (vgl. Schaub 2000, § 26 III 3 m.w.N.; Künzl 1993, 1581 ff.).

Vielfach sehen Tarifverträge Einstellungsuntersuchungen vor, vgl. z.B. § 7 (1) BAT. Es ist auch inzwischen anerkannt, dass der Arbeitgeber die Einstellung eines Arbeitnehmers von einer solchen Einstellungsuntersuchung abhängig machen kann, obwohl hier weitgehend in das Persönlichkeitsrecht des Bewerbers eingegriffen wird (vgl. Schaub a.a.O., § 24 II 7). Ohne das Einverständnis des Bewerbers ist freilich eine solche Untersuchung nicht möglich. Mit ihr darf auch das Frageverbot des Arbeitgebers nicht umgangen werden. Aus der strafbewehrten (§ 203 (1) Nr. 1 StGB) Schweigepflicht des Arztes ergibt sich ohnehin, dass dieser ohne besondere Erlaubnis des Arbeitnehmers sich nur (wenn überhaupt eine solche Erlaubnis des Arbeitnehmers vorliegt) zur Arbeitstauglichkeit für die angestrebte Tätigkeit äußern darf, eine Diagnose darf er ohne ausdrückliche Einwilligung des Arbeitnehmers nicht mitteilen.

Sollte die Einstellungsuntersuchung vom Betriebsarzt (auch häufig als Werksarzt bezeichnet) vorgenommen werden, so wird hier durch § 8 (1) 3 Arbeitssicherheitsgesetz zusätzlich klargestellt, dass auch dieser Arzt selbstverständlich der ärztlichen Schweigepflicht unterliegt.

21.3 ALKOHOL WÄHREND DER ARBEIT/DES DIENSTES (PFLICHTEN IM ARBEITSVERHÄLTNIS)

Neben seiner Hauptpflicht, der Arbeitspflicht (beim Beamten die Dienstpflicht), obliegt dem Arbeitnehmer als Nebenpflicht auch die Treuepflicht. Innerhalb dieser obliegt es ihm, seine Arbeitskraft nicht durch den Genuss alkoholischer Getränke zu beeinträchtigen. Auf die ergänzende Vorschrift des § 38 (1) VBG 1 wurde bereits oben unter 21.1 hingewiesen. Umgekehrt muss der Arbeitgeber im Rahmen seiner Fürsorgepflicht vor beherrschbaren Gefahren im Betrieb bewahren, insbesondere vor den Folgen übermäßigen Alkoholgenusses, und zwar sowohl den einzelnen Arbeitnehmer, der selbst den Alkohol konsumiert, wie auch die anderen Arbeitnehmer, die hierdurch beeinträchtigt werden. Einen alkoholisierten Mitarbeiter darf der Arbeitgeber nicht mehr beschäftigen. Auf die ergänzende Vorschrift des § 38 (2) VBG 1 wurde ebenfalls bereits oben unter 21.1 hingewiesen. Diese Regelung beinhaltet ein absolutes Beschäftigungsverbot. Ein solches würde sich aber, fehlt eine solche Vorschrift, bereits aus der Fürsorgepflicht des Arbeitgebers ergeben.

Aus der Fürsorgepflicht des Arbeitgebers ergibt sich auch, dass er einen alkoholisierten Arbeitnehmer nicht einfach nach Hause schicken kann, sondern dafür Sorge zu tragen hat, dass dieser ohne Selbstgefährdung in seinen geschützten häuslichen Bereich, u.U. sogar in ärztliche Obhut, kommt. Notfalls muss er ihn in Begleitung nach Hause oder zur ärztlichen Betreuung schicken. Entstehen hieraus Kosten, so fallen diese dem Arbeitnehmer unter dem Gesichtspunkt der so genannten positiven Vertragsverletzung zur Last. Unterlässt der Arbeitgeber derartige Maßnahmen, macht er sich jenseits eventueller strafrechtlicher Verantwortlichkeit (fahrlässige Körperverletzung u.s.w.) u.U. dem Arbeitnehmer gegenüber schadenersatzpflichtig.

Ein besonderes praktisches Problem stellt indessen die Feststellung der Alkoholisierung dar. Die Pflicht des Arbeitnehmers, beim Vorliegen eines berechtigten Interesses des Arbeitgebers eine ärztliche Untersuchung seines Gesundheitszustandes zu dulden, resultiert aus der allgemeinen Treuepflicht des Arbeitnehmers (BAG in NZA 1998, S 326; Urteil vom 12.08.1999 in NZA 1999, S. 1209, 1210; BAG Urteil vom 26.01.1995 in AP Nr. 34 zu § 1 KSchG 1969; BAG Urteil vom 6.11.1997 in AP Nr. 142 zu § 626 BGB). In derartigen Fällen ist der Arbeitnehmer sogar aus der Treuepflicht zur Duldung einer Blutuntersuchung verpflichtet (BAG, a.a.O., S. 1210; vgl. auch Notz 1996, 58 ff.) Indessen ist eine routinemäßige

Blutuntersuchung zur Feststellung einer eventuellen Alkoholkrankheit unzulässig (BAG Urteil vom 12.08.1999, NZA 1999, S. 1209, 1210). Obwohl im konkreten Einzelfall bei konkreten Anhaltspunkten der Arbeitnehmer zur Duldung derartiger Untersuchungsmaßnahmen aus seiner Treuepflicht verpflichtet ist, kann er vom Arbeitgeber nicht zu Blutuntersuchungen gezwungen werden. Sie sind immer nur mit seiner Einwilligung möglich. Zwar verstößt er, sofern er die Einwilligung verweigert, gegen seine Treuepflicht (mit den möglichen Konsequenzen: Abmahnung, soweit zurechenbares Verhalten vorliegt, u.U. Kündigung, sogar außerordentliche Kündigung, bei Beamten ggf. Einleitung eines Disziplinarverfahrens), jedoch führt dies in der konkreten Situation, in der es um die Feststellung der Alkoholisierung geht, nicht weiter. Vielmehr ist der Arbeitgeber hier dann auf äußere Indizien (Sprach- und Gangstörungen, „Fahne", sonstige Verhaltensauffälligkeiten) angewiesen, die er, da er im Streitfalle beweispflichtig ist, dokumentieren muss (Zeugen, Protokollvermerke mit Zeit- und Ortsangabe).

21.4 Rechtliche Konsequenzen

Kann ein Arbeitnehmer infolge Alkoholisierung im Betrieb seine Arbeitsleistung nicht oder nicht richtig erbringen, so verliert er u.U. seinen Vergütungsanspruch oder kann der Vergütungsanspruch für diesen Zeitraum gekürzt werden (§§ 325 (1) 2 i.V.m. 323 (1) BGB). Im Falle der lediglich Schlechterfüllung, wenn also der Arbeitnehmer zwar arbeitet, dies aber nur ungenügend auf Grund seiner Alkoholisierung tut, ergibt sich die Kürzungsmöglichkeit für den Arbeitgeber an dem Institut der positiven Vertragsverletzung.

In Bezug auf Entgeltfortzahlung bei Arbeitsausfall durch Alkoholkonsum müssen zwei Fallgruppen unterschieden werden: einmal die Fälle des Alkoholmissbrauchs ohne Suchterkrankung, zum anderen die Fälle der Alkoholsucht.

Im ersteren Falle, wenn also ein Arbeitnehmer infolge Alkoholmissbrauchs arbeitsunfähig krank wird und dementsprechend seine Arbeitsleistung nicht erbringen kann, steht ihm regelmäßig ein Anspruch nicht zu, weil dieser Entgeltfortzahlungsanspruch gemäß § 3 (1) Entgeltfortzahlungsgesetz nicht in Betracht kommt, wenn die Arbeitsunfähigkeit infolge Krankheit selbstverschuldet ist. Allerdings werden diese Fälle wenig praktisch, weil der Arbeitnehmer eine Arbeitsunfähigkeit infolge Krankheit regelmäßig durch ärztliches Attest nachweist und die Beweislast dafür, dass die Arbeitsunfähigkeit verschuldet ist, beim Arbeitgeber liegt. Aus der Arbeitsunfähigkeitsbescheinigung ergibt sich die Diagnose nicht. Zur Mitteilung dieser Diagnose ist der Arbeitnehmer auch grundsätzlich nicht verpflichtet, sodass – von Ausnahmefällen abgesehen – der Arbeitgeber keinen Anlass dazu hat, von einer selbstverschuldeten Arbeitsunfähigkeit auszugehen. Hinzu kommt, dass nach der Rechtsprechung des Bundesarbeitsgerichts schuldhaft im Sinne des Entgeltfortzahlungsrechts nur der Arbeitnehmer handelt, der „gröblich gegen das von einem verständigen Menschen im eigenen Interesse zu erwartende Verhalten verstößt" (vgl. etwa die Leitentscheidung des BAG vom 1.06.1983 in NJW 1983, S. 2659, 2660).

Entgeltfortzahlungsanspruch bei Arbeitsausfall durch Suchterkrankung

Anders liegt es bei den Fällen von Arbeitsausfall infolge von Alkoholkrankheit. Da eines der Wesensmerkmale einer Suchterkrankung gerade der Kontrollverlust ist, kann dem Alkoholkranken – grundsätzlich – das Trinken nicht zum Vorwurf gemacht werden. Maßgebend für die Beurteilung, ob den Arbeitnehmer an der krankhaften Alkoholabhängigkeit ein Verschulden trifft, ist vielmehr sein Verhalten vor dem Zeitpunkt, in dem die Alkoholabhängigkeit eingetreten ist, vgl. die vorgenannte Leitentscheidung des Bundesarbeitsgerichts vom 1.06.1983, a.a.O., insbes. S. 2660, 2661. Zwar habe, so das Bundesarbeitsgericht a.a.O., der Arbeitgeber die Beweislast dafür, dass die Arbeitsunfähigkeit infolge Krankheit selbstverschuldet ist, jedoch treffe den Arbeitnehmer eine Pflicht zur Mitwirkung an der Aufklärung aller für die Entstehung des Anspruchs erheblichen Umstände analog den Vorschriften der §§ 60 ff. SGB I (BAG, a.a.O., S. 2662). Es sei dem Arbeitgeber kaum möglich, die für die Entstehung der Krankheit erheblichen Umstände, die aus dem Lebensbereich des Arbeitnehmers herrühren, im Einzelnen darzulegen. Diese müsse deshalb der Arbeitnehmer dem Arbeitgeber auf Verlangen offenbaren. Erst danach könne sich der Arbeitgeber darüber schlüssig werden, ob er zur Lohnfortzahlung verpflichtet sei. Verletze der Arbeitnehmer seine Mitwirkungspflichten, so gehe dies zu seinen Lasten. Wirke er mit, etwa dadurch, dass er sich einer medizinischen Begutachtung unterzieht und den Arzt von seiner ärztlichen Schweigepflicht entbindet und es bleibe nach wie vor unklar, ob den Arbeitnehmer ein Verschulden trifft, dass er alkoholabhängig geworden ist, so gehe das zu Lasten des Arbeitgebers, eben weil er die Beweislast für das Verschulden als anspruchausschließendes Merkmal des § 3 (1) Entgeltfortzahlungsgesetz (früher § 1 (1) Lohnfortzahlungsgesetz) trage.

Im Ergebnis bedeutet dies, da grundsätzlich die Umstände, die zur Alkoholabhängigkeit geführt haben, nicht aufgeklärt werden können, liegen sie doch regelmäßig weit in der Vergangenheit und handelt es sich hier um ein Ursachenbündel, dass der Arbeitgeber den Beweis, dass die Arbeitsunfähigkeit selbst verschuldet ist, nicht erbringen kann, mithin ein Entgeltfortzahlungsanspruch besteht. Die Rechtsprechung hat das Bundesarbeitsgericht indessen in zahlreichen Entscheidungen weiter entwickelt und differenziert.

In einem Fall, in dem ein Arbeitnehmer bereits eine mehr als dreiwöchige Entwöhnungsbehandlung hinter sich hatte, fünf Monate trocken war, dann rückfällig wurde und sich einer Langzeittherapie von fast einem halben Jahr unterzog, verweigerte das BAG dem Arbeitnehmer für die ersten sechs Wochen dieser Langzeittherapie den Entgeltfortzahlungsanspruch. Ein Arbeitnehmer, so die Urteilsbegründung, der eine Entziehungskur durchgemacht habe, kenne die Gefahren des Alkohols für sich sehr genau. Werde der Arbeitnehmer nach erfolgreicher Beendigung einer Entwöhnungskur und weiter nach einer längeren Zeit der Abstinenz dennoch wieder rückfällig, so spreche die Lebenserfahrung dafür, dass er die ihm erteilten dringenden Ratschläge missachtet und sich wieder dem Alkohol zugewandt habe. Dieses Verhalten werde im Allgemeinen den Vorwurf eines Verschuldens gegen sich selbst begründen: Der Arbeitnehmer verstoße gröblich gegen die von einem verständigen Menschen im eigenen Interesse zu erwartende Verhaltensweise und handele damit schuldhaft im Sinne des Entgeltfortzahlungsgesetzes.

Es sei dann Sache des Arbeitnehmers, die Beweisführung des Arbeitgebers zu widerlegen und zunächst im Einzelnen darzulegen, aus welchen Gründen sein Verhalten als nicht schuldhaft anzusehen sei (BAG Urteil von 11.11.1987 in AP Nr. 75 zu § 616 BGB, insbes. Blatt 330).

In einem weiteren Fall (BAG Urteil vom 30.03.1988 in NJW 1988, S. 2323) fuhr ein bereits seit längerer Zeit an Alkoholismus erkrankter Arbeitnehmer zur Arbeit, trank dort in erheblichem Maße Alkohol und verursachte auf der Rückfahrt mit seinem PKW einen Verkehrsunfall, bei dem er sich verletzte. Zu diesem Zeitpunkt hatte er eine Blutalkoholkonzentration von 2,7 bis 2,85 ‰. Auch hier verweigerte das Bundesarbeitsgericht den Entgeltfortzahlungsanspruch mit folgender Argumentation: Dass er Alkohol während der Arbeitszeit zu sich genommen habe und dadurch nicht mehr sicher ein Fahrzeug führen könne, könne man ihm nicht zum Vorwurf machen, weil er wegen seiner Alkoholabhängigkeit gerade nicht in der Lage sei, sein Trinkverhalten zu kontrollieren. Der Arbeitnehmer habe aber im konkreten Sachverhalt um seine Krankheit gewusst und auch darum, dass er mit dem Trinken nicht würde aufhören können, wenn er einmal angefangen habe. Er kenne auch die Gefahren des Alkohols für den Autofahrer. Diese Gefahren kenne heute jeder Erwachsene. Wenn der Arbeitnehmer gleichwohl ein Fahrzeug für den Weg zur Arbeitsstelle benutze, setze er sich unbeherrschbaren Gefahren und damit einem besonders hohen Verletzungsrisiko aus. Damit verstoße er in erheblichem Maße gegen das von einem verständigen Menschen im eigenen Interesse zu erwartende Verhalten. Hier wirft das BAG also dem Alkoholkranken vor, dass er überhaupt als Alkoholkranker im noch nüchternen Zustand sein Fahrzeug für eine Fahrt zur Arbeitsstelle benutzt hat (krit. hierzu: Künzl 1993, 1581 u. 1585).

Im Ergebnis führt also der Rückfall nach einer Entwöhnungsbehandlung in der Regel nicht dazu, dass von einem Verschulden des Arbeitnehmers ausgegangen werden kann, vielmehr kehrt sich nunmehr die Beweislast um. Dem Arbeitnehmer obliegt es nun, darzulegen und zu beweisen, dass ihn gleichwohl an der erneuten Arbeitsunfähigkeit kein Verschulden trifft. Einen solchen Beweis kann er ggf. durch ein sorgfältiges medizinisches Gutachten erbringen.

Abmahnung und Kündigung

Sowohl der Verstoß gegen ein einzelvertragliches oder durch Betriebs- oder Dienstvereinbarung festgelegtes Alkoholverbot wie auch der Alkoholmissbrauch im Betrieb stellen einen Pflichtenverstoß dar, der zur Abmahnung durch den Arbeitgeber berechtigt. Abgemahnt werden kann jedes pflichtwidrige Verhalten des Arbeitnehmers. Unter Abmahnung ist die Monierung eines arbeitsvertragswidrigen Verhaltens zusammen mit der Ankündigung von Konsequenzen für den Bestand des Arbeitsverhältnisses im Falle weiterer Pflichtwidrigkeiten zu verstehen. Die Abmahnung spielt bekanntlich eine erhebliche Rolle (jenseits der Probleme bei der Personalentwicklung) im Rahmen von verhaltensbedingten Kündigungen. Muss doch im Rahmen des so genannten ultima ratio-Grundsatzes des Kündigungsschutzrechtes dem Arbeitnehmer bei Pflichtwidrigkeiten – von Ausnahmen abgesehen – zunächst die Möglichkeit gegeben werden, sein Verhalten abzustellen (vgl. z.B. BAG Urteil vom 4.06.1997, NJW 1998, S. 554 ff.) Merksatz: Was im Fußball die Gelbe Karte, ist im Arbeitsrecht die Abmahnung.

Anders verhält es sich, wenn es zu einem Arbeitsausfall oder zu einer Schlechtleistung suchtbedingt kommt. Hier geht eine Abmahnung rechtlich regelmäßig ins Leere, weil Verhalten im arbeitsrechtlichen Sinne steuerbares Verhalten bedeutet und der alkoholkranke Arbeitnehmer zu steuerbarem Verhalten gerade nicht in der Lage ist. Hier kann also die Warnfunktion der Abmahnung nicht greifen (in der Literatur wird diese Auffassung z.T. angegriffen, vgl. Gottwald 1997, 635; ders. in NZA 1999, 180 ff.). Gleichwohl dürfte sich eine Abmahnung auch in diesen Fällen empfehlen, und zwar nicht aus rechtlichen Erwägungen, sondern um den Leidensdruck bei dem entsprechenden Arbeitnehmer zu erhöhen, der ihn vielleicht dazu bringt – sei es therapeutisch, sei es auf sonstigem Wege –, seine Sucht zu bekämpfen.

Sowohl missbräuchlicher Alkoholkonsum ohne Krankheitswert wie Alkoholkrankheit können in letzter Konsequenz zur Kündigung führen. Bekanntlich bedarf eine Kündigung freilich, soweit das Arbeitsverhältnis unter das Kündigungsschutzgesetz fällt, der sozialen Rechtfertigung, § 1 KSchG. Fehlt es daran, so ist die Kündigung sozialwidrig und damit rechtsunwirksam, § 1 (1) KSchG.

Bei Alkoholmissbrauch außerhalb der Sucht wie auch bei wiederholten Verstößen gegen bestehende betriebliche Alkoholverbote kann eine verhaltensbedingte Kündigung ausgesprochen werden (vgl. BAG Urteil vom 26.01.1995 in NZA 1995, S. 517 ff. = AP Nr. 34 zu § 1 KSchG – verhaltensbedingte Kündigung – mit Anmerkungen von Fleck; BAG Urteil vom 4.06.1997 in NZA 1997, S. 1281 ff. = NJW 1998, S. 554 ff). Es gelten die Grundsätze für die verhaltensbedingten Kündigungen. Insbesondere ist, von Ausnahmen abgesehen, eine vorherige Abmahnung erforderlich, es gilt das ultima ratio-Prinzip.

Kündigung bei Alkoholsucht (Krankheit)

Hier gelten nicht die Grundsätze für die verhaltensbedingte Kündigung. Eine Abmahnung, die die Möglichkeit einer Verhaltensänderung durch willensgesteuertes Verhalten voraussetzt, geht hier ins Leere. Nach ständiger Rechtsprechung des Bundesarbeitsgerichts finden hier die Grundsätze für die krankheitsbedingte Kündigung als Unterfall der personenbedingten Kündigung Anwendung (vgl. die Leitentscheidung des BAG, Urteil vom 9.04.1987 in AP Nr. 18 zu § 1 KSchG 1969 – Krankheit – Entascher-Fall; BAG Urteil vom 13.12.1990 EZA Nr. 33 zu § 1 KSchG – Krankheit – Hafenarbeiter-Fall; ferner neuestes BAG Urteil vom 17.06.1999, NZA 1999, S. 1328 ff.; KR-Etzel, 4. Aufl., § 1 KSchG, Rdnrn. 280 bis 283 mit zahlreichen weiteren Nachweisen). Das Bundesarbeitsgericht hat für die krankheitsbedingte Kündigung ein 3-Stufen-Schema entwickelt (vgl. BAG Urteil vom 7.11.1985, EZA § 1 KSchG – Krankheit – Nr. 17 = AP Nr. 17 zu § 1 KSchG – Krankheit –; KR-Becker, 4. Aufl., Rdnr. 210 a zu § 1 KSchG), und zwar wie folgt: 1. negative Prognose, 2. erhebliche Beeinträchtigung der betrieblichen Interessen und 3. Interessenabwägung. Es bedarf zunächst einer negativen Prognose hinsichtlich des weiteren Gesundheitszustandes des zu kündigenden Arbeitnehmers. Sodann ist zu prüfen, ob die entstandenen und prognostizierten Fehlzeiten zu einer erheblichen Beeinträchtigung der betrieblichen Interessen führen. In der 3. Stufe, bei der Interessenabwägung, wird geprüft, ob die erhebliche Beeinträchtigung der betrieblichen Interessen zu einer unzumutbaren Belastung des Arbeitgebers führt. Das Merkmal der Unzumutbarkeit bezieht sich nicht auf die Weiterbeschäftigung des zu kündigenden Arbeitnehmers, sondern auf die mit den krankheitsbedingten Fehlzeiten verbundenen betrieblichen und wirtschaftlichen Folgen. Eine krankheitsbedingte Kündigung ist nur dann aus personenbedingten Gründen sozial gerechtfertigt, wenn sich für den Arbeitgeber aufgrund einer einzelfallbezogenen Interessenabwägung eine unzumutbare betriebliche oder wirtschaftliche Belastung ergibt (BAG Urteil vom 7.11.1985, a.a.O., ferner KR-Becker, a.a.O., Rdnr. 210 a).

Bei der Beurteilung der Prognose mit Bezug auf künftige Fehlzeiten wird der Zeitraum vor der Kündigung beleuchtet und festgestellt, zu welchen Fehlzeiten es gekommen ist. Aus dem Umfang derselben und dem Krankheitsbild lassen sich sodann künftige Fehlzeiten prognostizieren. Hier spielt eine erhebliche Rolle, ob im Moment des Zugangs der Kündigung Therapiebereitschaft besteht. Nur dieser Zeitpunkt ist entscheidend, nicht etwa eine nach Zugang der Kündigung geäußerte Therapiebereitschaft und/oder durchgeführte Therapie. Zu letzterem Problemkreis hat sich in der Literatur eine Diskussion darum entwickelt, ob nicht eventuell ein Wiedereinstellungsanspruch des gekündigten Arbeitnehmers in Betracht kommen könne, vgl. insoweit Bram in Bader/Bram/Dörner/Wenzel, Kündigungsschutzgesetz, Stand Januar 1999, § 1 Rdnrn. S. 70 ff.; Berkowsy, Die personen- und verhaltensbedingte Kündigung, 3. Aufl., § 34 Rdnr. 17, S. 279; Preis, Prinzipien des Kündigungsrechts bei Arbeitsverhältnissen, S. 239 ff., insbes. S. 256; zweifelnd in Gentges, Prognoseprobleme im Kündigungsschutzrecht, S. 342ff., 374 f.; zurückhaltend KR-Etzel, 4. Aufl., § 1 KSchG, Rdnr. 518; offen lassend BAG Urteil vom 17.06.1999 in NZA 1999, S. 1328, 1331. Besteht bei Kündigungsausspruch eine ernsthafte Therapiebereitschaft, läge keine negative Prognose mit Bezug auf die künftigen Fehlzeiten vor, sodass die Kündigung schon aus diesem Grunde sozialwidrig wäre.

Bei einer erheblichen Beeinträchtigung der betrieblichen Interessen ist zu betrachten, ob es zu Betriebsablaufstörungen gekommen ist, ob erhebliche wirtschaftliche Belastungen durch Lohnfortzahlungskosten im konkreten Fall in der Vergangenheit vorgelegen haben, ob Umsetzungsmöglichkeiten bestehen.

Als dritte und letzte Stufe ist einzelfallbezogen eine Interessenabwägung vorzunehmen, und zwar nicht mit Bezug auf die Weiterbeschäftigung, sondern mit Bezug auf die durch die Fehlzeiten verursachten Folgen. Kriterien hierbei sind: die Ursachen der Erkrankung (hier könnte also Ursachenforschung betrieben werden, ob das Entstehen der Alkoholerkrankung vom Arbeitnehmer verschuldet worden ist – regelmäßig verlaufen diese Ermittlungen ergebnislos), die Höhe der durchschnittlichen Ausfallquote und die Dauer des ungestörten Verlaufes des Arbeitsverhältnisses, Alter des Arbeitnehmers, Familienstand und Situation auf dem Arbeitsmarkt, die Zumutbarkeit weiterer Überbrückungsmaßnahmen, die Höhe der Lohnfortzahlungskosten im konkreten Fall, also nicht abhängig vom Gewinn des Betriebes (vgl. KR-Etzel, 4. Aufl., Rdnr. 349 zu § 1 KSchG mit zahlreichen Rechtsprechungshinweisen), sowie bisherige Mehrkosten für Ersatzkraft. Im Rahmen dieser Interessenabwägung sind alle betrieblichen Umstände und die Interessen des Arbeitnehmers zu betrachten und wertend zu beurteilen. Letztlich handelt es sich hier um Zumutbarkeitserwägungen.

Ob der Arbeitgeber dem Arbeitnehmer vor Ausspruch der Kündigung zunächst die Gelegenheit geben muss, sich einer Entziehungskur zu unterziehen, hat das BAG bisher offen gelassen (vgl. BAG Urteil vom 9.04.1987, a.a.O., Blatt 157 R.). In der Literatur wird dies bejaht, abgeleitet aus dem Grundsatz der Verhältnismäßigkeit, desgleichen von zahlreichen Instanzgerichten (KR-Etzel, 4. Aufl., Rdnr. 281 zu § 1 KSchG; Künzl, a.a.O., S. 1587; LAG Hamm, 19.09.1986 in NZA 1987, S. 669; LAG Frankfurt, 26.06.1986 AuR 1987, S. 275; krit. Lepke, DB 1982, S. 175).

Dieses 3-Stufen-Schema des BAG bietet freilich in der praktischen Durchführung erhebliche Schwierigkeiten, weil spätestens in der 3. Stufe schwer voraussehbar ist, wie entschieden werden wird (vgl. Kasper 1994). Als Faustregel kann man sagen, dass der bei Ausspruch der Kündigung ernsthaft therapiebereite Alkoholkranke gute Chancen hat, seinen Arbeitsplatz zu behalten.

Beamtenrechtliche Konsequenzen und Haftpflicht des Arbeitnehmers

Alkoholmissbrauch stellt als schuldhafte Pflichtverletzung ein Dienstvergehen dar (§ 77 BBG) mit den Konsequenzen, die der Disziplinarmaßnah-

men-Kanon des § 5 BDO vorsieht (Verweis, Geldbuße, Gehaltskürzung, Versetzung in ein Amt derselben Laufbahn mit geringerem Grundgehalt, Entfernung aus dem Dienst, Kürzung des Ruhegehaltes, Aberkennung des Ruhegehaltes). Bei Alkoholkrankheit kommt u.U. die vorübergehende oder endgültige Versetzung in den Ruhestand in Betracht (§§ 42 ff. BBG). Vergleichbare Regelungen finden sich in den Beamtengesetzen der Länder.
Verursacht ein Arbeitnehmer infolge Alkoholkonsums schuldhaft Sach- oder Personenschäden, so kommt eine Schadensersatzverpflichtung aus positiver Vertragsverletzung des Arbeitsvertrages und aus § 823 BGB gegenüber Dritten, gegenüber Arbeitskollegen und dem Arbeitgeber aber grundsätzlich nur wegen Nichtkörperschäden in Betracht. Verursacht der Arbeitnehmer infolge Alkoholkonsums Körperschäden an Arbeitskollegen oder seinem Arbeitgeber, so trifft ihn das Haftungsprivileg der §§ 105, 106 SGB VII (vgl Künzl 1993, 1581 ff., insbes. 1587f.).

21.5 BETRIEBS- UND DIENSTVEREINBARUNGEN ZUR SUCHTPROBLEMATIK UND ZUM DROGENKONSUM

Zahlreiche Betriebe und Behörden haben Betriebs-/Dienstvereinbarungen zur Suchtmittelproblematik und zum Suchtmittelkonsum abgeschlossen. Diese Vereinbarungen umfassen in der Regel Stufen- und Interventionsprogramme unter Einbeziehung vorhandener Betrieblicher Sozialberatungen. Die darin enthaltenen Ablaufschemata sehen – unterschiedlich abgestuft – Gespräche mit dem Vorgesetzten, Gespräche unter Hinzuziehung der Personalabteilung, evtl. Abmahnungen in mehreren Stufen, sodann Kündigungen, u.U. auch Wiedereinstellungsangebote unter bestimmten Voraussetzungen vor. Der Vorteil kann gesehen werden in einer Gleichbehandlung der Mitarbeiter und einem transparenten Vorgehen. Zugleich können derartige Kollektivregelungen, eben weil nachlesbar am Ende die Kündigung steht, bei dem Betroffenen den Leidensdruck erhöhen und damit u.U. auch die Therapiebereitschaft. Eher nachteilig wirkt sich ein gewisser Schematismus aus. Außerdem lassen sich die unterschiedlichen Fallgruppen des Missbrauchs und der Krankheit schwer in einem Verfahrensablauf unterbringen. Soweit Abmahnungen vorgesehen sind, gehen sie, wie unter 21.4 gezeigt wurde, im Falle der Suchterkrankungen rechtlich ins Leere, wenngleich nicht zu verkennen ist, dass Abmahnungen therapeutisch sinnvoll sein können.
Derartige Kollektivvereinbarungen sind grundsätzlich zulässig, für den Bereich der privaten Wirtschaft nach §§ 87 (1) Ziff. 7 und 88 Ziff. 1 BetrVG

sowie für den Bereich des öffentlichen Dienstes nach §§ 75 (3) Ziff. 11 und 76 (2) Ziff. 11 und 15 BPersVG sowie den entsprechenden Vorschriften der Landespersonalvertretungsgesetze.
Umstritten ist, ob derartige Betriebsvereinbarungen auch unter die Auswahlrichtlinien des § 95 BetrVG zu subsummieren sind mit der Folge etwa, dass nach § 95 (2) der Betriebsrat ein Initiativrecht zur Aufstellung derartiger Richtlinien hat bei Betrieben mit mehr als 1.000 Arbeitnehmern. § 95 (1) BetrVG sieht derartige Richtlinien über die personelle Auswahl bei Kündigungen vor, wobei nach Abs. 2 unter den dortigen Voraussetzungen (Betriebe mit mehr als 1.0000 Arbeitnehmern) der Betriebsrat die Aufstellung von Richtlinien über die bei Kündigungen zu beachtenden fachlichen und personellen Voraussetzungen und sozialen Gesichtspunkte verlangen kann. Es wird vertreten, dass § 95 BetrVG nur bei betriebsbedingten Kündigungen zur Anwendung komme, weil nur dort eine Auswahl überhaupt möglich sei (vgl. Kraft in GK BetrVG, 5. Aufl., § 95 Rdnr. 35 mit weiteren Nachweisen). Andere wiederum verstehen unter Auswahlrichtlinien die Konkretisierung der Kriterien, die für Personen- und Verhaltensbedingtheit der Kündigung von Bedeutung sind, wie z.B. die Regelung, ob die Krankheit nur nach bestimmter Dauer ein personenbedingter Kündigungsgrund sein könne (Dietz/Richardi, § 95 BetrVG, Anm. 37; Fitting/Auffarth/Kaiser/Heiter, § 95 BetrVG, Anm. 20). Das BAG hat die Frage bisher offen gelassen (Urteil vom 31.05.1983 in AP Nr. 2 zu § 95 BetrVG 1972).
Welcher Auffassung man auch zuneigt, herrschende Rechtsprechung ist jedoch, dass der Kündigungsschutz zu Lasten der Arbeitnehmer weder ausgeschlossen noch beschränkt werden kann (BAG Urteil vom 11.03.1976 in AP Nr. 1 zu § 95 BetrVG 1972, insbes. Blatt 2373 unter II.3, ferner Urteil vom 15.06.1989 in AP Nr. 19 zu § 95 BetrVG 1972). Jede schematische Betriebsvereinbarung, die dementsprechend am Ende einer bestimmten Interventionskette die Kündigung zwingend vorsieht, ist daher unwirksam. Es empfiehlt sich mithin, derartige Betriebsvereinbarungen stets offen zu formulieren („... kann eine Kündigung in Betracht kommen.").

LITERATUR

Becker u.a.: Gemeinschaftskommentar zum Kündigungsschutzgesetz und zu sonstigen kündigungsschutzrechtlichen Vorschriften; 4. Aufl. 1996 – KR –
Bengelsdorf: Alkohol im Betrieb – Die Aufgabe des Vorgesetzten, NZA 1999, S. 1304 ff.
Gottwald: Verhaltensbedingte Kündigung bei krankhaftem Alkoholismus, NZA 1997, S. 635 ff.

Kasper: Die Kunst forensischer Prophetie als Darlegungs- und Beweismittel bei krankheitsbedingten Kündigungen des Arbeitgebers, NJW 1994, S. 2979 ff.

Künzl; Alkohol im Betrieb, BB 1993, S. 1581 ff.

Künzl: Arbeitsvertragliche Nebenpflichten zur Durchführung einer Alkoholtherapie? NZA 1998, S. 122 ff.

Künzl: Verhaltensbedingte Kündigung bei Verweigerung einer Alkoholtherapie, NZA 1999, S. 744 ff.

Notz: Zulässigkeit und Grenzen ärztlicher Untersuchungen von Arbeitnehmern, 1996

Schaub: Arbeitsrechtshandbuch, 9. Aufl., 2000

Teil VI
Wirtschaftlichkeit und Öffentlichkeitsarbeit

22. Kosten-Nutzen-Rechnung für die Betriebliche Sozialarbeit

Inis-Janine Klinger

Betriebe sind in erster Hinsicht auf wirtschaftlichen Erfolg ausgerichtete Systeme. Wenn aber Unternehmen nur wirtschaftlich denken und handeln, dann erfüllen sie nur ihren Selbstzweck und können auf längere Sicht diese Wirtschaftlichkeit gefährden. Denn Betriebe erfüllen immer auch eine gesellschaftliche Funktion, wenn sie der gesellschaftlichen Reproduktion dienen und sie dem Individuum die Rahmenbedingungen schaffen, die es zu seiner eigenen Reproduktion benötigt.

Wirtschaftlichkeit und soziale Verantwortung unterliegen in ihrer Messbarkeit jedoch einem anderen Zeitfaktor. Unwirtschaftliche Unternehmen werden schneller vom Markt absorbiert, als unsozial handelnde Unternehmen die Konsequenz ihrer Asozialität erleben. So wird in konjunkturellen Krisen zuerst in den Sozialbereichen eingespart. Ein Beispiel dafür ist der kontinuierliche Abbau von Arbeitsplätzen für Mitarbeiter mit eingeschränkter Leistungsfähigkeit ebenso wie Behindertenarbeitsplätze.

Die Kosten sozialer Leistungen gehen als Lohnnebenkosten oder Sozialleistungen in die Gewinn- und Verlustrechnung ein. Soziale Aufgaben werden oft als Wettbewerbsnachteile oder Wettbewerbsverzerrungen gegenüber anderen Ländern, mit einem geringeren Sozialstandard, dargestellt. Missmanagement von betrieblichen Entscheidungsträgern wird dagegen selten als Grund für Geschäftseinbußen genannt.

Soziale Leistungen und soziale Verantwortung von Unternehmen zu fordern, wird immer eine umstrittene Erwartung bleiben. Es besteht jedoch ein Anspruch hinsichtlich Verantwortung und moralischer Verpflichtung. Dieser Verpflichtung kommen Unternehmen im eigenen Interesse nach, denn wäre Betriebliche Sozialberatung nicht wirtschaftlich sinnvoll, würde sie nicht praktiziert werden.

22.1 Betriebliche Sozialarbeit als wirtschaftlicher Faktor

Auch bei einer gesetzlich vorgeschriebenen Wahrnehmung sozialer Verantwortung besteht keine Garantie, dass diese immer im Interesse schutzbedürftiger Gruppen umgesetzt wird, wie wir aus vielen Beispielen und ei-

ner in Politik und Wirtschaft geführten Debatte wissen. Die Praxis sieht oft ganz anders aus. Als Beispiele seien hier genannt; Mutterschutz, Arbeitsschutz, Beschäftigung von Behinderten, Lohnausgleich bei Krankheit.
Betriebliche Sozialarbeit ist eine notwendige Aufgabe aller Unternehmen: Die Verpflichtung dazu ergibt sich aus der gesellschaftlichen Funktion der Unternehmen. Eine gesetzliche Verpflichtung zur Betrieblichen Sozialberatung wäre daher wünschenswert, aber sie löst keines der Probleme.
Betriebliche Sozialberatung kann sich grundsätzlich einer Budgetierung nicht entziehen und muss über Kosten und deren Umfang in einem wirtschaftlichen System Rechenschaft ablegen. Trotzdem ist eine quantifizierte Kosten-Nutzen-Rechnung bei Betrieblicher Sozialberatung ebenso wie bei anderen Auswirkungen sozialen Engagements schwer in Zahlen auszudrücken. Hier finden sich betriebliche Sozialberater in einem Pool mit z.B. Arbeitssicherheitsfachkräften, Personalentwicklern, Betriebsräten und Unternehmensberatern wieder. Der Wertschöpfungsbeitrag dieser innerbetrieblichen Akteure muss durch hohen professionellen Standard erbracht und auch von den Kunden erkannt und gewollt werden. Die Einsicht eines jeden Mitarbeiters in seine Möglichkeiten und Grenzen ist dafür die Voraussetzung.
Unumstrittene Wirtschaftlichkeitsrechnungen Betrieblicher Sozialberatungen liegen m.E. nicht vor. Einige Unternehmen haben für sich eigene Evaluationskriterien entwickelt, die die Vertraulichkeit respektieren, aber trotzdem quantifizierbare Aussagen über Anzahl und Art der Inanspruchnahme machen. Aber auch diese Versuche, Betriebliche Sozialberatung messbar zu machen, sagen am Ende wenig über die Qualität und den Erfolg der Beratung aus.
Wenn man über eine längere Zeit beobachtet, aus welcher Motivation innerbetriebliche Hilfsangebote in Großbetrieben installiert werden, dann kommen folgende Gründe besonders häufig vor: die Funktion der sozialen Abfederung bei größeren Entlassungsvorhaben, die Verbesserung des Betriebsklimas zur Stabilisierung nach erfolgter Entlassungswelle oder die Senkung des betrieblichen Krankenfehlstandes.
Es ist auch zu beobachten, dass bei einer Entlassungswelle oder erheblicher Kostenreduzierung des Unternehmens die Betrieblichen Sozialdienste selten eingespart werden. Bei Neueinstellungen verändern sich die Bedingungen für betriebliche Sozialberater hinsichtlich der sozialen Absicherung und es kommt seltener zu unbefristeten Arbeitsverträgen.

22.2 Kosten-Nutzen-Analyse in der Suchtarbeit

Eine fundierte Kosten-Nutzen-Analyse liegt aus dem Bereich der Suchtberatung vor, die aufgrund des großen Anteils innerhalb sozialarbeiterischer Tätigkeit im Unternehmen hier als Beispiel genannt sein soll. Als Ausgangspunkt der Kostenanalyse werden die jährlichen „Suchtkosten" in einem Betrieb ermittelt und den Kosten gegenüber gestellt, die der entsprechende Teil der Betrieblichen Sozialberatung beziehungsweise ein Alkoholpräventionsprogramm im Jahr verursacht.

Zu den Kosten, die durch einen Mitarbeiter mit Alkoholproblemen dem Betrieb entstehen, gibt es verschiedene Berechnungsmodelle und Formeln, die im Folgenden kurz vorgestellt werden:

Das Stanford Resarch Institute (SRI) in den USA stellte 1975 erstmals eine in sich geschlossene Analyse von Aspekten der innerbetrieblichen Alkoholprävention vor. Die Ergebnisse zeigen, dass alkoholkranke Mitarbeiter nur ca. 75% der vereinbarten Leistung erbringen, d.h., 25% der Leistung gehen auf Grund von Fehlzeiten, Krankheit und Arbeitsunfähigkeit in Verbindung mit Arbeitsunfällen verloren (SRI 1975, 9). Aus diesem Untersuchungsergebnis leiteten die Mitarbeiter des SRI eine Formel ab, mit der die jährlichen Folgekosten durch Alkoholismus erfasst werden können.

Diese Kosten errechnen sich demnach wie folgt: Anzahl der beschäftigten Mitarbeiter mal Prozentsatz der Alkoholiker im Unternehmen mal dem Durchschnittsgehalt aller Mitarbeiter mal dem 25%igen Verlustfaktor.

> Beispiel:
> Anzahl der Beschäftigten = 10.000 Personen
> Prozentzahl der Alkoholiker = 5%
> Durchschnittliches Bruttoeinkommen pro Jahr = 50.000 DM
> Verlustfaktor = 25%
>
> 10.000 x 5% x 50.000 DM x 25% = jährlicher Verlust von 6,25 Millionen DM.

In dieser Studie werden ebenfalls Statistiken aufgeführt, wonach alkoholkranke Mitarbeiter gegenüber nicht alkoholkranken mehr als

- 16 mal häufiger fehlen,
- 2,5 mal häufiger 8 Tage und länger fehlen,
- 3,5 mal häufiger in Arbeitsunfälle verwickelt werden,

- 5 mal häufiger Schadenersatz verlangen.

Diese Studie des Stanford Resarch Institute ist in der Bundesrepublik Deutschland die Grundlage nahezu aller Veröffentlichungen zum Thema Kosten des Alkoholismus. Auch die viel zitierte Aussage, dass 5% aller Menschen, wie auch im Betrieb, manifeste Alkoholiker sind, bezieht sich auf diese Studie. Vermutlich wird man aber bei genauerer Analyse der ermittelten Daten einige Schwachpunkte finden.

Eine fundierte Kritik würde hier zu weit führen, es sollen jedoch zwei Schwachpunkte genannt werden: Zum einen wird die Möglichkeit des Rückfalls ignoriert, zum anderen geht man davon aus, dass alle Alkoholiker sofort nach der Therapie wieder die volle Leistung erbringen. Darüber hinaus ist diese Studie, die unter anderen sozialökonomischen Bedingungen und kulturellen Gegebenheiten durchgeführt wurde, nur bedingt auf die Bundesrepublik Deutschland übertragbar.

Es ist also zu vermuten, dass die so errechneten Kosten nur grobe und in der Regel zu tief angesetzte Schätzungen sein können.

22.3 Betriebliche Sozialberatung – Feuerwehr oder Schutzengel?

Warum lassen sich Unternehmen, die in ihren Entscheidungen ansonsten ausschließlich von berechen- und kontrollierbaren Größen ausgehen, auf diese Situation ein? Darauf gibt es zwei mögliche Antworten: Einmal kann es sein, dass alkoholbedingte Schäden von den Unternehmensleitungen noch viel größer eingeschätzt werden, als die mit der SRI-Formel errechneten, und es reicht ihnen daher aus, einen groben Anhaltspunkt zu haben, oder es wird davon ausgegangen, dass die Schäden, die entstehen können, wenn nichts unternommen wird, möglicherweise noch viel größer sind, sodass mit einem Alkoholpräventionsprogramm Schlimmeres verhindert werden kann.

Wird dieser Vorgang nun von der anderen Seite beleuchtet, so ist zu fragen, welche Mittel ein Betrieb spart, wenn mit Hilfe eines Alkoholpräventionsprogramms, inklusive einer betrieblichen Suchtberatung, Mitarbeiter motiviert werden können, eine Entwöhnungstherapie zu machen.

Nach Zbrzezny (1989) kann diese Rechnung so aussehen: Geht man davon aus, dass die jährlichen Kosten für alkoholkranke Mitarbeiter auf der Grundlage der SRI-Formel berechnet werden, und stellt diesen die Personalkosten und Sachkosten für den Einsatz einer Sozialberatung gegenüber und addiert noch die Vertretungskosten, die während der Zeit der Therapie anfallen, hinzu, so kommt man zu dem Ergebnis, dass im folgenden Jahr schon ein Reingewinn zu verzeichnen ist.

> Beispiel: Gegenüberstellung von Kosten:
>
> Der Verlust durch Alkoholismus wird durch die Anwendung der SRI-Formel errechnet. 1986 wurden in der Suchtkrankenhilfe
> erfolgreich betreut 72 Mitarbeiter
> ihr Durchschnittsverdienst war 60.000 DM
> ihre Leistungsminderung betrug 25%
>
> Durch diese Mitarbeiter entstand 1985 also ein Schaden von
> 72 x 60.000 x 25% = 1.080.000 DM.
>
> Die Kosten für die Suchtkrankenhilfe betrugen 1986:
> Personalkosten: 56.000 DM
> Sachkosten: 40.000 DM
> insgesamt = 96.000 DM
>
> Hinzu kommen die Kosten für die Vertretung, während die betroffenen Mitarbeiter eine Therapie machten: 400.000 DM.
>
> So ergibt sich eine Gesamtinvestition in Suchtkrankenhilfe und Vertretung von: 496.000 DM.

Stellt man dieser Summe den Schaden von 1.080.000 DM gegenüber, ergibt sich eine Einsparung von 584.000 DM. Der Return on Investment beträgt in oben gewähltem Beispiel demnach 6,04:1 (vgl. Zbrzezny 1989, 126). Die Angaben in der Literatur über den Return on Investment (ROI) in anderen Untersuchungen schwanken zwischen 8:1 und 15:1. Auf genauere Berechnungen dieser Ergebnisse wird in der Regel verzichtet (vgl. hierzu z.B. Conecta o.J., 4.; DHS 1989, 3). Es gibt jedoch einzelne Unternehmen, die versucht haben, diese Kostenrechnungen zu präzisieren.
So hat die Siemens AG in München Krankheitsverläufe ihrer Mitarbeiter über mehrere Jahre beobachtet und ist zu dem Schluss gekommen, dass ihr Suchtprogramm inklusive einer Arbeitsplatzgarantie für Kranke, die sich einer Therapie unterziehen, betriebswirtschaftlichen Sinn macht.

Dazu ein Beispiel: Ein Alkoholkranker, Jahrgang 1943, fiel dem betriebsärztlichen Dienst 1980 das erste Mal auf. Bis 1984 fehlte er 409 Tage. Die Krankheitsdiagnosen reichten dabei von Schuppenflechte, über Schleimbeutelentzündung bis zu Magen-Darm-Störungen. Ein alkoholbedingter Unfall war ebenfalls dabei. Erst 1984 wurde die Ursache mit einer Alkoholentziehungskur behandelt. Bis zu diesem Zeitpunkt hatte Siemens bereits 41 500 DM Lohnfortzahlung geleistet, die Betriebskrankenkasse trug 25 150 DM und die Landesversicherungsanstalt 25 200 DM bei, zusammengenommen war das eine Summe von 91 850 DM (Lemmer 1991, 31).

22.4 BETRIEBLICHE SUCHTKRANKENHILFE IST FÜRSORGEPFLICHT

Ein Selbstbetroffener und Betriebswirt in der Abteilung Rechnungswesen der Deutschen Bundesbahn beschäftigte sich seit Anfang der 80er Jahre mit dem Problem der Kosten, die durch Alkohol am Arbeitsplatz verursacht werden.
Bei dem Versuch, die zusammengetragenen Daten transparenter zu machen und ihre betriebswirtschaftliche Einordnung zu ermöglichen, stellte er folgende These auf:
Sucht ist eine Krankheit. Suchtkrankenhilfe ist als eine ständige Aufgabe zu verstehen und ist kein einmalig abzuarbeitendes Arbeitspensum einer endlichen Zahl von Suchtkranken. Sucht beeinträchtigt im betriebswirtschaftlich-technischen Sinne den Wirkungsgrad des Produktionsfaktors Arbeit und damit die Nutzung der Humanressourcen.
Die negativen Folgen für den Produktionsfaktor Arbeit lassen sich mit den negativen Folgen bei technischen Produktionsfaktoren vergleichen (Kleinelanghorst 1990, 8). Im Sinne dieser auf Erfahrung beruhenden Argumente, können Wartungs-, Pflege- beziehungsweise Instandhaltungskosten für die Betriebsmittel durchaus mit den Instandhaltungskosten des Personals in Form kooperativer Betreuung von Suchtkranken gleichgesetzt werden.
Zusammenfassend ist hervorzuheben, dass die Auswertung des vorhandenen Materials die Aussage zulässt, dass humanitäre und betriebswirtschaftliche Gründe für Sozialarbeit mit Suchtkranken im Betrieb eng miteinander verwoben sind und beide auch für sich genommen für die Durchführung von Alkoholpräventionsprogrammen sprechen. Jede Durchbrechung des Suchtkreislaufes durch eine stationäre Behandlung, ambulante Therapie oder den Besuch einer Selbsthilfegruppe mit Hilfe eines kooperativen Betreuungsverbundes ist ein humanitärer und betriebswirtschaftlicher Erfolg.

Betriebliche Sozialberatung und wirtschaftliche Interessen stehen nicht im Widerspruch. Wer von den Erfahrungen der wirtschaftlichen Entwicklung der letzten Jahrzehnte ausgeht, wird immer wieder feststellen, dass die eigentliche Grundlage kontinuierlicher Spitzenleistung in den Betrieben die Menschen sind, die die Arbeit tun. Der Schlüssel zum Erfolg eines Unternehmens liegt im Umgang mit den eigenen Mitarbeitern. Betriebliche Sozialberatung ist ein Engagement für die Mitarbeiter und damit für das Unternehmen.

LITERATUR

Hartmut Klein-Schneider: Zur Effizienz der Betrieblichen Sozialarbeit; in bbs-Forum
Bundesfachverband Betriebliche Sozialarbeit e.V., Jahrgang 2, Heft, 2, 1995
Inis-Janine Klinger; Betriebliche Suchtprävention als Aufgabe von Sozialarbeit, Diplomarbeit an der Alice-Salomon-Fachhochschule Berlin 1994
Partnerschaftliche Unternehmenskultur und betriebliche Gesundheitspolitik – Fehlzeiten durch Motivationsverlust, Studie der Bertelsmann-Stiftung, Gütersloh 1997
Hans Kleinelanghorst; Alkoholismus in der Arbeitswelt, in: Suchtprobleme in der Arbeitswelt, Hoheneck Verlag GmbH 1989

23. Öffentlichkeitsarbeit in der Betrieblichen Sozialberatung

Inis-Janine Klinger

Öffentlichkeitsarbeit ist eine wichtige Aufgabe Betrieblicher Sozialberatung. Es sind zwei Formen der Öffentlichkeitsarbeit zu nennen, die oftmals ineinander übergehen: public relation (PR) in eigener Sache, um die Funktion innerhalb des Betriebes bekannt zu machen, und Information und Öffentlichkeitsarbeit zu Themen, die Arbeitsfelder Betrieblicher Sozialberatung sind.

Gutes tun und darüber reden, sollte ein wichtiges Motto Betrieblicher Sozialberatung sein. Manchmal kann es hilfreich sein, professionelle Berater zu Fragen der PR hinzuzuziehen, ein großer Teil der Arbeit ist aber auch von den betrieblichen Sozialberatern in Eigenregie umzusetzen, ganz nach dem Motto eines Top-Verkäufers bei Apple-Computer: „This is wrong; PR is an important responsibility of the leaders of a cause" (Kawasaki 1991, 191).

23.1 Konzeptentwicklung und Planung der Öffentlichkeitsarbeit

Soll Öffentlichkeitsarbeit erfolgreich sein, muss sie geplant und der Unternehmensphilosophie angepasst werden. Dazu ist zu identifizieren, über welche Inhalte, Aufgaben und Ziele der sozialberaterischen Tätigkeit im Betrieb und in welcher Form informiert werden soll. Diese Ergebnisse sind dann mit dem jeweiligen Vorgesetzten der Sozialberatung und der internen Abteilung für Öffentlichkeitsarbeit hinsichtlich der unternehmensspezifischen corporate identity (CI) abzustimmen. Die Leiterin der betrieblichen Sozialberatung des SV-Service in Zürich sieht dies so:

> „Die Beratungsstelle paßt sich in ihrem Auftreten dem Umfeld, der Branche an. Sie schneidert ihr Angebot auf die potentiellen Klienten, d.h. MitarbeiterIn und Vorgesetzte/r des Unternehmens, zu. Dieses wird weitgehend bestimmt durch die Ausbildung/Fortbildung des/der Sozialarbeiters/-in, die Unternehmenskultur und die jeweils zur Verfügung gestellten Ressourcen im weitesten Sinne. Dies Sozialberatungsstelle ist eine ernstgenommene Instanz" (Hufschmid 1992, 6).

Ein bedeutender Anteil innerbetrieblicher Öffentlichkeitsarbeit für die Betriebliche Sozialberatung ist die Einbindung in eine regelmäßige Kommunikation mit innerbetrieblichen Entscheidungsträgern, Betriebs- und Personalräten, Arbeitskreisen u.ä. (s. Kap. 5.2). Wenn die Betriebliche Sozialberatung bei allen wichtigen Entscheidungen einbezogen und um ein Feedback nachgefragt wird, ist das u.a. ein Ergebnis exzellenter Öffentlichkeitsarbeit. Mögliche Einzelmaßnahmen in der Öffentlichkeitsarbeit sind z.B. Presse- und Medieninformation, Veröffentlichungen in Mitarbeiterzeitschriften oder anderer Informationsmedien, Teilnahme an innerbetrieblichen Arbeitskreisen, interne Infomärkte und Infostände u.v.m.

Durch Presse- und Medieninformationen über Personen und Funktion der Betrieblichen Sozialberatung, sowohl intern über Faltblätter als auch extern über Beiträge z.b. in Regionalzeitschriften, kann sich die Sozialberatung bekannt machen. Jede innerbetriebliche Beratungseinheit sollte sich mit ihrem speziellen Angebot den Mitarbeitern des Unternehmens durch dieses Medium vorstellen. Diese Plattform kann auch genutzt werden, um z.b. auf die Schweigepflicht hinzuweisen, ebenso können konkrete Beratungsfelder wie z.b. Konfliktmediation, Beratung bei Trennung und Scheidung u.ä. hervorgehoben werden. Oehrens (1984) gibt in ihrem Leitfaden für Öffentlichkeitsarbeit „goldene Tipps für die Informationsarbeit":

(1) Geben Sie regelmäßig Informationen heraus.

(2) Fassen Sie sich kurz, beschränken Sie sich in Ihrer Information auf das Wesentliche. Versuchen Sie, sich vorzustellen, was für außenstehende wesentlich ist. Achten Sie auf allgemeine Verständlichkeit, vermeiden Sie Fachbegriffe und komplizierte Ausdrucksweise. Ordnen und gliedern Sie Ihre Informationen.

(3) Informieren Sie anschaulich.

(4) Informieren Sie stets sachlich und genau.

(5) Stellen Sie bei jedem Thema einen aktuellen Bezug her. Scheuen Sie sich nicht, auch modische Trends und Tendenzen aufzugreifen und für die Interessen Ihrer Institution nutzen.

(6) Geben Sie nur gut recherchiertes und ansprechend aufbereitetes Informationsmaterial heraus (a.a.O.).

Regelmäßige Beiträge in Betriebszeitungen u.ä. und Infostände an bekannten und gut besuchten Orten des Unternehmens, wie z.B. Kantine, Personalbetreuung, mit ständig wechselndem und aktualisierten Informationsbroschüren tragen ebenfalls zur Klarheit der Rolle der Betrieblichen Sozialberatung bei.

Die Teilnahme an innerbetrieblichen Arbeitskreisen, wie z.B. Arbeitskreis Gesundheitsförderung, Chancengleichheit, Alkohol am Arbeitsplatz, oder im Arbeitssicherheitsausschuss ist eine weitere Möglichkeit, sich bekannt zu machen. Innerhalb o.g. Arbeitskreise stehen gemeinsame Ziele im Interesse des Unternehmens und der Mitarbeiter im Vordergrund, an denen multiprofessionell gearbeitet wird. Die Betriebliche Sozialberatung hat hier die Möglichkeit, ihre Professionalität und ihre Sichtweise mit einzubringen.

Anlässlich bestimmter innerbetrieblicher Aktivitäten, wie z.B. Tag der offenen Tür, Gesundheitstage, Familientage, Herzwoche usw., trägt die Beteiligung der Sozialberatung zu ihrer Bekanntheit bei. Gemeinsam mit anderen Fachbereichen des Unternehmens werden Informationsveranstaltungen zu spezifischen Themen, wie z.B. Woche der Verkehrssicherheit, Herzwoche (zur Bekämpfung des Herzinfarktes) u.a., durchgeführt. Diese Foren sind für die betriebliche Sozialberatung eine Chance, innerhalb des Unternehmens öffentlich sichtbar zu werden.

Das Erstellen von Tätigkeits- oder Jahresberichten, in denen die Betriebliche Sozialberatung z.B. der Geschäftsleitung eine Rückmeldung aus ihrer Sicht über neue Handlungsfelder und innerbetriebliche Entwicklungen gibt, ist ebenfalls ein wichtiger Bestandteil von Öffentlichkeitsarbeit. Wenn dieser Tätigkeitsbericht nicht als Kontrollinstrument, sondern als Kommunikationsinstrument genutzt wird, hat er eine wichtige Funktion und schafft unter Einhaltung der Schweigepflicht Transparenz über eine Arbeit, die sehr häufig im vier- oder sechs Augengespräch hinter verschlossenen Türen stattfindet.

In jedem betrieblichen Umfeld gibt es Veranstaltungen, zu denen ein Beitrag Betrieblicher Sozialberatung interessant ist. In Absprache mit den Verantwortlichen und Vorgesetzten kann über diese Form der Öffentlichkeitsarbeit das Image des Unternehmens in der Öffentlichkeit aufgewertet und differenziert werden. Eine Ausstellung etwa zum Thema Gewalt oder eine Ausstellung eines suchtkranken Malers, ermöglicht vielen Menschen einen Zugang zu bislang verborgenen Themen und eröffnet neue Perspektiven oder andere Sichtweisen.

Eine Möglichkeit der Regelkommunikation ist die Information der Mitarbeiter über interne Rundbriefe zu wechselnden Themen.

23.2 Netzwerkarbeit als Erfolgskriterium der Öffentlichkeitsarbeit

Betriebliche Sozialberatung ist durch ihre Multiplikatorenfunktion auf eine gute Vernetzung mit externen Institutionen angewiesen. Diese Institutionen sind z.B. gemeindenahe soziale Projekte, Sozialdienste, Fachkliniken, niedergelassene Ärzte und Psychologen, Ämter und Behörden, an die die Betriebliche Sozialberatung weitervermittelt oder von denen sie wiederum auch Klienten vermittelt bekommt. Ein gut funktionierendes Netzwerk (network), ist für die Öffentlichkeitsarbeit sehr nützlich und hilfreich. Wichtige Hinweise zu einem professionellen Networking geben Fisher/ Villas (1991):

I. Sie sind der Kernpunkt in Ihrem Netzwerk. Lernen sie Ihre eigenen Stärken als Networker kennen.

II. Das besondere Etwas: Höflichkeit und Freundlichkeit.

III. Behandeln Sie Visitenkarten mit Respekt.

IV. Man erinnert sich an eine aufmerksame Person.

V. Managen Sie sich selbst als eine Hilfsquelle.

VI. Seien Sie effektiv in Ihren Anliegen.

VII. Machen Sie sich bekannt, in dem Sie teilnehmen.

VIII. Entwickeln Sie Ihre ganz persönliche Art, mit Networking umzugehen.

IX. Networking soll Ihren Horizont erweitern (a.a.O.).

Da Betriebliche Sozialberatung in Deutschland eine freiwillige und keine gesetzliche Aufgabe von Unternehmen ist, sollte die Information über die Wertschöpfung durch Betriebliche Sozialberatung im Unternehmen einen besonders großen Stellenwert bekommen (s. Kap. 22). Eine ressourcenorientierte Herangehensweise an die Aufgabenfelder Betrieblicher Sozialberatung erleichtert den Zugang zur Darstellung von Beraterprofessionalität, setzt jedoch ein differenziertes und wertschätzendes Selbstbild voraus.

LITERATUR

Kawasaki, G.: Selling the dream; Harper Business Publishers, New York 1991
Hufschmid, V.: Betriebliche Sozialarbeit im Spannungsfeld unterschiedlicher Erwartungen; in: Sozialarbeit, Heft Nr. 12, 1992
Oehrens, E.-M.: Materialien für die Presse- und Öffentlichkeitsarbeit in kulturpädagogischen Institutionen, Remscheid 1984
Fisher, D.; Villas S.: Power Networking; Mountain Harbour Publications, Austin Texas 1991

Teil VII
Ausblick

24. Entwicklung in den neuen Bundesländern

Inis-Janine Klinger

Betriebliche Sozialarbeit hatte in den neuen Bundesländern ebenso wenig Tradition wie professionelle Sozialarbeit als Hilfe zur Selbsthilfe für Menschen mit besonderen Belastungen, Störungen oder Erkrankungen. Sozialismus und soziale Dysfunktionen waren nicht miteinander vereinbar. Der Berufsstand der Sozialfürsorgerinnen hatte daher die Aufgabe, sozial nicht integrierbare Menschen zu einem unauffälligen Verhalten zu konditionieren oder in speziellen Einrichtungen unterzubringen. Das Leistungssystem war übersichtlich und Leistungen wurden ohne gesonderte Antragstellung von Vertretern der Staatsbehörde zugeteilt.

Da in der DDR davon ausgegangen werden konnte, dass fast jeder Mensch eine Wohnung und als Ergebnis der Vollbeschäftigung jeder einen Arbeitsplatz hatte und daher über ein regelmäßiges Einkommen und die Anbindung an ein Arbeitskollektiv verfügte, ergab sich für die Sozialfürsorge auch ein anderer Handlungsbedarf als in dem heutigen Gesellschafts- und Sozialsystem. Innerhalb der Betriebe übernahmen Kollektivmitglieder Patenschaften für schwierige Kollegen und deren Familien. Der gesetzlich garantierte Arbeitsplatz bestand unabhängig von Leistungsfähigkeit, Integrierbarkeit oder Berufsausbildung. Leistungsdruck oder Angst vor dem Verlust des Arbeitsplatzes mussten nur politisch anders denkende Bürger haben. Durch die soziale Absicherung, die alle Menschen gleich machte, gab es kaum Obdachlosigkeit oder existenzielle Armut, aber auch wenig Freiraum für individuelle Entfaltung und eigenwillige Lebenskonzepte. Private Probleme von Mitarbeitern wurden im Partei- und/oder Gewerkschaftskreis öffentlich diskutiert. Gemeinsam wurden Lösungs- und Unterstützungsmöglichkeiten beschlossen, denen sich die betreffende Person dann zu unterziehen hatte.

24.1 MIT ALKOHOL WOLLTEN DIE MENSCHEN DIE TROSTLOSIGKEIT VERGESSEN

Ein besonderes Problemfeld, das auch heute noch einen großen Anteil an sozialarbeiterischem Handeln in Betrieben ausmacht, war der Missbrauch von Alkohol. Alkohol war die Hauptdroge der Menschen in der DDR, denn neben wenigen, schwer erreichbaren Medikamenten standen kaum andere psychoaktive Substanzen zur Verfügung.

Viele Jahre nach der Vereinigung beider deutscher Staaten kann man immer noch unterschiedliche Konsumgewohnheiten in Ost und West erkennen. Empirische Untersuchungen zeigen, dass in Ostdeutschland mehr hochprozentige alkoholische Getränke konsumiert werden als in den alten Bundesländern (Statistisches Bundesamt 1997). Während Alkohol zu DDR-Zeiten häufig eingesetzt wurde, um der Trostlosigkeit des Alltags zu entrinnen und die Perspektivlosigkeit vieler Lebenswünsche zu vergessen, dient er heute den Ostdeutschen bei der Bewältigung von Belastungen und Ängsten, die durch erlebte existenzielle Bedrohung, aber auch durch kollektiven und individuellen Konkurrenzdruck entstehen.

Alkohol am Arbeitsplatz war ein Problembereich, den es im Sozialismus offiziell nicht zu geben hatte. Ein solches undiszipliniertes Verhalten passte nicht zu einer entwickelten sozialistischen Persönlichkeit und galt in dieser Gesellschaftsform als überwunden. In der DDR herrschte in allen Betrieben ein generelles Alkoholverbot. Konnte im Einzelfall die Unfähigkeit zur Abstinenz nicht mehr verborgen werden, wurden die betroffenen Alkoholiker beziehungsweise Süchtigen vorwiegend in psychiatrischen Einrichtungen untergebracht und von der Außenwelt abgeschottet. Erst Anfang der 80er Jahre wurden in der DDR unter schwierigen Rahmenbedingungen differenziertere Methoden der Alkoholismustherapie angewandt. Ab diesem Zeitraum gab es auch erste Kontakte zwischen psychiatrischen Behandlungseinrichtungen und volkseigenen Großbetrieben und Kombinaten. Engagierte Sozialfürsorgerinnen suchten Betriebe auf, in denen die Patienten ihrer Einrichtung arbeiteten, um eine Integration nach erfolgter Entwöhnungsbehandlung zu erleichtern. Eine offiziell gewünschte und geförderte Zusammenarbeit gab es nicht, da es dieses Problem offiziell nicht gab.

Eine Zusammenarbeit von Betrieben und Krankenhäuser gab es dort, wo im Rahmen von klinischer Arbeitstherapie Zuarbeiten kostengünstig für die Betriebe übernommen werden konnten. Diese Tätigkeiten waren meist monotone Handarbeiten, die sonst keiner machen wollte und die nicht von Maschinen ausgeführt werden konnten. Dabei waren die Patienten direkt mit Arbeiten beschäftigt, die der Planerfüllung dienten, und so beteiligt am betrieblichen Leben und der Produktion.

Weil nicht sein kann, was nicht sein darf, führte die offizielle Negierung des Problems Alkoholismus im betrieblichen sowie privatem Umfeld zwangsläufig zu einer besonderen Ausprägung von gesellschaftlichem Co-Alkoholismus, was heißt: wegsehen und davon profitieren. Diese traditionellen Besonderheiten machen heute betriebliche Suchtprävention und -beratung zu einer besonderen Herausforderung für betriebliche Sozial- und Suchtberater. Es ist für viele der betrieblichen Akteure immer wieder schwer zu akzeptieren, dass Druck und Konsequenz für Suchtkranke Hilfe bedeuten. Der Impuls, diese Menschen zu schonen, sie vor Leistungsanforderung und nicht mehr verständnisvollen Vorgesetzten zu beschützen, ist sehr groß.

24.2 BETRIEBLICHE SUCHT-/SOZIALBERATUNG IN DEN NEUEN BUNDESLÄNDERN HEUTE

Die Arbeitsverhältnisse und damit die schädlichen, suchtfördernden Belastungen haben sich für viele Menschen aus den neuen Bundesländern nach der Vereinigung auch aufgrund schärferer Richtlinien im Umwelt- und Gesundheitsschutz erheblich verbessert. Doch an die Stelle dieser Belastungen sind andere Anforderungen getreten, die bis dato unbekannt waren, beispielsweise Arbeitsplatzunsicherheit, gestiegene Leistungsanforderungen, Zeitdruck, Veränderung alter Arbeitszusammenhänge, Auflösung von Arbeitskollektiven und neue, nicht immer akzeptierte Vorgesetzte aus den alten Bundesländern. Die Menschen, die es gewohnt waren, kollegial und freundschaftlich zusammenzuarbeiten, fühlten sich durch das neue Gesellschafts- und Sozialsystem, welches auch eine Veränderung der Wertehierarchie mit sich brachte, überfordert. Selbstbehauptung und Selbstdarstellung, bislang gering geschätzte Eigenschaften, wurden plötzlich zur Überlebensstrategie. Viele erlebten ihre eigene Unfähigkeit, diese Spiele zu durchschauen und mitzuspielen, als persönliches Versagen. Die Folge war eine kolossale Veränderung der kollegialen Beziehungen am Arbeitsplatz bis hin zu einem eisigen Betriebsklima.

Immer noch werden in der Betrieblichen Sozialberatung in den neuen Bundesländern Mitarbeiterinnen und Mitarbeiter beraten, deren Suchtverhalten manchmal schon seit Jahrzehnten bekannt ist und unter den alten Verhältnissen hilflos hingenommen oder als asoziales Verhalten verurteilt wurde. Durch die veränderten Arbeitsabläufe, mit mehr Verantwortung für den Einzelnen und weniger Personal für mehr Arbeiten, treten Probleme auf, die nicht wie früher unter den Tisch gekehrt werden können. Plötzlich geht es nicht mehr um Konflikte, die Zeit zur Bewältigung haben, sondern um arbeitsrechtliche Konsequenzen aufgrund des regelmäßigen Alkoholmissbrauchs.

Folgende Faktoren mögen die Situation verdeutlichen:
Im Zusammenhang mit den Entlassungen der letzten Jahre wurde immer wieder erlebt, dass sog. Problemfälle schneller freigesetzt werden, jeder ist also bemüht, sein suchtbedingtes Verhalten so lange wie möglich zu verbergen. Es gibt zu wenig Information und Aufklärung über die Krankheit Alkoholismus, die im Verständnis aller und deshalb auch der ostdeutschen Bevölkerung immer noch sehr mit Versagen und Willensschwäche, also sozialer Stigmatisierung verbunden ist.
Im Osten gab es keine Selbsthilfegruppen, keine Anonymen Alkoholiker, die zur Aufklärung und selbstbewussten Auseinandersetzung mit dieser Thematik hätten beitragen können, es war ein Tabuthema und man glaubte, nur Randgruppen oder Einzelpersonen, die sich nicht integrieren können, seien davon betroffen.
Vorgesetzte sind häufig nicht geschult und können auf dieses Problem nicht angemessen reagieren, sie fühlen sich in besonderem Maße für ihre Mitarbeiter verantwortlich und sind daher gehemmt, konsequente Entscheidungen zu treffen.
Diese Probleme bei der Wahrnehmung von Personalführungsaufgaben haben erhebliche Auswirkungen auf den Umgang mit suchtkranken Mitarbeitern; zwischen Vorgesetzten und nachgeordneten Mitarbeitern bestehen oft eine Vielzahl unausgesprochener Verträge, abgeschlossen in vergangenen, sozialistischen Zeiten, die den Vorgesetzten in seiner Handlungsfähigkeit einschränken und das kranke Beziehungssystem des Suchtkranken stärken.
Die Basis Betrieblicher Sozialberatung ist Vertrauen in die Person des Beraters. Viele Menschen neigen zu Polarisierungen, die Sozialisation in der DDR hat diese Sichtweise besonders gefördert. Das sozialistische System war das gute System, der Kapitalismus das Böse. Menschen, die sich widerstandslos oder gedankenlos dem Diktat des Sozialismus unterordneten waren die Guten, schon die, die Fragen stellten, nicht alles glaubten und gerne eigene Ideen hinsichtlich der Lebens- und Arbeitsgestaltung hatten, waren die Bösen. Dieses Denken setzt sich fragmentarisch bis heute fort und wurde auch durch die Bedingungen der politischen Wende und der damit einhergehenden Verunsicherung stabilisiert. Betriebliche Sozialberater, die weder der Arbeitnehmervertretung noch der Unternehmensführung zuzuordnen sind, werden in den neuen Bundesländern daher häufig mit der unausgesprochenen Frage konfrontiert, auf welcher Seite der Interessen sie stehen. Zu begreifen, dass betriebliche Sozialberater auftragsorientiert und allparteilich arbeiten, das heißt: im Interesse der Klienten, ist für viele noch Sache eines Lernprozesses.

Verstärkt wird diese Haltung durch ein tief sitzendes Misstrauen, nach dem Motto, alles Schlechte kommt von oben. Die Funktion des Staates im DDR-System haben viele als diktatorisch und gewaltsam erlebt. Das neue System hat auch viele unvorhergesehene Schattenseiten, ein Verhalten, was sich in diesem Milieu immer bewährt hat, ist Misstrauen. Misstrauen ist das Gegenteil von Vertrauen. Misstrauen verhindert die Entwicklung gesunder menschlicher Beziehungen. Ohne Vertrauen wagende zwischenmenschliche Beziehungen ist es aber nahezu unmöglich für ein Unternehmen, ein Arbeitsteam, ein gemeinsames Ziel zu formulieren und zu erreichen.

24.3 Selbstvertrauen und Selbstverantwortung

Ein solches Fehlen von Vertrauen betrifft auch die für die innerbetriebliche Beratungstätigkeit notwendige Vertraulichkeit, der Schutz personenbezogener Daten und Informationen hat in den neuen Bundesländern keine Tradition. In der DDR konnte man von einem gläsernen Menschen sprechen, das Vertrauen in einen gesetzlich verankerten Vertrauens- und Datenschutz muss erst durch viele gute Erfahrungen wachsen.

Ohne Vertrauen in die eigene Persönlichkeit ist es schwer, sich einem Problem zu stellen. Zweifelt ein Mensch an den eigenen Fähigkeiten bei der Lösung von Problemen und hatte er wenig Möglichkeiten, selbstwertstärkende Erfahrungen zu machen, wird er immer bestrebt sein, die Lösung von Problemen an andere zu delegieren. In der DDR waren die Menschen erfolgreich, die wenig Probleme hatten oder sich bei der Lösung von Problemen ganz auf die Vorgaben von Partei- und Staatsführung verlassen haben. Diese Strategie verhinderte die Übernahme von Verantwortung für sich selbst und andere, es war immer eine Instanz vorhanden, die festlegte, was zu tun oder zu lassen oder was falsch oder richtig ist, ohne dass das Individuum selbst dies Entscheidung treffen musste.

Dies ist ein allgemein psychosoziales Problem, kein primär ostdeutsches, doch ist festzustellen, dass Mitarbeiter aus den neuen Bundesländern mit diesem Verhalten erfolgreicher waren.

Abschließend ist noch auf einen Aspekt hinzuweisen, der wohl den größten Einfluss auf innerbetriebliche Hilfsangebote hat. Wenn man über eine längere Zeit beobachtet, aus welcher Motivation innerbetriebliche Hilfsangebote in Großbetrieben installiert werden, dann kommen folgende Gründe besonders häufig vor. Das ist zum einen die Funktion der sozialen Abfederung bei größeren Entlassungsvorhaben, oder die Verbesserung des Betriebsklimas zur Stabilisierung nach erfolgter Entlassungswelle, oder die Senkung des betrieblichen Krankenfehlstandes. Dies sind alles Ausgangssituationen, die ein Vertrauensverhältnis stark belasten können und ein besonders professionelles und betriebsspezifisches Engagement Betrieblicher Sozialberatungen erfordern.

Zum anderen ist zu beobachten, dass bei einer Entlassungswelle oder erheblicher Kostenreduzierung des Unternehmens die Betrieblichen Sozialberatung selten mit eingespart werden, eher kommt es immer häufiger zu ungeschützten, d.h. befristeten Einstellungen und Honorarverträgen mit Sozialberatern, der Einfluss dieser Situation auf die betrieblichen Position und deren Auswirkung auf die innerbetriebliche Beratungstätigkeit wäre noch gesondert zu diskutieren.

LITERATUR

Statistisches Bundesamt: Statistisches Jahrbuch 1997 für die Bundesrepublik Deutschland. Wiesbaden 1997

25. Perspektiven und neue Aufgabenfelder Betrieblicher Sozialarbeit

Susanne Steinmetz

Der bisherige Hauptaufgabenschwerpunkt der Betrieblichen Sozialberatung ist und war die individuelle Fachberatung zu psychosozialen Problemen und Fragestellungen im betrieblichen, privaten, finanziellen (s. Kap. 13), gesundheitlichen (s. Kap. 10) oder Suchtbereich (s. Kap. 9). Die bewährten Arbeitsmethoden waren und sind: Einzelfallhilfe, Gruppenarbeit, Interventionstechniken u.a. aus Verhaltens-, Familien- und Gesprächstherapie (s. Kap. 16ff.). Hinzu kommen auch vom Arbeitsauftrag abhängige Spezialaufgabengebiete (z.B. Gesundheitsförderung, Fehlzeiten, s. Kap. 11), sowie Schulungsmaßnahmen zu diesen oder anderen Themen.

Durch die sich verändernden wirtschaftlichen und gesellschaftlichen Rahmenbedingungen werden auch andere Ansprüche an die Sozialberatung herangetragen. Viele Sozialberatungen haben diese Tendenzen erkannt und ihr Beratungsangebot modifiziert und sich z.B. auch in die Bereiche Gruppenarbeit, Konfliktberatung in Gruppen, Moderation von Gruppen, Teamentwicklung usw. eingebracht.

25.1 Veränderungen in der Gesellschaft und Auswirkungen auf die Arbeit der Sozialberatung

Wirtschaftliche, politische, gesellschaftliche, persönliche und auch soziale Wandlungen beeinflussen sich wechselseitig. Der historische Abriss (s. Kap. 2) hat gezeigt, dass Veränderungen der Gesellschaft die Arbeitsweise und die Arbeitsinhalte der Betrieblichen Sozialberatung mit geprägt und verändert haben.

Da der Betrieb und seine Problemlagen als Spiegelbild der Gesellschaft im Kleinen betrachtet werden kann, werden an die Sozialberatung in einem Unternehmen frühzeitig Fragen und Probleme der Mitarbeiterinnen und Mitarbeiter aus ihrem unmittelbaren Lebensumfeld herangetragen. Sie wird damit zum Seismographen der sozialen und gesellschaftlichen Entwicklung und kann mit entsprechenden Angeboten und Unterstützungsmöglichkeiten flexibel und unmittelbar auf diese Bedürfnisse reagieren und eingehen.

„Betriebliche Sozialberatung (berücksichtigt) in ihrer Arbeit die Erwartungen der Ratsuchenden, die Personalpolitik des Unternehmens, sowie die gesamtwirtschaftliche Lage" (Schweizerischer Berufsverband Soziale Arbeit 1998).

Da die Unternehmen im Wettbewerb bestehen wollen, brauchen sie zunehmend „hochqualifizierte, motivierte und flexible Mitarbeiter, die bereit sind permanent zu lernen und sich in einer dem dauernden Wandel unterworfenen Organisationsform zurechtzufinden" (Grasse 1998). In einer Zeit des wirtschaftlichen und technologischen Wandels, gesättigter Märkte, Globalisierung, mit gleichzeitiger Dezentralisierung und Spartenbildung in den Unternehmen und einer Zunahme des Leistungsdrucks sind Veränderungen vorprogrammiert. „In der vernetzten Welt von morgen steht der gesamten Gesellschaft wie auch dem einzelnen ein Wandel bevor, der eine bisher nie gekannte Anpassungsfähigkeit erfordert" (Hermann 1996).

Viele Mitarbeiterinnen und Mitarbeiter, die bisher in Betrieben feste und klare Strukturen mit einer hohen Vorhersagbarkeit der Dinge vorgefunden haben, kommen mit den neuen Anforderungen, z.B. mehrere Arbeitsplätze und -aufgaben beherrschen zu müssen, in andere Abteilungen zu wechseln, in Teams zu arbeiten, diese selbst zu organisieren oder mehr Verantwortung zu übernehmen, nicht zurecht. Und es gibt keine Anzeichen dafür, dass mehr Ruhe einkehrt. Ganz im Gegenteil, denn wer als Unternehmen oder als darin arbeitendes Individuum auf dem Markt konkurrenzfähig bleiben will, muss sich verändern und aus einem trägen Unternehmen eine bewegliche, innovative und sich anpassende Organisation machen (vgl. Zeier 1998).

Parallel dazu kommt es zu gesellschaftlichen Veränderungen, Instabilität vertrauter Werte, schnelleren Veränderungszyklen, kurz: wachsender Komplexität, bei einer immer knapper werdenden Ressource Zeit. Von den Mitarbeitern in den Unternehmen wird ein immer komplexeres Denken und eine Anpassung an die neuen Bedingungen erwartet.

In diesem Zusammenhang bietet die Personalarbeit und -politik mit ihren vielseitigen Instrumentarien geeignete Voraussetzungen, die oben genannten Anpassungsprozesse der Mitarbeiter und des Unternehmens als Gesamtheit zu fördern und konstruktiv zu unterstützten. Die Sozialberatung als integraler Bestandteil der betrieblichen Personalpolitik kann durch ihr internes Wissen und ihre Fachlichkeit, die sich um einen neutralen Blickwinkel bemüht, eine sinnvolle Ergänzung sein. Sie weiß um aktuelle Entwicklungen innerhalb des Unternehmens, kann Veränderungen erkennen und ihnen, wenn notwendig, gemeinsam mit den Entscheidungsträgern im Betrieb entgegenwirken.

Das bedeutet, dass alle Institutionen direkt oder indirekt neben den im klassischen Sinne mit Personalentwicklung betrauten Stellen bei der Beseitigung betrieblicher Schwachstellen und Engpässe Einfluss nehmen können und im Rahmen ihrer Kompetenz ihr Wissen sinnvoll einbringen können.
Mit dem Paradigmenwechsel hin zu einer systemischen Sichtweise der Dinge steht nicht mehr nur der einzelne Mitarbeiter im Blickfeld, sondern der Betrieb, die Organisation als Ganzes. Das gesamte System Betrieb wird daraufhin betrachtet, welche Prozesse darin ablaufen und wie diese (falls notwendig) verändert werden können.
Es kann für ein Unternehmen sinnvoller sein, umfassendere Lösungen anzustreben, als im Einzelfall immer wieder neu nach Wegen zu suchen. Wenn sich in einem Betrieb z.B. durch das Schichtmodell Schwierigkeiten für allein erziehende Mütter bei der Kinderbetreuung ergeben, kann ein Unternehmen u.U. in Erwägung ziehen, andere Arbeitszeiten zu entwickeln, um Fehlzeiten vorzubeugen und aufwendigen Einzellösungen entgegenzuwirken.
In den heutigen Unternehmensstrukturen geht es nicht mehr nur um den reinen Informationsfluss, sondern um eine gezielte und erlernte Kommunikationsfähigkeit. Um Kommunikationsprozesse im Betrieb zu verbessern und zu gestalten, ist eine langfristige und gute Planung notwendig. Sie setzt detailliertes formelles und informelles Wissen der Macher voraus.
Wenn z.B. Klagen an die Sozialberatung herangetragen werden, dass sich Mitarbeiter von ihren Vorgesetzten nicht genügend informiert und in für sie relevante Entscheidungsprozesse miteinbezogen fühlen, kann durch gezielte Maßnahmen, wie Mitarbeiterinformationen innerhalb der Abteilungen oder Schulungen im Bereich Teamentwicklung hilfreich eingegriffen werden, um eine offenere Kommunikation zu erreichen.
Gibt es bei einer Unternehmensführung die Bereitschaft, gemeinsam mit innerbetrieblichen Institutionen auf diese veränderten Bedingungen zu reagieren, schafft sie auch die Voraussetzungen, um Konzepte zu entwickeln, in denen die Mitarbeiter die Prozesse mitgestalten und hemmende Einflüsse beseitigen können (vgl. Grasse 1998). Die Sozialberatung kann hierbei die Personalarbeit und -politik unterstützen und erweitern.

25.2 Unterstützung bei Veränderungsprozessen im Unternehmen

Die organisatorischen Strukturen in den Unternehmen verändern sich ständig und werden den neuen Bedingungen auf dem Markt angepasst. Es wird

Personal reduziert, Hierarchieebenen werden abgebaut, Produktionsbereiche in andere Länder verlagert oder Betriebsteile verkauft. Dies alles setzt Ängste, Aggressionen und Unsicherheiten frei, mit denen umzugehen die verbleibenden Mitarbeiter lernen müssen.

Die Veränderungen verursachen Befürchtungen und Unsicherheiten und können zu Problemen unter den Mitarbeitern führen, denn sobald es um Entlassungen geht, ist jeder um seinen Arbeitsplatz bemüht. Dies birgt ein hohes Konfliktpotenzial in sich, was zu abnehmender Kollegialität, Konkurrenzkampf oder Mobbing führen kann, wenn ein Unternehmen nicht durch gezielte Maßnahmen, wie z.B. offene und frühzeitige Informationspolitik oder Outplacementberatung, gegensteuert.

Geht ein Unternehmen in dieser Situation nicht achtsam und fair mit seinen Mitarbeitern um, kann sich dies nachhaltig auf die Stimmung, die Motivation, die Loyalität und damit letztlich auch auf die Produktivität auswirken.

„Wissenschaftliche Studien weisen nach, daß es noch nicht einmal jedem zweiten Betrieb gelingt, nach einem Personalabbau die Produktivität zu erhöhen ... Die Nichtgekündigten wollen möglichst keine Fehler machen, da diese bei der nächsten Personalreduktion gegen sie verwendet werden können" (Volk 1999). Auch Führungskräfte und Manager beobachten den Prozeß genau und wollen sich nicht durch Fehlentscheidungen zu weit vorwagen. Sie wählen lieber altbekannte Wege und führen ihre Mitarbeiter entsprechend. „Wie aber soll ein Unternehmen im Wettlauf im internationalen Vergleich mit Mitarbeitern gewinnen, die innerlich auf Festhalten, Bewahren, Verharren und Absichern getrimmt sind? ... ein Unternehmen sucht am Arbeitsmarkt mutige und flexible Menschen. Es wird sie nur bekommen, wenn der Einzelne sicher sein kann, in kritischen Phasen jene Loyalität, die das Unternehmen bislang von ihm gefordert hat nun selbst erleben" (Kern 1998).

Der faire Umgang mit den Mitarbeiterinnen und Mitarbeitern ist eine Grundvoraussetzung für ein gutes Betriebsklima. Um ein solches zu schaffen, braucht es mutige Entscheidungsträger, die breit sind die Unternehmenskultur offen, kommunikativ und ohne Herrschaftswissen zu gestalten, die auch in Fehlern ein Lernpotenzial sehen, die selbst lern- und veränderungsbereit sind und wissen, dass die Summe allen Wissens im Betrieb mehr ist als die der einzelnen Teile. Eine Studie zu neuen Formen der Zusammenarbeit mit dem Ziel permanenter Leistungsverbesserung in einem Siemens-Produktionsbetrieb in Braunschweig stellt fest, dass der Schlüssel zu Erfolg für ein Unternehmen nicht in organisatorischen Veränderungen oder Managementmethoden, sondern im Umgang mit den Mitarbeitern und im Umgang miteinander liegt (Groß 1997).

Daher bedarf jedes Unternehmen eines konsequenten und sensiblen Managements, welches mit viel Kommunikation und psychologischem Feingefühl Veränderungen erklärt, einleitet und implementiert. Wer sich diesen Herausforderungen stellen will, muss den Wandel in allen Bereichen des Unternehmens nicht nur akzeptieren, sondern auch fördern, dazu zählt vor allem die Kommunikationsfähigkeit (vgl. Hauser 1996). Nach einer Studie der Bertelsmannstiftung gilt eine offenen Kommunikation und Informationspolitik im gesamten Unternehmen als eines der zentralen Führungsinstrumente. Die Sozialberatung kann eine wichtig Hilfe beim Umgang mit diesen Prozessen werden, indem sie die Kommunikationsfähigkeit durch gezielte Einzel- oder Teamberatung begleitet. Sie kann bei akuten Problemlagen in Gruppen als Moderator fungieren oder verbeugend Schulungen zum Thema Gesprächsführung o.ä. anbieten.

Zusätzlich kann sie Veränderungen (z.B. Personalabbau oder Umstrukturierung) oder Einführungen neuer Managementmethoden (z.B. Gruppenarbeit) beratend begleiten. Die Zusammenarbeit richtet sich dann speziell nach den Belangen und Zielen des Unternehmens, wobei die Sozialberatung mit ihrer fachlichen Kompetenz den Prozess aus einem anderen Blickwinkel betrachten und ausgleichend wirken kann.

25.3 Besserer Umgang mit Konflikten

Zur Verbesserung der Kommunikation gehört auch ein besser Umgang mit Konflikten innerhalb von Arbeitsgruppen oder zwischen unterschiedlichen Abteilungen. Konflikte und deren Folgen wie Dienst nach Vorschrift, mangelnde Weitergabe von Informationen usw. können für das Unternehmen erhebliche Kosten verursachen. Nach Aussage von Konfliktforschern wird zur Auflösung beziehungsweise Beseitigung von Konflikten ebenso viel Energie und Zeit benötigt wie zu deren Entwicklung. Ein besserer Umgang mit ihnen oder wenn möglich eine Konfliktprophylaxe ist deshalb zur Erhaltung der Wirtschaftlichkeit unerlässlich.

Die Sozialberatung kann als neutraler Coach und Moderator in Konfliktsituationen miteinbezogen werden. Eine Vorgehensweise, die in vielen Unternehmen bereits mit Erfolg praktiziert wird. Wie dies aussehen kann, wurde von Redlich (1998) an einem anschaulichen und praxisnahen Beispiel ausführlich beschrieben. Nach seinen Aussagen braucht Konfliktbearbeitung eine Struktur; hier kann die Sozialberatung als neutraler Moderator tätig werden und den Prozess professionell begleiten. Hierzu ist u.a. eine klare Auftragsklärung und das Einverständnis aller Beteiligten notwendig. Die Unternehmensleitung kann die Sozialberatung bei diesem Angebot durch eine klare Aussage ihrerseits unterstützen, dass sie eine Bearbeitung von Konflikten wünscht, fördert und für notwendig hält und dass hierfür die Sozialberatung der professionelle Ansprechpartner ist.

25.4 Coaching von Führungskräften und Mitarbeitern

In den komplexen Strukturen von Betrieben hat es sich als sinnvoll erwiesen, sowohl Führungskräften als auch Mitarbeitern bei Bedarf einen Coach zur Verfügung zu stellen. Er kann helfen, die persönliche Kompetenz zu erweitern, die Eigenreflexionsfähigkeit zu fördern, Abstand zur Situation zu gewinnen und behindernde Emotionen zu erkennen. Auch dieser Part kann sinnvoll von der Sozialberatung übernommen werden, da sie neben der Fachlichkeit, dem internen Wissen, durch ihre Schweigepflicht und Neutralität zu einem attraktiven Partner für „Unterstützungswillige" wird. Nehmen Führungskräfte dieses interne Angebot in Anspruch, ergibt sich zusätzlich ein Multiplikatoreneffekt.

Westhoff (1999) vom Bundesverband der Betriebskrankenkassen resümiert, dass es sich für Unternehmen durchaus rechnet, die Stressbelastung von Führungskräften und Mitarbeitern zu reduzieren. Sie sieht in der Fähigkeit, z.B. mit Stressbelastungen konstruktiv umzugehen, beziehungsweise durch die Entwicklung von Stressvermeidungsstrategien eine Möglichkeit für Manager und Führungskräfte, ihre gesundheitlichen Ressourcen zu schonen und diese effektiver einsetzen zu können. Die dadurch gewonnene Souveränität und Gelassenheit schafft ein gutes Vorbild für die Mitarbeiter und darüber hinaus die optimale Voraussetzung für ein gesundheitsgerechtes sach- und mitarbeiterorientiertes Führungsverhalten.

Aber auch Mitarbeiter können durch gezielte Unterstützung lernen, sinnvoller mit ihren Fähigkeiten und Fertigkeiten umzugehen und sich z.B. in schwierigen Situationen mit Arbeitskollegen von der Sozialberatung beraten lassen.

Und so sieht eine Fachleiterin der Sozialberatung bei der Siemens AG ein wesentliches Aufgabengebiet der Sozialberatung in diesem Bereich. „Sie (die Sozialberater) bieten deshalb Prozeßbegleitung im betrieblichen Alltag an, um bei Betroffenen eigene Bewältigungsstrategien in Gang zu setzen, indem durch individuelles oder Gruppen-Coaching neue beziehungsweise andere Perspektiven erschlossen werden, um lösungsorientiert das Geschehen selbst beeinflussen zu können" (Zeier 1998).

Ein wichtiges Stichwort für die Betriebliche Sozialberatung ist auch Familienfreundlichkeit und eine ausgewogene Balance zwischen Berufs- und Lebenswelt. Viele Unternehmen haben dies erkannt, da viele soziale Sicherungssysteme (staatliche Hilfen und familiäre Unterstützung) weggefallen oder sich verändert haben. Sie versuchen durch unterschiedlichste Maßnahmen ihren Mitarbeitern Unterstützungen zukommen zu lassen. Die Sozialberatung kann hierbei wichtige Impulse liefern und bei der Umsetzung solcher Konzepte helfen, z.B. Einrichtung von Teilzeitjobs, Möglichkeiten auch für Väter, Erziehungsurlaub zu nehmen, Unterstützung beim Wiedereinstieg in den Beruf, Telearbeitsplätze zu Hause, kurz: Projekte die die Vereinbarkeit von Beruf und Familie fördern.

25.5 Einbeziehung der Sozialberatung in die Organisationsentwicklung

Da Veränderungen und Veränderungsprozesse im Unternehmensalltag nicht mehr die Ausnahme, sondern die Regel darstellen, sind alle Beteiligten gefordert durch optimale Ausnutzung der vorhandenen Mittel ein Höchstmaß an Leistung zu erreichen. Dazu zählt vor allem die Ressource Mitarbeiter, d.h. die gezielte Förderung von Mitarbeitern und den optimalen Einsatz ihres Wissens. „Ressourcen sind kein fester Rohstoff; sie meinen nicht nur Sichtbares: Ressourcen sind entwickelbar" (Hummel 1996). Durch gezielte Organisationsentwicklungsmaßnahmen und deren angemessenen Einsatz erfährt jeder im Betrieb eine systematische Wissens- und Kompetenzerweiterung zum Vorteil des Unternehmens.

Eine ganzheitliche Herangehensweise, mit der Einbeziehung unterschiedlicher Blickwinkel und Erfahrungen innerhalb des Betriebes, auch die der Sozialberatung, ist dabei von großem Vorteil. So kann neben den bisher bewährten Organisationsentwicklungsmaßnahmen der Sozialberatung, wie z.B. der Erarbeitung von Konzepten und der Entwicklung von Standards bei der betrieblichen Suchtkrankenhilfe, auch in anderen Bereichen, wie z.B. betrieblicher Gesundheitsförderung, Teamentwicklung oder Unterstützung bei Personalentwicklungskonzepten, ein Arbeitsfeld liegen, das über die Einzelberatung hinaus geht.

Um diese Wege beschreiten zu können, braucht die Sozialberatung größere Anerkennung und Einflussmöglichkeiten innerhalb der Betriebe. Dass sie sich diese im Laufe der letzten Jahrzehnte noch nicht immer erarbeitet hat, liegt an unterschiedlichen Faktoren (vgl. Hoyer 1998, 44), beispielsweise an ihrem oft wenig ausgeprägten Selbstbewusstsein, sich als wichtiger Informations- und Know-how Träger in Prozesse einzuschalten. Dazu gehört auch, sich und seine Produkte gut ins rechte Licht zu rücken und zu „verkaufen", was vielen Sozialberatern häufig noch schwer fällt. Zum anderen liegt es daran, dass viele Berufskollegen noch lange Zeit am fürsorgerischen Charakter der Arbeit festgehalten haben und sich mehr mit Schadensbegrenzung befasst haben, als aktiv Wege mitzugestalten. Viel zu oft standen defizitorientierte statt lösungsorientierter Beratungsmethoden im Mittelpunkt.

Ein weiterer Aspekt ist, dass man sich in vielen Unternehmen einer rational, technisch und intellektuell geprägten Herangehensweise verschreibt, was sich bei näherem Hinsehen aber oft als Trugschluss herausstellt (vgl. Volk 1999, 39f.) Und so werden Berufsgruppen, die für eine soziale und emotionale Herangehensweise stehen, argwöhnisch betrachtet, ohne die darin liegenden Chancen zu sehen und zu nutzen.

Die Sozialberatung und deren Arbeit, die nicht direkt durch betriebswirtschaftliche Fakten und Berechnungen (hard-facts) belegt werden konnte, hat vielfach eine untergeordnete Rolle gespielt. So genannte „weiche" Standortvorteile, wie Motivation der Mitarbeiter, kooperativer Führungsstil und Identifikation mit den Unternehmenszielen (Lezius 1997), fließen nur bedingt in Wirtschaftlichkeitsberechungen von Unternehmen mit ein. Doch „in Wahrheit reduziert man die eigene Wahrnehmung und zugleich die Chance, komplexe Probleme zu lösen" (Höhler 1998).

Viele Unternehmensleitungen haben dies erkannt. Durch eine veränderte Unternehmensphilosophie, die mehr auf den Mitarbeiter fokussiert ist, versuchen sie neue Wege in der Unternehmensführung zu beschreiben. Hier liegt die einmalige Chance und Herausforderung für eine innovative, zukunftsorientierte Betriebliche Sozialarbeit, ihre Kompetenz einzubringen und als wichtiger Bestandteil der Unternehmens- und Personalpolitik sich einen Platz in der Organisation zu sichern.

LITERATUR

Grasse, R.: Zukunftsfähige Personalpolitik muss familienfreundlich sein, in: Personalführung 10/8, S. 12f.

Hauser, R.: Manager in der Krise – die Chance für persönliches Wachstum, in: Personalführung 11/96, S. 930

Hermann, M.: Psychosoziales Handeln im Unternehmen. ein Plädoyer für die Umsetzung bekannter Fakten, in: Personalführung 7/96, S. 552-557

Höhler, G.: Wider die emotionale Magersucht, in: Personalführung 2/98, S. 12f.
Hoyer, K.: Soziale Beratung im Unternehmen, in: bbs-forum, Jahrgang 5 Heft 1, Juni 1998, S. 39-45
Hummel, K.: Sozialverhalten fördern, in: SOCIAL management 5/96, S. 32-33
Kern, U.: Outplacement: die Trennung als Chance, in: Personalführung 4/98 S. 13
Lezius, M.: Eine neue Arbeitskultur für Deutschland – Erfolgsunternehmen an der Schwelle zum dritten Jahrtausend, in: Personalführung 5/97, S. 445
Redlich, A.: Die Beratung bei Konflikten in Arbeitsgruppen, in: bbs-forum, Jahrgang 5 Heft 2, Dezember 1998, S. 17-24
Schweizerischer Berufsverband Soziale Arbeit SBS: Leitbild betriebliche Sozialberatung, in: bbs-forum, Jahrgang 5 Heft 2, Dezember 1998, S. 7-9
Volk, H.: Der Geist des Hauses bestimmt das Betriebsklima, in: PSYCHOLOGIE HEUTE, Februar 1999, S. 38-41
Volk, H.: Schockerlebnis Personalabbau. Wenn der psychologische Vertrag zerbricht, in: PSYCHOLOGIE HEUTE, Februar 1999, S. 10
Westerhoff, U.: Betriebliche Gesundheitsförderung. Besondere Zielgruppe: Führungskräfte, in: Arbeit und Arbeitsrecht – AuA 2/99, S. 70-71
Zeier, B.: Auswirkungen des Wandels in der Arbeitswelt auf die Betriebliche Sozialarbeit, in: bbs-forum, Jahrgang 4 Heft 2, Januar 1998, S. 17-19

Die Autorinnen und Autoren

Franke, Martin
Diplom-Sozialpädagoge, MPH (Public Health), arbeitet als freiberuflicher Journalist für Projekte im Gesundheits- und Sozialbereich, Vorstandsmitglied des IBP (Institut für Betriebssozial- und Personalarbeit e.v. an der Alice-Salomon-Fachhochschule Berlin).

Jente, Charlotte
Erzieherin, Diplom-Sozialpädagogin und Familientherapeutin, arbeitet seit 1980 in der betrieblichen Sozialberatung der Schering AG Berlin. Seit 1992 ist sie zudem Lehrbeauftragte an der ASFH (Alice-Salomon-Fachhochschule für Sozialarbeit und Sozialpädagogik Berlin), Vorstandsmitglied des IBP.

Judis, Prof. Frank
Jurist, lehrt seit 1974 u.a. Arbeits- und Sozialversicherungsrecht an der ASFH. Seit 1970 arbeitet er zugleich als Rechtsanwalt mit den Schwerpunkten Arbeits- und Dienstrecht, Gesundheitsrecht, Recht der Verbände und Familienrecht, Vorstandsmitglied des IBP.

Klinger, Inis-Janine
Diplom-Sozialpädagogin, systemische Supervisorin und Organisationsberaterin, leitet seit 1995 die Sozial- und Mitarbeiterberatung der Adtranz Daimler Chrysler Rail System GmbH in Hennigsdorf, Land Brandenburg, stellvertretende Vorstandsvorsitzende des IBP.

Kottmeyer, Astrid
Diplom-Sozialpädagogin, systemische Familientherapeutin, Supervisorin und Organisationsberaterin, arbeitet seit 1988 In der betrieblichen Sozialberatung der Schering AG.

Meier, Ralf †
Diplom-Sozialpädagoge, arbeitet in einer Suchtberatungsstelle für Alkohol- und Medikamentenabhängige der Caritas in Berlin, Vorstandsvorsitzender des IBP bis 2000.

Steinmetz, Susanne
Erzieherin und Diplom-Sozialpädagogin, arbeitet seit 1996 in der Sozialberatung der OSRAM GmbH Berlin, Vorstandsmitglied des IBP.

Wagner, F. Stephan
Sozialarbeiter und Soziologe, lehrt an der FH Jena Sozialwissenschaften, Verwaltung und Organisation. Er arbeitete von 1986-89 als Leiter des Betriebssozialdienstes für Zivilangestellte der US-Army in Berlin und von 1989 bis 1990 in einer New Yorker Drogenhilfeeinrichtung, seit 1997 Geschäftsführer der Paritätischen Akademie Berlin GmbH, Vorstandsmitglied des IBP.

Walter, Rüdiger
Diplom-Sozialpädagoge und TZI-Therapeut, arbeitet seit 1982 in der Sozialberatung der Berliner Wasserbetriebe.

Wießner, Peter
Ausbildung als Koch, später als evang.-luth. Diakon, Sozialpädagoge (FH) in Berlin. Langjährige haupt- und ehrenamtliche Sozialarbeit mit Menschen in unterschiedlichen Lebenslagen. Seit 1995 Studium der Sozialwissenschaften an der Humboldt-Universität zu Berlin; Tätigkeit als freier Autor.